守望与耕耘

内蒙古自治区高校学生工作案例集

◎ 主编 曹树春 李敏慧

经济管理出版社
ECONOMY & MANAGEMENT PUBLISHING HOUSE

图书在版编目（CIP）数据

守望与耕耘——内蒙古自治区高校学生工作案例集/曹树春，李敏慧主编．—北京：经济管理出版社，2019.5

ISBN 978－7－5096－6293－9

Ⅰ.①守…　Ⅱ.①曹…②李…　Ⅲ.①高等学校—学生工作—案例—内蒙古　Ⅳ.①G645.5

中国版本图书馆 CIP 数据核字(2018)第 293740 号

组稿编辑：申桂萍
责任编辑：赵　杰
责任印制：黄章平
责任校对：董杉珊

出版发行：经济管理出版社
（北京市海淀区北蜂窝 8 号中雅大厦 A 座 11 层　100038）
网　　址：www. E－mp. com. cn
电　　话：（010）51915602
印　　刷：三河市延风印装有限公司
经　　销：新华书店
开　　本：720mm×1000mm/16
印　　张：18.25
字　　数：317 千字
版　　次：2019 年 5 月第 1 版　　2019 年 5 月第 1 次印刷
书　　号：ISBN 978－7－5096－6293－9
定　　价：78.00 元

编委会

主　编： 曹树春　李敏慧

副主编： 辛　平　倪志强

编　委：（按姓氏笔画排序）

王莉华　白树全　兰立新　全　喜　刘瑞霞　安海涛
孙俊兰　苏德格日勒　李瑞斌　李　静　杨海升
汪丽娜　张　文　武俊丽　范文莉　尚海涛　周长玉
胡秋莉　贺知贤　徐利明　高　乐　逯全仓

前　言

学生工作是高等学校教育活动的重要环节，是高校人才培养质量的有效保障。学生工作内涵广泛，传授知识、精修专业、思政教育、提升素养等都是其题中之意。尽管我国高校在学生工作方面已积累了不少宝贵经验，但在时代发展变迁的影响下，高等教育改革不断深入，教育行为和教育模式正在发生广泛而深刻的变革，高校学生工作也应当准确把握时代发展的新特征并及时回应时代发展的新要求，找出新方法，解决新问题。

随着中国特色社会主义进入新时代，我们站到了新的历史方位上。回顾过往，谋划未来，大家清醒地意识到：我们比以往任何时候都更加需要自觉地审视形势任务，更加自觉地聚焦学生的成长需求，更加自觉地创新模式方法，更加自觉地深化内涵发展，深入落实全国高校思想政治工作会议和《中共中央国务院关于加强和改进新形势下高校思想政治工作的意见》精神，着力推进教育部《高校思想政治工作质量提升工程实施纲要》，积极践行具有时代特征、中国特色的社会主义核心价值观，努力健全学生工作体系，用新作为、新活力、新发展书写新时代中国特色社会主义高校学生工作的奋进之笔，培养新时代中国特色社会主义的合格建设者和可靠接班人。

全书共分为思想教育篇、学业指导篇、日常管理篇、扶贫助学篇、心理教育篇、网骗网贷篇、创业就业篇七个篇章。每篇都有大量案例，内容丰富，涉及面广，有针对性和实效性；紧贴学生工作实际，既包括思想政治教育、党团班级建设、日常事务管理、应急事件处理、心理健康教育与咨询、学业指导等学生管理与服务工作的方方面面，又涵盖当前流行的网络思想政治教育和大学生就业创业指导服务案例，内容翔实生动丰富、分析透彻，为高校学生工作提供了很好的借鉴，对有效开展大学生思想政治教育和日常事务管理服务工作是一种探索和尝试，也具有重要的指导作用。

本书由内蒙古自治区高教学会学生工作委员会牵头组织，得到了内蒙古自治区各大高校的大力支持，长期奋战在学生工作一线的骨干教师、辅导员们结合自身的日常实际工作，以典型案例的形式具体阐述了遇到的问题及解决思路，将这些论文和案例汇总为集，在此诚挚地感谢所有为本书辛勤付出的各位领导、老师及工作人员。书中如有不足之处，恳请各位领导、同仁批评指正。

内蒙古自治区高教学会学生工作委员会
2018 年 9 月

目　录

思想教育篇

学业指导篇

日常管理篇

扶贫助学篇

心理教育篇

网骗网贷篇

创业就业篇

思想教育篇

学有所思　行为新做

金鑫鑫　杜　鹃　王　巍*

一、案例概述

为深入学习贯彻党的十九大会议精神，全面落实全国高校思想政治工作会议精神和《普通高等学校辅导员队伍建设规定》，围绕“立德树人”的根本任务，遵循思想政治工作规律，外国语学院探索构建“学生工作项目化管理”育人体系，切实提高学生工作的效率和质量。学生工作项目化管理，既是开展思想政治教育的重要手段，也是推动辅导员队伍职业化、专业化建设的有力支撑。它的实施有利于学生工作效率的提高和水平的提升，也有利于辅导员管理能力的进一步加强。

学生工作项目化管理，就是把辅导员的日常工作、大学生的思想政治教育、社会实践、创新创业、校园文化建设等具体活动视为项目，对其内容进行项目设计，通过发布立项指南、立项申报、立项批准、项目运作、中期检查、结题验收、总结评比等程序，建立项目规划、项目实施以及项目考核评估的完整体系。

---

* 金鑫鑫，呼伦贝尔外国语学院党总支书记，研究员；杜鹃，呼伦贝尔外国语学院学工办主任，助理研究员；王巍，呼伦贝尔外国语学院团总支书记，讲师。

二、案例分析

（一）“多方位联动”提升辅导员的素质能力

1. 分阶段按层次，建立完善培训体系

对新聘专兼职辅导员进行岗位认知与业务技能等岗前基础培训，针对专兼职辅导员进行理论政策、工作实务等在岗持续培训，通过组建社会实践考察团等方式完善校外培训；以辅导员沙龙为载体，开展交流和学习，创建学习型、研究型学生工作团队。

2. 学用结合紧跟实际，不断丰富培训内容

通过开展思想政治教育类、心理素质类、职业指导教育类、学生事务管理类等多类型培训，教育辅导员时刻牢记使命和职责，用自己的“人格魅力”感召学生，成为深受欢迎的良师益友，高效开展学生管理与服务。

3. 打造竞赛平台，激发队伍活力

通过积极参与辅导员职业技能大赛、主题班会评比、学生工作创新案例评比等活动，为辅导员创造展现自我才能的舞台，激发辅导员广泛参与的积极性，从而达到以赛带训的目的。

（二）“发展的眼光”打造新型学生干部队伍

1. “思想先行”才能“有备无患”

以“青马工程”为依托，从增强政治素养、提升思想境界、优化能力结构、锤炼作风品格等方面着手，分别从青学“习”（理论研习）、青活力（团课实践）、青拓展（素质拓展）、青创新（网络思政与创新创业）、青传承（文化传承）、青行动（文明修身）等各方面对学生干部进行系统培训，培养一批对党忠诚、信仰坚定、为民奉献、敢于担当，具有高度的理论自觉、鲜明的实践品格、深厚的群众根基、奋进的创新精神的青年学生骨干。

2. “躬行实践”方能“勇往直前”

以“第二课堂”为抓手，不断拓宽思想政治教育的渠道和空间，为学生干

部综合素质的提高寻求更多更新的载体。通过举办大学生学业职业规划系列讲座、“行业专家进校园”活动月、学业职业规划大赛，提升职业素养，增强求职能力。以暑期“三下乡”活动和暑期实习实训活动为契机，提升学生干部的社会实践能力。

3. “严于律己”方能“永葆生机”

以竞争机制为杠杆，提升学生干部的危机意识，强化学生组织的“三自”管理水平。制定并完善了相关学生干部管理及考核制度，改进了学生干部选拔工作。同时，定期举行学生干部述职大会，规范学生干部换届，强化学生干部责任意识。

4. “因地制宜”才能“百花齐放”

以“优才创新计划”为指引，发现一批具有学科特长、创新潜质和艺术气质的优秀学生干部，精准培训，建立人才培养的长效机制，为人才的分类、分层次培养和广大青年的成长营造良好氛围，形成“百花齐放”的良好局面。

（三）“全方位育人”构建文明修身工程

以学生日常行为养成教育、传统美德教育、遵纪守法教育、明礼诚信教育、健康生活教育等为着力点，通过弘扬和践行社会主义核心价值观，深入培育和挖掘校园的真、善、美行为，着力提升广大学生的道德修养和文明素养，创建文明、和谐、有序的校园育人环境，全面提升环境育人、文化教人、管理育人、服务育人水平，积极构建具有外院特色的文明校园和德智双修的人才培养模式。开展“为文明留影·为和谐点赞”不文明现象随手拍活动、“文明修身·躬亲力行”主题微班会活动，形成“人人讲文明，处处讲文明”的良好风气；开展特色班级、雅室大赛、最美宿舍长评选活动、开展“礼仪风采·绽放自我”礼仪大使评选活动，营造争先创优的良好氛围；在网上开展“文明礼仪知多少”文明礼仪知识竞赛活动、“我与绿植共成长”绿植领养活动，让学生自觉养成文明修身的意识，共建文明校园；举办读书推介会活动，推动传统文化的传承和发展，品味书香外院。

（四）基于微信公众平台的网络思政创新

1. “守本真心”方能“虽远不怠”

从学生的实际需要出发开展网络思政教育，更好地为学生的成长、成才服务。针对学生的学习、生活、心理三大问题，外国语学院 SHOW 外绘中新媒体推出了“学习要进步”“生活要自律”“心态要阳光”三大板块；针对新生入学后产生的困惑，推出了“致 2017 级新生”专栏；为对考研学生进行指导，推出了“我的考研之路”专栏；等等。

2. “清风扑面”才能“春华秋实”

以“清风扑面”的教育形式，传递网络正能量，真正让思想政治教育的过程“春华秋实”。创设了“校园正青春”“书香正能量”“梦想在路上”三大板块。以“外院人的 Reading List”等专栏为依托，以广大师生更为喜闻乐见的方式阅享经典；为了让党的十九大精神在广大学子中入心入脑，开辟了“喜迎十九大”“我学十九大”特色专栏；为了引导广大学生铭记历史，奋发自强，开辟了“历史上的今天”专栏；等等。

3. “温暖人心”而又“催人奋进”

广泛收集学生的意见和建议，选择学生感兴趣的话题，采用“定制化”“精准化”的方式推送相应内容，让学生充分感受到认同感和获得感；鼓励学生参与话题讨论、留言和活动征集，让学生成为开展思政教育的重要主体；以学生的视角和习惯的语言风格进行推送，让活动的内容更接地气、温暖人心。举办“校园正青春”摄影大赛，发现生活中的美；“三行情书”征集活动，让内心深处的情愫发酵；“说出你的故事”征稿活动，将美好故事进行分享；特色栏目“SOUND OF SFL”（外院之声），通过改编歌词，将外院心声唱给你听！

三、主要成效与经验

（一）辅导员成长——欲穷千里目，更上一层楼

我院团总支书记王巍荣获第五届全区高校辅导员职业技能竞赛一等奖、第六届全国高校辅导员职业能力大赛优秀奖、2017 年度呼伦贝尔市“青年岗位能手”称号，入选“学习宣传党的十九大精神全区优秀辅导员巡讲”活动，在东部区高校产生了广泛影响，受到了各界的一致好评；代超在呼伦贝尔学院第五届辅导员技能大赛中荣获三等奖，我院荣获优秀组织奖，同时，代超即将代表学校参加

全区辅导员素质能力大赛。海艳获第八届、第九届宿舍文化节优秀指导教师称号；杜鹃完成并发表了《高校转型发展时期学生社会责任意识现状及培育》论文；赵婷入选呼伦贝尔学院骨干辅导员。

（二）学生风采——江山代有才人出，各领风骚数百年

近三年，外国语学院学生参加各种竞赛的人数逐年提高，累计人数达 423 人，在“外研社杯”全国英语大赛中，我院学生成绩斐然，在各项赛事中名列前茅。特别是燕燕以内蒙古赛区第二名的优异成绩获得了特等奖，并代表内蒙古自治区参加全国总决赛，勇夺三等奖，实现了外院学生在“外研社杯”全国英语写作大赛的历史性突破，并被聘为“Unipus”校园大使。此外，外院近三届（2015 年、2016 年、2017 年）毕业生心理咨询师资格证、会计从业资格证、人力资源管理师资格证、秘书证、导游证等职业技能资格证书的通过率逐年提高。

近三年来，外国语学院共有 10 名同学在蒙古国、俄罗斯进行交流学习，多名毕业生留学英国、加拿大、澳大利亚、日本、蒙古国等。2016 届有 4 位同学通过雅思考试被世界排名前百的英国诺丁汉大学、爱丁堡大学、澳大利亚墨尔本大学、澳大利亚南澳大学等国际知名高校录取。

外院各层次人才均衡发展，培养出了“Unipus”校园大使燕燕等学科专业人才，呼伦贝尔学院形象大使袁铭等艺术之星，呼伦贝尔学院大学生党员先锋站成员魏蓉等榜样先锋等，形成了“百花齐放”的良好局面。

（三）文明校园缔造——一分耕耘，一分收获

近年来荣获新生军训“优秀队列奖”“出勤优秀奖”“特殊贡献奖”、运动会“体育道德风尚奖”、宿舍文化节“优秀组织奖”、呼伦贝尔市青春健康演讲比赛优秀组织奖、学生教育管理工作先进单位、2016 ~ 2017 年度文明校园创建先进单位等荣誉。

（四）网络思政格局——随风潜入夜，润物细无声

外院新媒体入选呼伦贝尔学院新媒体联盟副理事单位，“SHOW 外绘中”公众号关注量 709，平均每篇文章阅读量 200 +，推文 135 篇，总阅读量 59191 次。其中，“校园正青春”摄影大赛阅读量 10000 +。外院新媒体已成为网络思政的中坚力量，在外院师生中产生了深远影响。

四、经验与启示

打造学生工作项目化管理创新精品辅导员工作室能够在新时期打造更高质量的辅导员队伍，并为辅导员队伍的建设提供全新的空间和方式技巧，在辅导员队伍中注入全新的教育力量。在项目化管理的新环境之下，辅导员队伍必须强化自己的认识，与时俱进，主动参与创新和发展，不断挑战新方式新理念，持续提升自身综合素质，促进外院学生工作的不断提升。

辅导员微信公众号的品牌传播策略

李剑伟*

网络思想政治教育目前是大学生思想政治教育的热点。其中应用最广的是微信公众号，很多辅导员都开通了个人的微信公众号。微信公众号具有学生覆盖性广、即时互动性高等优点，为提高大学生思想政治教育的吸引力、实效性和便捷性，发挥了很好的作用。其中，南京航空航天大学的辅导员徐川开设的公众号“南航徐川”，知名度最高、影响力最大、成效最明显。

一、案例概述

我所在的内蒙古财经大学商务学院开设了学生公众号“商务一家亲”，由大学生记者团负责运营，发布学院新闻、文艺作品等内容。原创作品较少，并且辅导员在公众号上没有阵地。为了更好地开展大学生思想政治教育工作，建立辅导员的网上工作阵地，提高公众号的原创性，我于2018年5月5日在学院公众号建立了个人专栏“李导来了”。围绕学生的思想、学业、生活、心理、就业等发布原创文章，每周更新一次，字数一般为2000~3000字。

除了专栏，我还在2018年6月12日建立了个人的公众号“李老师私房课”。公众号共分为三个板块：原创、学生和分享。其中原创是我自己撰写的文章，既面向学生也面向教师等群体；学生是介绍我们学院各类优秀学生的文章；分享是转发网上的优秀文章，题材内容都不限，每两周更新一次。

* 李剑伟，内蒙古财经大学商务学院辅导员，助理研究员。

二、案例分析

（一）辅导员在网上要勇于发声

现在很多学校甚至学院都建立了公众号，但是公众号普遍原创内容少，质量不高，影响不大。在这些公众号上很难看到辅导员的阵地，很难听到辅导员的声音。网络对学生的思想道德、学习生活影响很大，辅导员要勇于担当，建立自己的网络阵地，在网上积极发声。为此，我在学院公众号上建立了自己的专栏，针对学生的思想困惑、社会热点，撰写原创文章，打开学生的视野，提高学生的品位，启发学生的思考，学生反响很好。

一个专栏空间太局限，作用也有限。为了更好地引导教育学生，我建立了自己的公众号“李老师私房课”。起这个名字，就是为了打造个人品牌，强调独特表达、独立思想和独家内容。同时，这个公众号也是开放的，读者不局限于学生，也包括辅导员、教师等。因此，我撰写的文章除了关注学生成长，也会探讨辅导员工作、教书育人、学习生活等。这样公众号的内涵更加丰富，影响更加深远。

（二）辅导员公众号要重视原创

很多辅导员在网上也有自己的阵地，但原创内容少，很多都是转发别人的内容，这样就不能突出自己的个性和思想。公众号的生命在于真实，真实的前提是原创。因此，辅导员要提高写作能力，勤于观察和思考，勇于、善于表达自己的思想，学习借鉴网络语言，让有意思的内容变得有意义，有意义的内容变得有意思。

真实除了原创，还要联系自身实际。辅导员要善于讲好自己的故事，敢于亮出自己的工作生活，从自己的成长历程和生活经历中挖掘素材，总结经验，将自己的生活点滴和思想感悟与学生分享，提高思想政治教育的吸引力和感染力。比如在读书月，我专门撰写了网文《无阅读，不人生》，回顾自己的阅读生涯，用自己的真实经历和亲身体验去启发学生，培养他们的阅读兴趣。

（三）辅导员公众号要增大信息量

网络最大的特点就是海量信息，面对丰富的网络资讯，辅导员公众号要想吸引学生，必须扩大读者面，增强思想内涵和知识含量。首先，辅导员公众号除了面向学生，也要面向辅导员，打造成辅导员工作交流的平台；其次，结合重大节庆、纪念日和社会热点，创造网文，体现时效性，比如在马克思诞辰 200 年时，我创作了《马克思，主义之外》，介绍马克思的人生经历和生活故事，让学生认识了一个不一样的马克思；最后，公众号要避免说教，在说理的同时，渗透知识和思想，比如为了帮助学生养成早睡早起的良好作息，我创作了《睡出智慧，睡出幸福》，其中介绍了郦波、梁冬等文化名人，介绍了老庄哲学等，通过知识思想的力量实现教育的“软着陆”。

（四）辅导员公众号要做好定位和设计

我的公众号“李老师私房课”虽然是一个辅导员的公众号，但我希望它能将工作和生活打通，校园和社会打通，现实和未来打通。这里没有说教，只有启发；没有灌输，只有展示；没有乏味，只有美好。如果用一句话定位我的公众号，那就是“思想、青春、生活”。

我的公众号“李老师私房课”共设置三个板块。一个是原创内容，对应思想，由我亲自操刀，话题不限，但会贴近学生，贴近辅导员。一个是优秀学生展示，对应青春，现在流行各种晒，晒美食、晒自拍、晒恩爱，我最爱晒学生，发现有个性、有思想、有作为的学生，让我如获至宝，他们身上充满正能量，让我看到希望、看到未来。展示的学生都是我身边的，展示的经历都是真实的经历。还有一个是分享，对应生活，网络的本质精神就是分享，网上有很多好文章，包括犀利评论、新奇知识、流行生活方式等，不分享太可惜。虽然分享只是转载，但是也能看出我的眼光和品位。

（五）辅导员公众号要符合网络传播特点

网络传播的特点就是图文并茂，多媒体传播。因此，我每次发文都会精心挑选图片，做到有文必有图。其次，文章的长度也要适中，文章太短，事说不清，理说不透，文章太长，又不符合网络碎片化阅读的特点，因此，我将文章长度控制在 2000 ~ 3000 字。这样既可以实现教育的目的，又可以保证传播效果。

三、经验与启示

（一）网络思政贵在坚持

我的公众号文章目前平均阅读量为一百左右，与网络“大V”不能相比，但是不能因此就半途而废。网络思政的人气需要慢慢积累，不可能一蹴而就，网络思政的规律和技巧也需要不断摸索，因此，不能简单地以粉丝数论英雄。即使有一个学生喜欢，辅导员也应该坚持下去，如果能够改变一个学生，能够成就一个学生，也是善莫大焉。此外，辅导员的工作很繁忙，工作重压也会让人产生放弃的念头，此时，更要坚定育人信念，并将公众号作为自己专业成长的积累。

（二）进一步丰富公众号的传播形式

目前公众号更多以文字传播为主，并辅以图片，当下流行的短视频、直播还很少涉及。未来公众号应更多使用微视频等形式，构建文字、图片、视频、音频等立体化的多媒体传播格局，增强吸引力、感染力。单靠辅导员一个人的力量是难以完成的，必须组建团队，选拔有创意、懂技术的学生加入公众号经营团队。

（三）守牢育人底线

网上信息鱼龙混杂，辅导员要有甄别能力，不能传播危害社会秩序、危害意识形态安全、危害大学生身心健康的信息。不能为了增加粉丝数、增加关注度，去哗众取宠。辅导员在网上发表言论，要考虑道德底线，要考虑育人效果，不能发表不负责任的言论。公众号是个人的，但影响是社会的，要把公众号打造成正能量之源。

（四）辅导员公众号要大力宣传优秀学生

榜样的力量是无穷的，朋辈教育有着独特的优势。辅导员除了利用公众号表达自己的思想，更要宣传优秀的学生。优秀学生本身就是一种教育资源，通过公众号放大这种资源，传播正能量，启发学生学习榜样、追赶榜样，营造一种崇德向善的氛围。同时，宣传优秀学生，对其本人也是一种激励，也能够引导辅导员去走近学生、发现学生，因为只有了解学生，才能挖掘出典型。

班级团支部与班委会一体化运行

李　楠*

一、案例概述

为贯彻落实呼伦贝尔学院"班团一体化"实施方案，我于2018年3月在本班级推进"班级团支部与班委会一体化运行"工作，突出以班级团支部为核心的班集体建设。班级是学生的基本集体组织形式，是学生自我教育、自我管理、自我服务的重要载体，也是团组织建设的主要平台和阵地，班级团组织建设工作在新形势和新环境下必须有效发挥思想引领和成长服务作用，做到目标方向清晰，行动路线明确，达到组织引导青年、增强凝聚力的目的。

学生干部的作用是不可小觑的，如果能塑造一批素质较强、品格高尚、思维活跃、具有高度责任心和较强能力的学生干部，不仅对我工作的开展有很大帮助，同时对学生干部本身来说也具有积极意义。要培养新时期的学生干部绝不能搞常规化，如果循规蹈矩、按常理出牌，采取以往开会、培训、谈心交流、搞常规活动等方式，收效不会很明显。因此我决定另辟蹊径，从改变思维方式切入，循序渐进，利用一系列具有创新意识的活动来达到我的目标、使学生受益。

* 李楠，呼伦贝尔学院旅游管理与地理科学学院，实习研究员。

二、案例分析及解决

机会对于每个同学来说都是公平的，每个同学都有实现自己理想的可能，当代大学生要有公民意识，要争取自己的权利。班委会成员的权力是大家给予的，要不辜负大家的期望，尽心尽力为同学做好服务工作。强化班级团支部建设，成立支部委员会，设书记、副书记、组织委员、宣传委员、维权委员各一人，每学年换届选举一次。团支部书记兼任班长，其他委员也可在支委会和班委会兼任。理顺团支部与班委会的关系，突出以班级团支部为核心的班集体建设，充分发挥团支部的政治核心作用、思想引领作用及模范带头作用；完善班团工作决策机制。

（一）工作思路

主要工作思路还是围绕思想政治引领、理论学习、社会实践与班级建设、学生动态等工作重点，明确团支部、班委会的工作领域职责，不断加强建设，落实相互渗透、相互协助。

1. 明确工作职责，正确处理团学关系

团支委会和班委会是班级管理的重要组成部分，分管“团”“学”两块工作。要使学生干部真正发挥效应，就得处理好团支委会和班委会的关系，使两者既能各司其职又能协同合作。要确定团支委会在班级中的思想核心和管理核心地位，重新理顺和调整团支委会和班委会的工作职责，团支委会要在班级管理中发挥战斗堡垒作用，主要职责是团建事务，思想引领、志愿服务、社会实践、创新创业、职业发展、网络宣传、文体活动、互助帮扶，推优入党等方面；班委会作为学生的自我管理机构，主要职责是在自觉接受团支委的监督指导下开展班级各项日常管理工作。班委会成立之初，我给每个班级都发放了一份班委会工作职责，明确了各位成员的工作范畴；要求各班定期召开班委会例会，针对班级出现的问题进行深入探讨，拿出切实可行的解决方案。除了学校、院系组织的各项活动外，各班要针对本班的实际情况，自行组织富有成效的活动，丰富同学的业余生活，促进同学之间的友谊和团结，创设良好的学习氛围和学习习惯。班干部各

司其职，分工协作，培养了团队意识和全局观；普通同学认为，班级活动集思广益，使每个人都有参与班级事务、贡献自己力量的机会，并且辅导员没有强硬指令，尊重个人意见和想法，因此大家都愿意参加此类活动。

2. 建设工作队伍，努力提升工作能力

学生干部的角色可以说是多重的，既是学生，也是同学的服务者和老师的工作助手，应该走在同学的前面，成为同学的楷模。团支部书记是支部的核心，其能力和素质决定了团支部工作的成效。因此，我认为要从以下几个方面来加强团支委队伍建设，努力提升团支委的工作能力。一是加强学院团总支书记对班级团支部书记的工作指导，及时解决团支委会工作中遇到的问题；二是密切辅导员与团支部书记的工作联系，发挥辅导员在开展学生思想政治教育工作中的骨干力量，实时掌握团支部的工作情况。面向团支部书记、支部成员，定期进行党的理论、团的知识以及工作方式方法等方面的培训；三是加强工作交流，健全信息沟通、经验分享；四是创新团课形式；五是加强组织纪律要求；六是推行团支部在班级有志愿服务点或卫生包干区，团总支在校外有志愿服务站；七是推动团员成为注册志愿者并制定服务工作考核制度。

（二）取得的效果

通过半学期的工作，班团干部的素质有了很大提升。从个体来说，他们变得更成熟，对于工作各个方面，都有了更深的认识和体会，视野开阔，思考问题也更加全面；工作上也更有闯劲，敢于尝试，不会畏首畏尾；在同学中树立了自己的威信，得到了同学的普遍好评。从班委会建设方面来说，班委会成员能各司其职，团结一心，尽心尽力为班级同学服务；能起到先锋模范作用，既有“身为干部，就要处处带头”的意识，又能放下身份，与同学打成一片。从班级管理上来说，既有组织又有监督，井井有条，使班级走上了良性发展的轨道。

（三）经验与启示

一是培养学生干部的公民意识，对于他们的日常工作很有意义，同时对于今后的人生大有裨益，必须创设公平、公正、公开的氛围和条件，让学生干部意识到“权利”和“权力”的内涵和关系，今后更好地为同学服务。

二是辅导员不要大包大揽，要相信学生。很多时候，不是学生没有水平和能力，而是辅导员的权威把他压制了。群众的眼睛是雪亮的，当群众认可的班委会诞生时，他们的个人能力同时也是受到群众认可的。辅导员要帮助其树立信心，提供正确的思路和方法，鼓励其放手去做。

三是整体培养和个体交流相结合。对于学生干部的培养来说，仅仅采用“大锅饭”的形式绝不是上策，时常和每个人交流是必需的。我私下里经常找班干部聊天，了解班级状况，听取工作汇报，就班级出现的问题、工作思路和方法给予建议和指导，倾听他的心得、烦恼和期待，一方面给班干部指导和充电，另一方面也加强了师生之间的联系和感情。

四是发挥每一位班干部的作用，让每个在位的学生都得到锻炼。要改变这种状况，就要让班干部都“有事可做”，合理分配任务。

五是采取新颖的方式达到教育目标。当代大学生的自主意识都很强，看待事物也很有自己的意见和主张。传统的教育方式，如开会、座谈、单独教育等，已经不适合于现在的学生。因此必须采用素质拓展训练等新方法，吸引他们的眼球和心灵，在潜移默化中培养他们的领导意识、提升他们的管理水平。

明清雅之室　建礼德之风

宋　艳*

一、案例简介

内蒙古农业大学理学院现有男女生宿舍共 105 间，其中 2017 级学生整体宿舍卫生较好，新生刚刚入学，经历了严格的军训，还保持着良好的生活习惯，对于个人物品的整理和宿舍公共区域的打扫都很积极。高年级的学生，由于生活惰性的产生出现了宿舍不打扫、起床不叠被子等一些不文明的行为，破坏了学校的整体形象，在同学们中间也造成了不良的影响。寝室的邋遢环境，有可能被低年级同学效仿，从而影响班级纪律性，年级纪律性，对学校的纪律也是一种破坏。年级越高，这种不良行为出现的频率越高，个人的书籍、物品变多了，但这并不是不打扫宿舍，不整理物品的借口。宿舍是学生学习、生活、休息的地方，这里的活动远比课堂上丰富精彩得多，从同学之间的相互影响来看，宿舍是他们思想、行为表露最真实、最彻底的地方，也是学生联系最密切、交往最频繁的场所，宿舍内的思想交流、碰撞，对每一个个体的观念和行为趋势有着十分重要的作用。抓好宿舍这一最小的群体单位，班级工作就容易开展，良好的学风和校风也就容易形成。一个健康、文明、整洁的宿舍环境可以促进和完善学生全面素质的培养。现阶段我院学生宿舍生活中存在着一些问题。

---

* 宋艳，内蒙古农业大学理学院辅导员。

二、案例分析及解决方案

（一）案例分析

大学生宿舍是学校思想教育工作敏感而又重要的地带，是提升大学生思想教育不可缺失的环节。在大学，我们有更充分的时间来合理安排我们的课外活动和业余活动。传统的班级概念趋于淡化，以班级作为思想政治教育基本组织形式和主要工作渠道的情况正在发生改变，寝室的教育功能越来越突出。根据学校和学生的实际，结合时代特点和形式需要与先进文化的发展方向，密切结合挖掘宿舍文化的育人功能，是提高思想道德修养和整体素质的重要方法。宿舍内务和文化建设，要符合党的教育方针，要围绕学校的工作中心，要密切联系社会实际，要紧紧体现时代精神，同时宿舍内务和文化建设在功能上与校园文化建设是统一的整体。

创新宿舍内务和文化建设的途径和方法，丰富宿舍文化的内容和形式，在传统中挖掘新应用融合的手段，为宿舍内务和文化建设注入生机和活力。提高思想，认识到宿舍，内务和文化是一种潜在的隐性课程，在对学生的思想道德教育和良好行为方式的养成中具有情境性、渗透性、持久性等特点，其教育功能是通过健康向上的精神因素以及优美的物质环境所施加给学生的积极影响和感染熏陶而实现的，因此我们要将宿舍内务和文化建设列入学生工作的重点之一，着力把宿舍建设成为体现学生共同理想，追求和价值取向，弘扬正气，团结、友爱、生动、活泼，秩序井然的精神文明建设基地。

（二）解决方案

1. 举办理学院第九届“理学梦·家年华”主题宿舍文化节

此活动分为三个环节：竞技联盟·游戏争霸、温馨寝室·PPT 展示、扬我风采·才艺表演。此活动中的每一个环节都以宿舍为单位展开，活动中同学们能够体会到宿舍团结的重要性，并能够展现出每一位同学的风采，发掘自己的潜力与特长，还涌现出了一大批多才多艺的“明星宿舍”，吉他、街舞等活动在学生中流行了起来，提高了宿舍文化品位，促进了校园文化和谐发展，并加强了我院对“第二课堂”的教育。

2. 举办理学宿舍文明建设——宿舍门板报与宿舍安全标语

此活动以宿舍为单位，对各宿舍设计制作的门板报进行评比，类型不限，两周进行一次主题更换。各宿舍在规定日期完成制作并张贴门板报，由理学院学生会宿管部进行制作并印发安全标语，并通过我院微信平台推出以及制作，在微信、QQ 等网络平台上进行宣传。后期将门板报优秀作品贴在画板上进行展示。这个活动加强了同学们对安全教育的重视，也提高了同学们对自身安全与校园安全的重视。

3. 举办理学院第四届舍歌大赛并积极参加校级舍歌大赛

此活动丰富了我院学生的课余文化生活，一定程度上减少了学生赌博、抽烟、酗酒、网游、开商店、养宠物、污言秽语等不良行为。通过此活动选出两个优秀宿舍 10#214、10#222 代表我院参加校级舍歌大赛，并取得了三等奖的好成绩，带动了学生们对于宿舍文明建设的积极性。

4. 以宿舍为单位举办了“我是讲书人”活动

此活动通过每天读书打卡，后期进行读书评比的形式，不仅加强了学风建设，形成了以宿舍为单位的浓厚学习氛围圈，而且还促进了舍友之间的交流合作。

三、经验与启示

宿舍文化建设关系到大学生的学习、生活、情感、心理等各个方面，是校园文化的重要组成部分。然而，对于宿舍文化建设的重要意义并非所有的相关人员都可以理解。因此，学生会、团委、辅导员要对宿舍文化建设的意义有统一的认识，摒除宿舍仅是基础设施的传统观念，深入研究宿舍文化建设规律，总结工作中的经验教训，制定科学合理的措施，才能从指导思想上保障宿舍文化建设有序进行。宿舍作为第二“课堂”，教育作用理应得到延续。在宿舍文化的建设过程中，使各类活动与专业知识相结合，与思想政治教育相渗透，积极开展思想教育、集体主义教育、艰苦朴素教育、热爱劳动教育、遵纪守法教育、文明礼貌教育等，充分利用宿舍这块宝贵的阵地，通过宿舍文化建设，完成课堂上无法完成的教育任务，充分发挥其积极的教育作用。

宿舍文化活动应该是宿舍文化建设的有机组成部分，而不是简单地填补学生的课余时间。宿舍文化活动要丰富多彩，要利用所学知识，要增进思想沟通，要提高技能水平，要结合学风建设与文化建设，要培养求知与探索精神。可以根据专业特色举行“宿舍文化节”“宿舍文明月”“宿舍征文”“宿舍装饰”等活动，提高活动的趣味性、知识性、科学性，来激励学生参与宿舍文化建设的兴趣，培养学生的团结协作精神，锻炼学生的实践操作能力，陶冶学生的情操。

学生公寓是学生日常生活、学习、交流、娱乐的主要场所，是大学生思想碰撞最为活跃的地方。宿舍文化作为校园文化的重要组成部分，具有“家庭性”和“社会性”的双重性，宿舍文化正影响着宿舍成员的人生观、价值观、世界观、爱情观、事业观等。因此，加强宿舍文化建设是全面育人的客观要求，是培养良好作风的重要途径，是构建和谐校园文化的重要组成部分，是高校自身改革与发展的需要。宿舍硬件条件的不完善不仅没有使宿舍成为学生的第二个“课堂”，更影响了学生对于宿舍感情的投入，不能使宿舍成为第二个“家”。

濡润青春　承载未来

苏　杰　胡旭红*

一、案例概述

近年来，在学生教育管理工作中出现了一些由于女生自我保护意识缺乏而造成的伤害事件、恋爱关系处置不当引发的纠纷及对未来缺乏学业及职业规划等问题。这使我们开始重点关注女生教育，法学院女生偏多，从专业角度来说，未来的法律人才除了要具备扎实的专业知识外，更应当具有优良的道德品质、广博的知识、良好的气质修为等，这样才能在竞争激烈的就业环境中找到自己合适的位置。女生教育是一项有重要教育意义的活动，不同的教育内容可以有效地解决学生工作中出现的问题，全方位提升法学院女生综合素质和精神风貌。

（一）学生层面

大学生风华正茂，激情燃烧，蕴藏着无穷的聪明才智和创造活力，同时又处在世界观、人生观、价值观定型的关键时期，对人生影响深远。学生的学习、发展、进步、成才都是一个渐进的过程，在学习、生活、身心健康、社会交往、内在成长等方面都需要关心和指导。加强女生教育，一方面是因为法学院及学校优秀女教师教育资源丰富，另一方面是着眼于女生未来的发展考虑。一个优秀的女生会带动影响周围的男生，会成为未来工作单位的支柱，会成为未来幸福家庭的

* 苏杰，呼伦贝尔学院法学院党总支副书记，副研究员；胡旭红，呼伦贝尔学院法学院党总支书记，副研究员。

创造者，会成为创造天才的母亲。

（二）教师层面

高校是一个人才聚集、智力资源丰富的地方，高校教师在教学过程中不仅要给学生以知识体系，同时还要对学生的世界观、人生观、价值观施以正确影响，立德树人。以“传道”为责任和使命，“为学”与“做人”并重，实现思想教育工作与教育教学工作“融为一体”。通过发挥优秀女教师自身的教育资源在全方位育人中不可替代的积极作用，为女教师们提供另一个育人平台，充分释放法学院女教师整体的育人体系优势和学校优秀女教师的协同教育优势，还可以邀请社会上有成就的成功女性给学生们以成长帮助。

教师们既教书又育人，以高尚的人格魅力吸引学生，以饱满的精神状态感染学生，以严谨的治学方法熏陶学生，以正确的价值观念塑造学生，以卓有成效的思想政治工作矫正学生成长方向，在学生的学习、发展、进步、成才这个渐进的过程中起到助推作用，润物无声地给学生以人生启迪、智慧光芒、精神力量，引导学生寻找自己生命的意义，让他们在逐步深化、消化、内化、转化中，提高思想认识和政治觉悟，塑造自身完美的人格，以良好的个人综合素质创造美好生活，实现人生应有的价值追求。

师生之间这样的互动，在获得共同进步的同时还可以打造出理想的师生关系，提升学生们的自我教育、自我管理、自我服务的能力。

二、案例分析及解决方案

（一）理论依据

为深入贯彻落实习近平总书记在全国高校思想政治工作会议上的讲话精神，根据校学生处思想政治教育工作相关文件要求，在遵循思想政治工作规律，遵循教书育人规律，遵循大学生成长规律的基础上，努力探索新的工作模式，科学设计工作过程和内容，引导和促进学生成长、成人、成才，把学生的思想政治工作做深、做细、做实。

（二）过程方法

针对法学院所有年级女生，精心设计从思想引导、行为训导、学业辅导、生活指导、心理疏导、就业指导等多方面指导学生人生修为养成，传承文化精华，实现全过程育人、全方位育人教育目标的长期浸润式教育活动方案。

目前，活动采取讲座形式开展，活动自 2017 年启动以来，已经开展五次讲座：

第一次：2017 年 3 月 30 日晚，由党总支副书记苏杰为 2016 级全体女生开展了女生教育活动，苏书记以母亲为话题与学生互动作为开场，女孩子们纷纷表达着对母亲的想念及感恩之情，由此又讲到作为一名女性所要肩负的重任；用具体事例分析现在在女大学生中发生的一些伤害性事件，要求同学们守住自我保护的安全底线，用“自尊自爱自强自立”的自我要求约束自己，不断增长女性智慧，为将来的幸福生活奠定良好基础。

第二次：2017 年 5 月 12 日晚，法学院党总支书记胡旭红以“让青春更魅，让未来更美”为主题，从提升女生整体素质的角度为 2015 级蒙班、2016 级汉班全体女生开展讲座。胡书记通过大量的身边事例教导大家如何做一个优秀女生。提出：第一，要多读书，勤思考；第二，要举止优雅，端庄大方；第三，要谈吐自然，声音适中；第四，要衣着得体，妆容适度。作为一名法学院的女生，更要努力把自己打造成一名有内涵、有品位、有才华、有气质、内外兼修的优秀女生！希望大家从现在开始不断修养身心、积淀学识、培养提升气质和品格。

第三次：2017 年 10 月 11 日下午，学校党委宣传部白玫老师应邀为 2015 级、2016 级和 2017 级全体女生做了题为“做自己喜欢的你”的讲座。分五个主题分享了自己的观点：第一个主题——自信。白玫老师说，作为女生最主要的品质是自信，塑造自己成为一个自信的女生才会有更好的人生。第二个主题——努力。因为这个社会对女生的要求更多，只有足够努力，你才会让这个世界看到你的能力，你才能有机会去选择你自己的人生。第三个主题——求知。腹有诗书气自华，读书多的女生会有一种特别的气质，建议所有的女生都多读一些书，因为女生伴着岁月读书，自己也就变成了一本书。第四个主题——有爱。爱他人也更爱自己，爱情，友情，亲情，都是生命中不可多得的财富。只有学会了爱自己，才会不卑不亢，笑对每一天。第五个主题——独立自强。努力、求知、有爱都是女生生命中不可缺少的气质，但是独立自强更为重要，就像希拉里和邓颖超一样，她们的丈夫虽然都是很出色的政治家，但她们的光芒不会被她们的丈夫所掩盖。

第四次：2017 年 12 月 7 日晚，法学院秦言红老师为 2015 级、2016 级、2017 级全体女生开展了题为“时间管理”的女生教育讲座。秦言红老师讲道：“有人说，人一生最大的财富是：你的知识和你的时间。知识会随着你的阅读量越来越多，但时间却越来越少，我们的一生可以说是用时间来换取知识。如果一天天过去了，我们的时间少了，而知识没有增加，那就是虚度了时光”，在一开场时就牢牢抓住了学生们关注的焦点。接下来，从兴趣与人生目标，如何充分收集时间碎片并加以利用，指出高效学习的关键，找到自己的“记忆加速”区间，平衡自己的学习与业余时间等七个方面层次分明地为学生们做了时间管理分析。

第五次：2018 年 5 月 25 日晚，法学院王丹老师为 2015 级、2016 级、2017 级全体女生开展了以“法律职业女性之美”为题的讲座。王丹老师结合她的法律职业经历，包括法官、检察官、律师、法学教师在内的几大职业，向我们生动地阐释了法律职业的“难”与“美”。

王丹老师的讲座是从“难”开始的。她认为，一份工作要先了解它的“难”，才能更好地发现它的“美”。讲述了在法院和检察院工作时的经历，强调了法律职业是一个高危职业。生活的实际不全是美的东西，太过于理想化未必是一件好事，想要获得真正的成功，是需要在知道它的残酷之后，你仍然热爱它。女生在实际工作中会遇到很多的难处，但是女性思维的逻辑性，严谨性，处理问题的细致性，打交道的柔韧性是女生的优势所在。王丹老师还强调未来从事法律工作不仅要拿到司考证这块敲门砖，还要苦练嘴皮子和笔杆子，这样才能在法律这条路上越走越远。对法律职业要有一个更深的认识，真实地认知、真实地感受这个职业。要付出更多的努力与坚持，每一类职业都是光鲜与汗水的结合。法律职业者一定是这个社会的精英，因为可以从更深层次的领域看到人性，并且对社会有一个深刻的认知，从一定的视角可以去看待这个社会的关键问题所在，并有能力去化解它。要努力学习增强自信，认真规划自己的职业方向，走好人生职业第一步。

（三）结果评价

女生教育是一种浸润式教育，在于用优秀教育资源不断为女生植入点滴精神营养，促进其不断成长，完成在大学阶段应有的蜕变，更好地融入社会生活当中，为将来美好的生活奠定精神基础。只要持之以恒坚持做下去，相信一定会收到预期效果。

三、经验与启示

开展若干讲座后，可以组织女生沙龙，开展同学们感兴趣的主题讨论活动，交流学习收获；还可以组织社团，开展展现女生才艺、魅力的活动等，丰富女生教育的实践内容，增强认知水平。

以心交心　以情感人

吴小慧*

一、案例简介

小A，一名性格内向乃至孤僻的女孩，家中的独生女。该生住在内蒙古乌兰察布农村，家中贫寒。高中之时患有较严重的心理疾病，经多次治疗终于将病情控制住，然而大四时因为即将毕业，随之而来的压力如压死骆驼的最后一根稻草，致使该生病情再次复发，且来势汹汹，令人措手不及。作为一名辅导员，我一直关注着该生的心理情况，在发现其病情复发之时第一时间想出办法并对其进行辅导。而且在其毕业之后我也一直关注着……

二、案例分析与解决方案

（一）工作思路

（1）第一时间联系其家长，使其能在第一时间感受到家人的关怀，尽可能地使其病情在可控制范围内。

（2）联系与其较好的同学，同时联系各个有经验的老师对其进行临时的心

---

* 吴小慧，内蒙古民族大学物理与电子信息学院学工办主任，助理研究员。

理辅导。

（3）在班级内部进行紧急捐款，尽可能减轻其经济方面的负担。

（二）解决方案

（1）在得知该生病情复发之时，我第一时间联系了她的父母，在让其父母了解她情况的同时也能使该生在无助之时感受到来自家人的关怀，从而在一定程度上控制病情。

（2）立即赶往该生宿舍，同时联系了几位心理辅导老师，在一定程度上给予专业的帮助。

（3）在班级召开紧急捐赠，倡议书内容如下：

人间是天堂，而我们都是天使。我们习惯于共同欢笑，习惯于分享这世间的真善美。而就在我们享受身边人带给我们的快乐与幸福时，有一个人却只敢独自躲在角落品味着自己的孤独与彷徨。而此刻她更是独自陷在自己的世界里无法自拔。她的父母为此痛苦不已，她的家中此时亦是愁云惨淡。同学们，相信你们也知道，我所说的便是小A同学。她在高中之时便曾有过病例，而且家里为了给她看病已经欠下很多外债，以她家里的情况此时很难再拿出钱来为她治疗。小A作为我们大家庭中的一员，我希望大家能在此刻，在她最痛苦、最无助的时刻施以援手。你们此刻的一分爱心，便是她在黑暗中的一缕阳光。同学们，在大家都肆无忌惮地享受阳光之时，请帮助我们的家人也享受到明媚……

我现在想起当时的情景依然是满心感动，我本以为这场捐款会举行得异常艰难，毕竟小A在班级里一直如同一个隐形人一般，防备着所有“试图”走进她世界里的人。然而，这场捐助却顺利得不可思议。当时，在我号召完大家之后，有几个孩子已经开始低声啜泣，更有人情不自禁地站起来说“老师，正如您说的，我们是一家人，我们都得行走在路上，绝对不会丢失一个人！”

那天，捐助会结束之后，我回到家里哭得泣不成声，是为小A难过，亦是被这些孩子们所感动。我是何其幸运，能成为他们的辅导员！

（4）之后，我立即把同学们以及自己的捐款送给小A的父母，两位老人都泪流满面，连声道谢。

三、经验与启示

（一）成绩效果

（1）到毕业时，小 A 的病情已趋于稳定，但依旧有复发的可能。

（2）我们时常会通话，她会告诉她的近况，也会时常给我讲一讲她的小烦恼，但是却比原来开朗了许多。

（3）在过年过节之时，她会偶尔来看我，有时还会把她旅游时的有趣故事告诉我，讲到有趣处，我们会在电话两头同时发出笑声。

（二）经验启发

（1）作为一名辅导员，不仅仅责任担负得比普通教师多，付出的感情、承受的压力也远比普通教师多。因为辅导员不仅仅要关注学生的学习，同时也要关注她们的思想、心理、生活等多方面的情况。

（2）辅导员，更多的时候其实更像是同学们的一个朋友，一个引路者，用自己经验去让同学们在未来这条路上走得稍微平坦一些。用自己的经验去告诉他们什么是正、什么是恶。辅导员，其实又何尝不是作为标杆的存在呢?

（3）一名辅导员真的要为学生付出一切，而包括小 A 在内的所有同学也让我明白：你以真情付出，也必收获片片真心。作为一名辅导员，我很荣幸，也很欢喜，不同的学生总能给我不同的感动。

学业指导篇

找准成长规律　激发学习动力

杜　鹃*

一、案例概述

2013 年 12 月的一次考试中，监考老师反映学生 A（化名）没有来考试。A 平时就有逃课的恶习，没有想到连考试都不参加了，拨打他的电话也没有接听。我立即赶往他宿舍，发现他正在宿舍睡觉。原来是昨晚通宵打网游，今天起不来床，又觉得考试反正也不会，干脆就不去考试算了。在对其进行批评教育及相应的处分后，仍需进一步进行思想教育。

二、案例分析

本案例属于学习动力类问题，该生表现出了严重的学习兴趣缺乏，学习动力不足。

首先通过谈心谈话了解这个学生的一些情况：该生学习基本功很好，在初中时甚至还得过自治区级化学竞赛的奖项，英语底子好，刚开始学习时觉得教的东西都会，慢慢产生惰性，不愿积极主动地学习，导致学习成绩下滑，多门专业课挂科；该生家庭条件好，父母文化水平高，父亲在日本读博，母亲陪读，父母走

* 杜鹃，呼伦贝尔学院外国语学院学工办主任，助理研究员。

的时候把工资卡给他供他花销；该生网游竞技水平高，游戏中排位非常高，在游戏中备受推崇。经过交谈，发现这个学生的问题不能仅仅简单以逃课、厌学来处理。更深层次的是他缺乏家庭关爱和人生奋斗目标与发展规划。

之后联系到学生的母亲，与她交流，告诉她不能觉得孩子成年了，仅满足物质的需要，把孩子一个人丢在学校就可以了，还需要不时地关心孩子的学习、生活情况，最重要的，需要帮助孩子在人生的迷茫期树立人生目标，针对学生缺乏人生规划和目标的问题寻找对策。

在母亲与他恳谈后，再一次找到他谈心，游戏固然会让他获得成就感，但真实的人生需要踏踏实实的努力，帮助他先树立小的目标——争取顺利毕业。经过母亲和老师的劝导，他自己也认识到自己不能再自甘堕落，之后用英文发信息说自己会改头换面，重新开始。

之后半年，每个星期都找到任课老师和班长了解他的上课情况，每个月都找他谈话，了解学习和生活的困难。直到毕业，该生再也没有旷课，认真学习，挂科的课程积极补考。不仅如此，学校的各种活动也积极参加，最后顺利毕业。毕业之后去日本攻读语言学校，已经准备在日本深造，读研究生。现在在朋友圈也经常能够看见他在日本学习、打工和生活的点滴。

三、经验与启示

大学一年级特别是后半学期是非常重要的一个阶段，这个阶段高中的惯性动力在逐渐减弱，新的动力系统还没有真正形成，学生非常容易出现思想迷茫、学习松懈的情况。其根本原因有三个：首先是观念问题，就是在高中时候不管是老师还是家长，都认为现在苦一点没有什么，等到了大学就可以尽情地放松和享受，再不用这样拼了。这样自然而然地就会从内心深处放松要求。另外由于高中制定的目标已经完成，大一的课程也是一种顺延，引不起大学新生的兴趣，由于身边的同学都是高中的佼佼者，所以老师和家中万般宠爱已经不复存在了。这种动力的减弱，将不可避免地导致压力增加。最后由于在高中时候一切都服从高考这个总目标，其他自理、自控等都退位到次要地位，当考上大学时候，这一切都显现出来了。这时学生如果缺乏家长和老师系统的学业和职业指导，很容易在迷茫中走向歧路。

掌握了学生学习和生活的规律后，就要从学生本身和学校两个方面入手，对症下药。首先，从学校方面，充分利用教育这个平台，对学生进行深入细致的思想教育、专业思想教育、学业就业指导教育，未雨绸缪，并且积极开展第二课堂，让学生在社会实践中得到锻炼，成长壮大。还要积极开展健康心理教育，让学生积极面对学业，而不是选择网游等来逃避。其次，从学生方面要帮助他们改变观念，树立远大的人生目标，培养对专业的兴趣，增强学习和生活的动力，这才是本质的内容。

深稽博考　学以致用

宋　艳*

一、案例简介

近几年间，内蒙古农业大学理学院普通本科学生年招生规模稳定在150人左右。本科生源以内蒙古自治区为主，同时面向全国14个省市招生，其中以山西、河南、陕西、山东4省居多。学生高考英语成绩在90～125分，水平参差不齐。入学一年后，均可报名参加全国大学英语四级考试。通过四级后，可参加六级考试。2017年6月，理学院学生四级过级率为18.75%，六级过级率为9.19%。2017年12月，理学院学生四级过级率为10.48%，六级过级率为4.25%。为帮助学生在短时间内更高效地学习英语，为参加国家英语四六级考试打下坚实的基础，提高学风建设水平，提高同学们的听力写作及阅读水平，提升自己的能力，高效利用有限时间，争取在将要到来的国家四六级英语考试中取得满意的分数，树立更高的人生目标，理学院针对全院学生举办了由2017级年级辅导员宋艳牵头，内蒙古农业大学理学院大学生职业发展中心承办的英语四六级共学计划活动。

英语四六级共学计划列活动共有三个部分：

（1）活动以观看四六级网课视频为主学习四六级英语，依据模块制定课表，每周观看三到四次，每次一到两小时。

（2）根据国家英语四六级考试的标准组织每周一次模拟测试，以便于同学

* 宋艳，内蒙古农业大学理学院辅导员。

们在实战中积累经验，本次活动将根据参加活动的各位同学的实际情况排列新的课表，以便于使每位同学都能跟上学习进度，既不耽误日常学习，又能提高英语水平。报名参加活动的同学在第一阶段非特殊情况不可缺课，若不能听课，需向本次活动工作人员请假。

（3）开展“学霸答疑坊”“高分学霸面对面”活动，发挥同年级中的优秀学子的作用，利用自习时间对基础薄弱的同学进行辅导。同时，对于成绩不合格的同学继续进行帮扶和补考，直至测试通过。经帮扶讲解和强化训练，提高学生的学习积极性，提高学风建设的实效。分享学习经验，为同学们提供较高的借鉴意义。

二、案例分析与解决方案

（一）案例分析

宋艳，中共党员，于2017年开始从事辅导员工作。内蒙古师范大学英语专业研究生毕业，持有英语专业八级证书，英语专业四级证书，雅思（EILTS）学术类成绩6.5分，高级中学英语学科教师资格证，全国普通话二级甲等证书。为帮助学生在短时间内更高效地学习英语，为参加国家英语四六级考试打下坚实的基础，以便更顺利地通过专业英语四六级考试，理学院辅导员宋艳老师依托自身专业学习背景，牵头举办此次活动。活动对象为理学院全体学生。在国家英语四六级考试报名期间及报名结束后一星期内，即2018年3月28日至4月2日，分两个阶段开展活动，每次招收20人。第一期为4月3日至5月初，第二期为5月初至6月初。

（二）解决方案

1. 直面考点，系统学习

2018年3～5月，进行了为期两期的四六级学习。理学院2017级20名学生，2016级15名学生在内蒙古农业大学西校区主楼126教室，101教室以观看四六级网课视频的形式学习四六级英语，每周观看四次，分别是周日、周二、周三、周四，每次两小时左右。分别对听力、词汇、阅读、语法、写作、翻译进行学习，还给每位学员发了专项学习资料，用来巩固学习效果。不仅如此，学员还通过听课做笔记的方式进行学习回顾。在学习期间不定时地发送给学员四六级电子学习材料用于学习。

2. “查缺补漏，直击四级”模拟四级考试

2018 年 5 月 10 日晚，“查缺补漏，直击四级”模拟四级考试于西区主楼 101 教室举行。此次模拟考为同学们提供了一次实战练习的机会，也让他们对自己有所定位，抓紧时间完善备考计划，更加自信从容地迎接即将到来的全国英语四级考试。四级培训班的部分同学参加此次模拟考试。本次模拟考试的考试题型、考试流程及考试环境都严格遵照全国大学生英语四级考试的大纲标准。考试过程中要求严格，纪律严明，考生们态度端正，诚信考试，现场考试秩序井然，无违纪现象出现。

3. 举办四六级讲座，面对面交流答疑

2018 年 5 月 20 日晚，四六级讲座于理学院二楼东侧会议室进行。首先，辅导员宋艳老师说明了本次讲座的目的，并通过讲英语绕口令的小游戏吸引了同学们对于本次讲座的兴趣，烘托了课堂气氛。讲座开始，宋艳老师主要在作文、翻译、中英思维差异、语法这四个方面详细讲解了四六级考试中的重点和难点。同时，宋艳老师结合经验讲解了背诵单词的相关方法，四六级考试的高频考点，四六级考试改革的相关信息和听力的相关训练方式。其次，宋艳老师与同学们在作文、语法问题上进行交流讨论，并针对同学们所提的问题做出解答，希望同学们可以多加练习，多加感悟。最后，讲座在热烈的掌声中圆满结束，方便同学们更全面地了解今年四六级考试，提前做好备考计划。

（三）经验与启示

学风，从广义上讲就是学校师生员工在治学精神、治学态度和治学方法等方面的风格，也是学校全体师生知、情、意、行在学习问题上的综合表现。学风是凝聚在教与学过程中的精神动力、态度作风、方法措施等，它根据不同学校的不同特点表现出不同的特色和丰富的内涵，并通过学校全体成员的意志与行动，逐步地形成和固化，成为一种传统和风格。学风是学校的灵魂，这个灵魂的建设需要所有的人共同努力。《现代汉语词典》的一般解释是：学风即“学校的、学术界的或一般学习方面的风气”。毛泽东同志在 65 年前首次提出“学风”概念也

有一说："所谓学风，不但是学校的学风，而且是全党的学风。学风问题是领导机关、全体干部、全体党员的思想方法问题"。可见，学风可以从两个层面来理解：一方面它是外显的"风气"，另一方面是内蕴的"思想方法"。

学风建设是高等学校永恒的主题，是全面贯彻党的教育方针，是高等学校实现培养目标的重要条件，是衡量办学水平的重要标志。良好的学风是一种潜移默化的巨大而无形的精神力量，时时刻刻都在对学生产生着强烈的熏陶和感染，激励学生奋发努力，健康成长。学生是学校的主体，所以学生的学风恰是学校方方面面作风的集中体现。

学风建设是一项需要长期高度重视、深入落实的系统工程，在 2018 年初，结合我院实际，辅导员宋艳老师依据已有专业背景，积极发挥组织引领作用，在同学中做好宣传动员、团队组建以及交流展示的相关工作，形成合力，共同做好相关的教育管理服务工作。这些工作增强了同学们的自信心，大大提高了学生的能力和水平，同时也提升了学院形象，人才培养质量得到了广泛认可。彰显英语特色，提高综合能力，活动的开展，既营造了学习英语的良好氛围，激发了学生学习英语的兴趣，又丰富了校园文化活动，彰显了我院鲜明的英语特色。将英语知识的学习和语言能力的培养灌注于丰富的活动之中，以此来培养学生学习英语的兴趣。同时通过活动的开展，引导学生进一步深入学习英语语言知识，不断拓宽学生英语知识的广度和深度。

建立由学院年级辅导员督导，优秀学长、学子主要参与实施的开放式、立体化、多维度的帮扶体系。在帮扶推进过程中，辅导员搭建了学习帮扶体系的平台，开展"学霸答疑坊"等活动，发挥同年级中的优秀学子，利用自习时间对基础薄弱的同学进行辅导。同时，对于成绩不合格的同学继续进行帮扶和补考，直至测试通过。经过了一学期的帮扶讲解和强化训练，极大地鼓舞了学困生学习其他学科的积极性，提高了学风建设的实效性。同时通过组织开展经验交流会、"学长面对面"等活动，分享学习、生活等方面的经验，为同学们提供了较高的借鉴意义，从而促进我院学习风气的整体改进与提升，最终实现"学友相携、共同进步"的目标。

通过活动，引导学生明确目标，养成良好习惯，夯实英语基础，提升专业技能，探索学风建设新途径新方法，完善学风建设相关制度，形成学风建设长效机制。

以人为本　助力成长

巴特尔*

一、案例简介

小李，女，23 岁，目前已毕业，单亲家庭，和父亲一起生活，家庭经济较为困难。2012 年新生入学后，该生屡次旷课，班级活动也不积极参加，和同学关系一般，刻意封闭自己。

二、案例分析处理

（一）案例分析

作为一名新生，居然屡次旷课，这种现象本身就比较反常，应该是心理或者思想上的原因造成的。我试图通过几次面对面的沟通和交流，找到问题的症结，再对症下药，制定具体的解决办法，根据后续实施效果，进行调整。

（二）处理方法

（1）我找小李谈了几次话，起初她对我有所戒备，在谈话次数多了后，逐

---

* 巴特尔，内蒙古财经大学商务学院团总支书记、助理研究员。

渐敞开心扉。原来她高考发挥不理想，只能考取三本，学费负担较重，且在家长的坚持下，填报了自己并不喜欢的市场营销专业。这样通过几次深入谈话我找到了症结所在：专业思想不稳定、专业兴趣不高。在交流中，我也强调了旷课是违反校规校纪的行为，后果严重的会开除学籍。

（2）我从班主任的角度向小李介绍了市场营销专业以及发展前景。因为直接负责就业工作，我特意收集了近几年市销专业毕业生的就业去向和就业情况，用真实的数据和事例引导小李。当然我也介绍了学校的专业分流办法，让她有更多的选择。

（3）由点及面，我还邀请了市场营销系的老师和毕业生，在“我的专业”主题班会上进行分享和交流，给全班学生介绍专业的相关情况、就业前景等。

（4）通过以上措施，该生的专业思想逐渐稳定，旷课情况也已杜绝。我在解决小李思想问题的同时，也帮助她解决了实际问题。家境困难，还要面对不菲的学费，这也是压在该生肩上的重负。我帮她联系了学校的勤工助学岗位和一些社会兼职，缓解经济压力。

（5）为了让小李更好地融入班级大家庭，我举办一些班级活动，并积极鼓励她参加，在班级中营造出“不抛弃不放弃”的氛围，让小李不再封闭自己，回到同学中间。

（6）在后续的一次谈话中，小李表示学好这个专业对创业会有很大帮助，而且因为本身在外面兼职实习，自己对创业也很感兴趣，因此让我给她介绍一下大学生创业的相关情况。我把大学生创业的优惠政策和条件做了详细介绍。

（7）针对小李的兴趣，我动员她组队报名参加“营销之星”创意策划大赛，以实现兴趣带动学习的目的。令我备感喜悦的是，这支团队当年比赛获得了学校一等奖。我又联系了有创业经历的学生，回来传经送宝，还帮她报名参加了创业培训班，鼓励其投身创业实践。

（三）处理结果

大三，小李创办了自己的培训机构。2016 年成为中优教育培训机构（一所呼市较大规模，专注农村教育的培训机构）的合作伙伴。目前小李的培训机构运营稳定，发展趋势良好。

三、工作思考与建议

1. 以人为本，抓住问题的关键

学生在大学四年中，会出现各种各样的问题。当出现问题时，要经过多方位的了解和沟通，找到问题的关键所在，有的放矢、对症下药。制定的措施和办法，要体现以人为本，要让学生充分感受到辅导员工作的出发点和落脚点是为学生自身考虑，感受到辅导员的关心和真诚。本案例的关键是做好新生的入学专业教育，从而激发起学生的专业兴趣，稳定学生的专业思想。

2. 熟悉政策，做好工作的前提

面对迷茫的学生，辅导员不仅是一名忠实的倾听者，更是一名人生导师，全面、合理、有效地指导是学生最需要的。在这个案例中，我向小李介绍了学校旷课处分的政策、专业分流的政策、大学生创业相关政策。熟悉政策、制度、规定，是开展好学生教育、服务、管理工作的前提和保证。一个对政策不了解的辅导员，就会言之无物，没有说服力，没有工作的实效性。所以，这就要求辅导员做好相关功课，努力成为一名专业化的辅导员。

3. 成长成才，指引迷途的目标

大学新生出现专业思想不稳定的现象是由于多种原因造成的，解决这一问题并不是简单地帮助他们适应，而是帮助学生厘清思路，分析各种选择的利弊，有针对性地开展指导、引领工作，要更多地着眼于他们的成长与发展。因此辅导员要整合资源，从系统、生态、发展等视角综合解决这一问题，如此才能真正引导新生尽快走出迷茫，积极主动提高自己。

十年树木　百年树人

——辅导员学生管理工作案例

张　婧*

一、案例背景

2010年9月，我开始担任2010级汉语言文学专业2班的专职辅导员。到了2015年又开始担任2015级汉语言文学1班的辅导员。班级里大部分学生是“90后”，生在网络与各种传媒高度发达的时代，视野相对来说比较开阔，社会实践的参与程度也比较高。这些学生头脑灵活，有创新意识，可塑性也很强，对于辅导员老师来说，这是一个非常可喜的现象，也是开展工作的良好基础。但是由于所带的班级学生数量都比较庞大，如何能通过行之有效的培养体系，将学生们的优良品质及特点发挥到极致，是我一直考虑的问题。我的设想是通过班级活动培养凝聚力和向心力、通过培养学生干部的工作能力提升班级的形象与活力。对情况特殊的学生具体情况具体分析，有针对性地沟通、家访，与家长建立联系，做双方的工作。在学习方面，于大一的一整年中每个月开展读书报告活动，培养学生的读书习惯，为今后的学习和工作打下良好的基础。

---

* 张婧，内蒙古民族大学文学院，讲师。

二、工作思路

一个大学的班集体不仅要有向心力和凝聚力，还要充分体现个人的成长与成才。全面发展才能为社会发展储备各类型人才。因此班级工作除了班级干部的培养，还有特定专业方向的班级活动，以期从大学一年级开始培养读书习惯，在宏观上把握班级学生的专业学习。

三、案例做法与效果

（一）加强班委会的建设，通过各类活动增加班级的凝聚力与向心力

1. 民主推选班委会，加强班委会建设

据我了解和掌握，我院历来班委会的选举和产生，都是由辅导员内定，或者采取竞选的方式，有的不当场唱票，而是辅导员事后根据选票的情况，对于心目中的班干部人选进行微调，然后公布。鉴于班级干部推选的传统和历史，在军训期间，有想竞选班干部的学生在和我聊天时就提到了这一问题。此类现象表明学生们对于班干部的选举十分关注，也从一个侧面反映出以往的选举方式不够公开透明，给学生与辅导员之间造成了一定的隔膜和不信任，而完全民主的选举方式，对于创造公正、公开的校园环境氛围、维护没有隔膜和芥蒂、和谐融洽的师生关系非常重要。军训结束后，全班开会做了一次班干部竞选的动员，接下来的时间是竞争上岗，当场唱票，推选出班级的第一代班委会，拟定了自己班级的规章制度，严格按照奖惩措施施行；并请每一位班级干部根据自己的岗位写好发展设想与责任书，明确了他们今后的工作模式与努力方向。

2. 搞各种班级活动，增强班级凝聚力与向心力

针对本班的专业与实际情况，班委会自行组织富有成效的活动，丰富同学的

业余生活，促进了同学之间的了解和团结。很多活动我都到场，每次都是全员参与，学生的热情都很高，玩得开心、学有收获。在与班委会成员、班级普通同学的交流中得到的反馈是，仅提供大方向作为参考，其余放手让班长去做的方法，促使他们必须动脑筋思考问题，在实践中锻炼了自己的组织、领导能力，树立了个人威信，便于今后工作的开展；班干部各司其职，分工协作，培养了团队意识和全局观。印象最深的是一次院内的拔河比赛，为了鼓舞士气，我为所有参赛的同学买来补充能量的士力架，为大家加油。因为实力和对方相比很是悬殊，两班各赢一局，最后决定胜负的关键时刻，女生齐喝，男生受到鼓舞，大家一起将对方拉过了线，全班同学都流出了幸福的眼泪。当时我也为他们的力挽狂澜而热泪盈眶，有的同学告诉我：老师，我的袜子都漏了！全班同学用自己的努力赢得了比赛，也许结果并不重要，重要的是关键时刻班集体的凝聚力与向心力让他们产生的强烈的归属感与责任感、荣誉感。因此四年的诚信考试，无一人违纪，全部拿到了诚信考试证书。

（二）培养学生良好的学习与生活习惯，为今后的学习与就业打下良好的基础

1. 培养良好的学习习惯，受益终生

刚从繁忙的高考中解放出来的大一学生容易放松对自己的要求，大学的培养模式又和高中完全不同，辅导员不可能像高中老师一样跟在学生身后去监督和管理，自我约束与学习习惯的培养就变得非常迫切。得益于大学时我的辅导员于东新老师的做法，大一时我在繁忙的教学之后，每周开一次班会，给学生提醒学习的注意事项；每个月开一次读书报告会，以促进学生养成读书习惯。从此后的三年看，这一年的成果是显著的，班级同学的纪律性很强，大家读书的热情很高，毕业时有 10 名同学考取研究生，2 名同学考取公务员，70 多人在三年内 90% 就业，这与大学时期的努力是分不开的。

2. 养成良好的生活习惯，收获健康

学校当时有早操制，学生需要早起到操场集合，参与班级的特色体育活动。但是很多同学有早起困难症，多次迟到。即使班级干部以身作则，也很难奏效。更有很多同学，因为起得晚连早饭都吃不到，时间长了势必影响健康。鉴于此类情况，我决定在连续半个月时间里每天早上六点钟到宿舍去挨着敲门，叫学生起床上操，并跟到操场去跟操，与学生交流，与学生共进早餐。在我的带动下迟到

的同学生越来越少，吃早餐的同学越来越多，平时请假的学生也越来越少了。四年下来，全班同学没有谁因为健康问题休学、退学。

（三）做学生的贴心人，切实为学生解决生活中的困难

高中时代的师生对立关系到了大学后，改观也不多。很多学生都受网络及别人影响，认为大学里的辅导员一个学期见两次，开学一次、期末一次。我的频繁出现让他们刷新了对辅导员的看法。不仅在大一时一周开一次班会，到了大二、大三我还会不定时查课，不定时出现在他们上课的班级，理由是怕他们有什么需要找不到我。这对想要旷课的同学也是一个震慑，尽管有班规，但那只是一种约束，全靠自觉。不定期的查课与宿舍走访的确拉近了与学生的距离，并且能够通过在食堂聚餐、打球、聊天了解班级学生的思想动态，及时控制事态的发展。在学生因情感原因出现纠纷，多次劝解无效后，及时上报学院，以免事态扩大，影响学校声誉。班内学生有家庭困难的，帮助学生找勤工俭学的机会。有因为母亲重病休学、退学的，给学生争取最大的利益。有女生痛经的，每月到家里来用偏方为其调理。有学生生病住院的，即使再晚我也会前往探望，平时发信息问询病情恢复情况。当有学生过生日时，我会在家里做好饭菜，叫上一群学生来家里，一来给学生改善伙食，二来通过聊天了解班级动态。学生心态因个人原因出现问题时，多次找其谈话，打开心结，使其能够以正确的心态对待学习与生活，这一切的出发点都是一个：辅导员作为学生的引路人，不仅要在思想与学习上引导，也要在生活上引导他们自己爱护自己，照顾好自己，对得起家长的期望与嘱托，成为学生在校的“家长”。

（四）因材施育，注重学生发展的个体化差异，情感疏导到位

1. 特殊的群体——班级里的预科生

我院有一批特殊的群体，是“三少”民族预科生，他们是学院响应国家的民族招生政策报到的，分数低，底子差，不好管理。分班后，我班有 14 名预科生。针对以往的教学经验，我得知他们最怕的是老师区别对待，最渴望的是老师平等相待。随着班级干部队伍建设的展开，其中有三名成为班级干部，为其他预科生树立了良好的榜样。此外，适当的鼓励与频繁接触能增强他们学习上的自信。了解到男体委曾经在预科阶段挂过科，我就经常和他们一起打排球，一起吃早餐，周末也不例外，多次用语言鼓励他，在学习上也能迎头赶上，希望他不掉

队。到了大二时，他果真脱胎换骨，不仅收获了全班的掌声，还在校外办了一个学习辅导班，学习一点没落下，还获得了财务自由，令人为他自豪，更可喜的是毕业时他考取了天津师范大学的研究生。

2. 大学生也要家访

学生干部的角色可以说是多重的，既是学生，也是同学的服务者。带班级之初，我觉得大学里的学生离家都比较远，很难和家长见面，等带了班级之后发现情况并非如此。

班级原有 69 人，后来 3 人转入，一人借读，一人留级至我班。班级除了原有的预科生外，来源变得复杂，管理难度加大。特别是留级生，是 2008 级的学生。父母离异，她随母亲生活。母亲又是一名当地高中极其负责任的班主任，在她成长的关键时期明显缺席，导致了孩子的叛逆。当她因为挂科过多被强令退学后学院才知道她的家庭情况，尽管她的辅导员曾多次沟通，但是没有想到她的真实情况远非如此。留级到我班后，她依然旷课，我与其家长联系后发现母女关系很是不好。孩子拒绝交流，母亲缺管沟通技巧。后来，趁她们母女都在家的时候，我去做了一次家访。与其母亲长谈了一次，又和孩子单独聊了很久，发现孩子缺乏关爱，母亲也不会以恰当的方式给予。家访之后，母女之间的关系略有缓和，孩子也同意回到学校上课，直到毕业，并顺利拿到了毕业证书。

四、案例反思

（1）培养学生干部的公民意识，对于他们的日常工作很有意义，同时对于今后的人生也大有裨益。进入大学校园后，首先碰到的一个公平问题就是班干部的选举。在这个问题上民主不民主，关系到学生对于辅导员以及由此产生的班委会成员的信任。在这个问题上辅导员如果处理不好，势必会影响辅导员的个人形象，也会影响学生看待校园、看待社会的视角。因此，必须创设公平、公正、公开的氛围和条件，让学生干部意识到“权利”和“权力”的内涵和关系，今后更好地为同学服务。

（2）辅导员的工作必须化整为零，既有宏观把握，又有微观深入。我私下里经常找班干部聊天，了解班级状况，听取工作汇报，就班级出现的问题、工作思路和方法给予建议和指导，倾听他们的心得、烦恼和期待，一方面给班干部指导和充电，另一方面也加强了师生之间的联系和感情。尽管班级学生多，造成了工作负担重的表面现象，但是只要将每一位班级干部在宿舍的作用发挥好，整个班级的管理就会变得轻松。班干部例会的召开能很好地促进班级干部发挥作用，使班级干部的责任担当发挥到最强，增加个人的使命感与自信心。个别同学的不配合可先由班级干部去争取，如果不行再由辅导员出面深度了解。

（3）辅导员要相信学生，更要了解学生。很多时候，不是学生没有水平和能力，而是辅导员的权威把他们压制了。群众的眼睛是雪亮的，当群众认可的班委会诞生时，他们的个人能力同时也是受到群众认可的。因此，在“学生干部是有能力的”这一前提下，辅导员要帮助其树立信心，提供正确的思路和方法，鼓励其放手去做。就算是大一的学生干部，在鼓励、信任和全力培养下也会迅速成熟起来。此外，也要相信普通同学，让他们坚信辅导员只看他们的优点，成长的路上错误与缺点在所难免，只要用心改正都是好孩子。因此，全班同学都很认真地将他们最好的一面展现给我看，班级的气氛非常和谐，凝聚力非常强。一次秋游，在班长的号召下，除回家办理助学贷款的同学之外，全员参加，留下了非常美好的回忆。

（4）辅导员应该注重学生三观的培养与确立。大学生的世界观、人生观、价值观的确立主要是在大学时期，这段时期应该培养学生学会自主、自律、自尊、自爱，让他们时刻意识到自己才是自己灵魂和未来的主宰，对待学业、未来的工作及社会他们应该有自己的意见和主张，人生最美的时光应该充分利用。事实上对待“90 后”这一代，单纯运用传统的教育方式，开会、座谈、单独教育等，已经不适合，必须采用素质拓展训练等新方法，吸引他们的眼球和心灵，在潜移默化中培养他们对学术、对社会的参与意识、提升各方面的能力。

（5）辅导员要把自己当成学生的亲人。学生离家求学在外，难免思家心切，此时除了同学，就是辅导员与其关系最为接近，如果辅导员端着老师的架子，势必不能与学生建立良好的师生关系。给学生最贴心的关怀，在每个学期结束学生回家时，务必给全班学生写一封公开信，告诉他们路上的注意事项、放假在家的任务等，也会使学生备感亲切。古人云：桃李不言，下自成蹊。十年树木，百年树人，只要用心付出，收获的不仅是桃李的芬芳，还有累累硕果。

以学生为本　让晚自习“活”起来

邹爱婕*

一、案例简介

张明（化名），理学院某专业大一学生，独生子女。该生对晚自习期间禁止用手机做与学习无关的事的规章制度不满。但当这项制度被告知的时候，他并没有反驳和质疑，也没有在这之后将自己的不满与学生干部和老师进行沟通，而是通过网络将自己的不满情绪和对这项措施的误解进行随意的发表，造成了不好的影响。这位同学在这以后也对晚自习有了抵触，更可怕的是有了极端行为，比如在上晚自习的时候公然玩游戏，也偶尔有些迟到和早退行为。晚自习的时候同学们通常会做一下老师当天布置的作业或是复习学过的知识，这位同学有太多的不良行为，所以造成了他学业上的退步，期中考试的时候险些不及格。这位同学的极端行为也对其他同学的正常学习造成了一定程度的影响，同时也对学院的学风建设以及同学们的思想成长建设造成了影响。

* 邹爱婕，内蒙古农业大学理学院分党委副书记。

二、案例分析与解决方案

（一）案例分析

通过运用行为分析法和该同学交流，可以看出该同学在经历过高考的洗礼之后，正处于迫切想要逃离管束的阶段，并且接受了中学时期老师们说的“上了大学就什么都不管”的错误思想，所以他的思想形态正处于非常不端正的状态。而且，随着社会的发展，电子产品极度畅销，导致该同学沉迷于手机游戏。因为在中学时期有家长和老师的监管，无法享受那种自由的感觉，所以到了大学之后，该同学就觉得自己拥有了自由，自己应该想干什么就干什么，所以就对大学的一些管理制度不理解，另外，缺少和老师或学生干部沟通交流，才导致了这种不端正思想的产生，进而导致该学生出现逆反心理，对抗管理者和老师的情况出现也就难免发生。

（二）解决方案

1. 主动谈话，沟通了解

学生会的职责是服务于广大同学，所以我们不能做任何一位同学的“敌人”。这件事情出现以后学习部成员第一时间找到该同学进行沟通交流，从中详细地了解事情的起因经过，问清楚事情的来龙去脉。矛盾之所以会出现肯定因为制度有不合理性或不被理解性的存在，想要解决这个矛盾就必须要向这位同学了解情况，并且了解一下这位同学对晚自习管理制度不满的详细原因，弄清是非对错。除此之外，深入基层同学以后还可以了解到同学们对晚自习的管理有什么样的要求以及觉得晚自习管理制度还有什么不足之处。通过沟通交流消除隔阂，才能使管理者和同学们之间相互理解与支持，共同解决问题。

2. 扩大范围，充分了解

这种问题的出现，也预示着我们学院的晚自习管理工作还存在诸多的不足，仍需一些改善。这样的问题绝对不是一时出现，可能是存在了很久，而这种与管理者的矛盾也可能并不只是该同学才有。所以我们要扩大了解的范围，充分了解每一位同学认为晚自习管理制度存在问题的方面，罗列所有问题才能找到问题发生的本质所在，对症下药，才能从根本上解决问题。首先，我们要深入班级，了解班级中每一位同学对晚自习管理制度的看法，从同学那里找到管理的缺陷，并且记录在册，及时地调整管理制度；其次，认真详细地制作了问卷，采用匿名问卷的形式来了解学生们心里的真实想法，让他们以这种方式来向我们真实传达问题，用数据来体现问题。

3. 表明立场，分析利弊

我们向该同学进行了解释，说明了在晚自习期间，并不是不让同学玩手机，而是要正确地利用手机。手机正确的利用可以对同学有帮助，但负面影响也是很严重的。另外，毕竟在晚自习期间，也有很多同学要学习，如果一味玩手机就会对其他同学的学习造成一定程度的影响，不能只顾自己而不理解别人。对于其他同学反应的问题我们也一一给了答复，也承认自己对一些事做得确实不妥。

4. 改革调整，适合同学

针对该同学及广大同学反映的问题，我们在不影响学校及学院学风建设及规章制度的前提之下，结合当代大学生所处的大环境，通过改变现有的只是一味安静学习的晚自习现状，将传统的晚自习形式改变为适合当代大学生的形式，以此来改变同学们内心对晚自习的看法，使同学们更喜欢这种晚自习的管理方式。

我们将以前的晚自习只是单一地集合在一起上晚自习的形式改为开放多个功能不同的晚自习教室，让同学们结合自身情况自由选择，在劳逸结合中学习，在不同的方面提升自己。我们将晚自习教室分为理论学习教室、心理调节教室、思想成长教室。

分为三个教室以后，我们对每个教室的功能进行了诠释，其中理论学习教室是同学们处理课堂作业、及时复习以及预习的地方，在该教室的同学可以进行简单的学习上的交流，但禁止大声喧哗以及利用手机做与学习无关的事情。

心理调节教室的功能是让有心理压力或心情不好的同学进行心情调整，在该教室的同学可以通过一些文艺活动或做一些益智游戏等形式来使心情得到放松，为进一步的学习进行调整。

思想成长教室的功能是通过观看一些影视作品使同学们的思想方面得到提升，我们在该教室放映了《辉煌中国》《厉害了，我的国》《呵护明天》等一系列有益的影视作品。在该教室同学可以开阔眼界，了解我国国情，紧跟时代步伐，在思想上达到新的高度。我们还积极开展关于电子产品对学生的危害的有关讲座，分析其中的利弊，让同学们从思想上进行改变。加强同学们的思想建设，正确地引领同学们。

5. 改革调整，继续观察

我们进行晚自习调整后对该同学的表现也进一步进行了观察，在一周为期五次的晚自习中，该同学去了两次理论学习教室，去了两次心理调节教室，去了一次思想成长教室。值得我们庆幸的是该同学最近还积极地向我们分享自己在晚自习改革后的收获，主动向我们交流请教问题，而且该同学再也没有了迟到及早退的陋习。

三、经验与启示

通过这件事情让我明白了自己在晚自习管理中的诸多不足之处，学习部也及时地进行了总结，主要分为以下三点。

（一）沟通

沟通是人与人之间交往中最重要的一环，只有多沟通，才能清楚地认识到对方内心的真实想法，才能对症下药，更快更好地解决问题。在制定规章制度时，要充分了解同学们的需求与想法，争取做到符合民意。在发生问题的时候，要及时深入了解对方的真实想法，将问题透明化。

（二）理解

理解是相互的，不论是管理者还是被管理者都必须要站在对方的角度考虑问题，真正地理解对方的难处，相互理解才能共同进步。在问题出现之初既要深入了解沟通以解决问题，也要在不影响学校和学院的学风建设及规章制度的前提之下，尽量满足同学们的正当需求。

（三）改革

我们不能墨守成规，一味按照前人留下的规矩办事，因为有些规定已经无法适应发展迅速的当代社会。我们需要根据所处的现实情况进行改革，进行适当的调整，顺应时代潮流的发展。我们需要进一步诠释学生干部的宗旨是为同学服务，进一步构建师生之间的桥梁。

走进学生心灵　传递青春正能量

庄宝忠*

一、案例简介

小超，男，2009年入学。来自农村，父母均为农民，家境一般。由于是家中独子，父母对小超寄予很大期望，从小将小超送到县城读书，为其报了各种专业兴趣学习班，小超天资聪明有思想，对于自己喜欢做的事，可以付出巨大努力去实现。小超从大一下学期开始比较迷茫，不上课而经常自己到图书馆看自己喜欢的书籍，去网吧打游戏或者选择在宿舍睡觉，并且有了退学的想法。后经深入了解并对该同学多次劝说和开导，小超终于开始好好学习。不但正常毕业，而且到了一家不错的金融单位工作，工作中靠其聪明才智和自己的不懈努力，取得了不错的成绩。

二、案例分析处理

（一）案例分析

在了解了小超同学的情况后，我先后找到他的班长和寝室同学了解详细情

* 庄宝忠，内蒙古财经大学财政税务学院团总支书记，助理研究员。

况，得知小超以前上中学时是一个很勤奋刻苦的好学生，因背负着父母所寄托的成才的愿望，学习成绩一直位于班级前列。由此判断，小超应该还是希望能继续做个父母眼中的好学生、好儿子。小超在进入大学以前还是很想进步、很爱学习的，想在大学的学习和生活中有所成就，有所突破。进入大学后周边陌生的环境和自己的个性，让小超同学产生厌倦心理，不愿尝试和突破自己。长此以往，自暴自弃，出现了现在的消极状态。

（二）处理方法

（1）第一时间亲自找小超谈话，选择在其他同学都去上课而小超在宿舍睡觉的某个上午，宿舍只有我们两人，我以一个朋友的身份与他聊天。我首先以自身也来自农村，经过家庭和自己的不懈努力，考入大学最终离开农村来大城市生活的案例，动之以情晓之以理，小超答应不再不分昼夜玩网游，按时上课，补上落下的课程。但在我提出的学习期望上，小超表示他现在很茫然，找不到学习的动力，也觉得自己被落下很远，很难跟上同学们的脚步。

（2）我从班长的反馈中得知，小超在这次谈话后开始正常上课，但是精神状态不佳，对于老师布置的学习任务也是疲于应付。小超同学陷入了一种焦虑与压抑状态。于是我打算再次深入宿舍帮助一下小超，帮助他渡过难关。这一次我选择的是班级其他同学下课回到宿舍，小超到图书馆看了一上午杂志返回宿舍的某个中午，远远望去小超回来的时候自己带着一个煎饼。当他推开宿舍门看到我在的时候，他突然要走，似乎是不想见我了，我立刻将其喊住。我以兄长的身份对小超加以开导，他问我吃饭了吗，我说没有。他把自己的煎饼给了我，此时我安排其他同学为其买了鸡腿盖饭，我和他边吃边聊，最后他和我说了很多。他谈到由于父母对他寄予了厚望，而他却没取得成绩，不好意思面对父母。经常深入网吧导致经济拮据，我当即表示可以帮他找个家教，并把自己的自行车送给了小超。这次谈话应该是成功的，最后我安排宿舍同学经常陪陪小超。

（3）有了同学们的陪伴，小超逐渐有了笑容，内心发生了一定的转变，积极参与集体的学习和班级的其他活动。以此为基础，我要求班级同学都制订一份自己大学生活的规划。我和小超对他的大学生职业生涯规划书进行了细化，帮助他树立了各个阶段的学习目标，他自己表示大二必须通过英语四级考试和会计从业考试。经过一段时间的观察，我发现小超发生了很大改变，自己主动找我汇报，表示找到了学习的原动力。重要的是我为他介绍的家教，他与学生家长结下了深厚的友谊，通过他的教导，学生在期末考试中排名达到了班级第五，家长表示毕业后可以帮助小超介绍一份工作。

（4）在小超逐渐执行自己的计划，重建信心时，我及时找到小超宿舍的同学，与他们商定监督小超的计划。经了解，小超在利用业余时间打工，于是我刻意到学校对面厂汉板商业街某饭店吃饭，目的就是观察小超，我点了一个菜、一碗米饭，快吃完的时候小超发现了我，他表达了对老师的感谢并表示自己当服务员挣工资了，今天到他的地盘了，他可以帮我买单。我坚决不同意并再次对他加以鼓励。他承诺保证顺利毕业，毕业后一定会通过自己的诚实合法劳动获取报酬。

（三）处理结果

小超同学从放弃学习、拒绝接受别人的帮助，到走出内心的阴暗，建立自己的学习规划，认真学习，参与集体活动。这是一个可预见的结果，小超在大学之前一直优秀，新生环境让小超有了一段时期的心理变化，通过及时的帮助和引导，他重回了正常的学习生活。通过这次开导和劝说，我和小超建立了深厚的师生情谊。前不久接到小超新婚请柬时，我特别高兴，并且参加了他的新婚典礼，小超特别热情，与我交流他的现状和未来规划。

三、工作思考与建议

（一）及时鼓励，长期关注

每个人无论表现好与坏都需要得到别人的认可或者鼓励。来自老师的及时鼓励会让学生在很无助、很无奈的时候坚定地执行他所坚持和追求的东西，会让他在困难中找到许多坚持下去的动力。而对学生的教育不是一朝一夕的事情，要长期关注，不能时冷时热。不然一时的努力就会变成泡影，前功尽弃。

（二）要有耐心，学生工作不好做

常做学生工作的老师都会在日常工作中对学生发出“屡教不改”的感叹，

但感叹归感叹，在学生管理工作中一定要有耐心，对学生进行耐心细致的思想工作，相信每一位学生都是可教之才，都是可以发生转化的。做学生工作要有高度的耐心和责任心。遇到困难不急躁，不厌其烦地做好学生的思想政治工作，解决好学生的实际问题。俗话说：精诚所至，金石为开。我们面临的教育对象中，难免有后进生，对后进生不能急于求成，毕其功于一役。

人非草木，孰能无情？像小超这样的学生，如果只当板着脸的老师与他们对话，而不是人与人的平等对话，是很难触及他们的内心，很难了解他们的心情的，更谈不上纠正他们。所以，把自己对生活、对社会真实的体验发自肺腑地告诉他们，而且要做到耐心，这是很重要的。

（三）利用职业生涯规划树立生涯目标和学习目标，提供学习的原动力

职业生涯规划就是在对个体的内在心理特征和外在环境条件进行评定、分析和研究基础上，为其设定职业发展目标，并制订相应的发展步骤和具体活动规划，对其职业规划要求要细化，要有可操作性。只要将四年的学习生活与将来的职业定位相结合，学生的学习动力就会显著增强。

日常管理篇

班委会内部管理之道

刘铁鑫*

一、案例简介

2015 年 9 月，我开始担任财经大学会计学院 2015 级会计四班新生班主任。班级共有 51 人，一个由多名新生组成的班集体，班团建设无疑是我工作的重点。在经过军训和深入宿舍观察了解后，我以民主选举的方式组建了第一届班委会。我对新一届班委们充满了信心和期待，并倾注了大量的精力和时间，努力去塑造一个充满活力、活泼、向上的集体，为同学们顺利完成四年学业奠定良好基础。然而，时间过去两个月后，在班级的集体活动中暴露出了班委会内部的问题。

学院鼓励新生积极参与集体活动，可是，班长不与同学们商量，强令班级同学按学号参加，导致有兴趣的同学去不成，没兴趣的同学不愿意去，影响了活动的正常开展。对此，班长也没做任何解释。个别同学，包括班干部，开始怀疑班长的工作能力，甚至对班长失去信心，不配合班长工作。更有个别班委成员带头顶撞班长。就这样，由于班干部之间也缺乏沟通、相互猜忌、缺乏配合，激化了同学间的矛盾，最终导致大家在班级的微信和 QQ 群里发生口角，造成了严重的不良影响。实践证明，班委内部不团结，班主任的工作就很难顺利开展，班级就不会有凝聚力和战斗力，从而影响各项工作的顺利开展，班级就没办法健康地发展。我认识到问题的严重性后，立即着手对事件进行调查，以便找到解决问题的最佳方案。

---

* 刘铁鑫，内蒙古财经大学会计学院班主任，讲师。

二、案例分析与处理

（一）案例分析

这是一起班长和其他班干部之间产生意见分歧，个别班干部带头拉帮结派，致使班级内部不团结，造成班级秩序混乱，严重阻碍班级建设，影响学生学习成绩的典型案例。要想建立团结、活泼、向上、奋进的班级集体，就必须加强班委会建设，解决好当前存在的问题。班委成员之间出现矛盾要通过加强班委自身建设，率先垂范的方法加以解决。班委与普通同学、班委与班任之间都要坦诚相见、建立信任关系。只有这样才可能妥善解决存在的问题，构建和谐班级。

（二）处理方法

（1）严格要求。班委之间在公共社交平台激烈争吵，影响很坏。所以，我果断采取措施在第一时间阻止了事态的发展，最大限度地降低了不良影响。随后，我要求班委会干部以身作则，规范自己的言行，起到示范作用。一场争吵逐渐得到了平息。我召开班委会让班委成员带头反思。这场争吵给我们带来了什么？伤害了什么？班委会这种消极的行为和工作态度是否能够促进班级工作的开展，调动同学们学习的积极性……一系列问题摆在了每个班委面前。于是挑事儿的班委开始自责、忏悔，低头认错，纷纷撤回自己的不当言论。这为营造风清气正的班级环境奠定了良好的思想基础。

（2）查找原因。通过走访、询问，从当事人和旁观者等不同角度收集信息，调查了解情况，找出事件发生的诱因。班长、学习委员、团支部书记分别在谈话中讲述了作为班委会成员对该事件的一些基本看法，为下一步开班会收集素材做准备。我通过调查了解到，班长认为自己在工作中付出很多，可是，经常费力不讨好，得不到同学的理解，感到很委屈。学习委员和团支书反映班长缺乏组织和领导能力，不能很好地摆正各种关系。这起事件的起因就在于，在中秋节开班会时班长没能协调好各班委之间的关系，和文艺委员之间产生了矛盾，积怨很深。

在这次活动中，班长没有得到大家的支持，文艺委员也就顺势掀起波澜。找出存在问题的症结，也好对症下药。

（3）自我批评。这起事件的主要矛盾，首先发生在班委成员之间。考虑到临近期末，在这样的时间点来重新调整班委会成员，势必会影响大家的期末复习。再加上有的新生刚刚当选班干部就遭到撤换，不利于自信心的建立，容易引发心理问题。所以，我决定采取“软处理”的方法。在开班级大会之前，我组织召开了一次特殊班委会。这次班委会是以茶话会的方式进行的。由于之前我做了大量的调查工作，对该事件的发生原因、经过已经有了清晰的了解，讲事实、摆道理，既行云流水，又和风细雨。我先从班任角度进行自我检讨，自己疏忽与各位班委沟通，没能及时发现问题，导致事件的发生。各位班委看到我很诚恳，放下思想包袱，畅所欲言，推心置腹，纷纷做出自我批评，反省自己工作中的不足，接受大家的批评和建议。用真诚的沟通来化解矛盾，打开心结，消除误解，形成了真诚和谐、积极向上的良好氛围。

（4）因势利导。教学管理，既是动态，也需常态，需要我们经常性管控，才不至于失控。我吸取了事件的经验和教训，定期或不定期找班委成员进行谈心、谈话，掌握其本人或班委其他委员，甚至其他学生的思想动态。做到及早发现、及早研究、及早化解矛盾，解决问题。我常常站在学生的角度进行思考并且鼓励班委成员之间多多沟通，也多和我沟通，和同学们沟通，摆正位置，加深理解、扩大谅解；要求同学们不说的话，班委成员带头不说，要求同学们不做的事，班委成员带头不做，身先士卒做表率，严格要求当先锋。只有这样才有说服力、号召力。同时，教导班委成员要只争朝夕、雷厉风行、团结协作、积极配合、增强活力、提高战斗力，把班级工作推向一个新的阶段。

（三）处理结果

目前，班级情况逐渐好转。班干部队伍凝聚力提高，战斗力增强，真正成为我的得力助手。一个团结和谐、奋发向上、活力四射的班级正在形成。

三、工作思考与建议

（一）班委会干部要以身作则

班委成员是从学生中竞选出来的干部，具有代表性。要严格要求自己，率先垂范。要牢记在全班同学面前你就是一个标杆、一面旗帜。坚持团结大多数，不搞小团体，弘扬正气，光明磊落，纠正不良之风。

（二）班委会干部之间要加强沟通

班干部也是学生，在学习、工作生活中，同学之间难免会出现分歧，发生冲突，产生矛盾。关键是如何化解矛盾，防止矛盾升级。班干部之间有意见，学生对班干部有意见，应该坦诚相见，用真诚的沟通来化解矛盾。用理解和信任增进同学间的友谊，成为学习和提高的动力。

（三）引导班委会自我管理

学生干部一定要加强自我教育、自我管理。首先，要学习时事政治，增强自身政治素质。其次，学好专业知识，用优异成绩树立良好威信。再次，要培养健康的情趣爱好，促进自己的综合发展。最后，学校要加强引导，把握正确的前进方向。我相信，在学校的正确领导下，在教职员工和学生干部的共同努力下，必将树立起学生干部的良好形象，学生干部队伍能够建设得更好，以促进学生工作的顺利开展。

严中有爱

包文娟*

一、案例简介

王某，男，兴安盟右翼前旗人，该生在一次学生科宿舍安全检查中被发现在宿舍内使用违规电器，被学校给予留校察看处分。据该生自述及从其他同学处了解，违规电器为电插排，但该生只使用了一次。事发后，该生找到辅导员面前表现出强烈的“我很冤枉”的观点。待处分文件下发后，该生更是感觉“晴天霹雳”，心理上完全无法接受，从而形成上课注意力无法集中，沉默寡言，不参加任何活动的消极情绪。

二、案例分析与解决方案

（一）案例分析

使用违规电器的违纪学生，一旦被处分，心理就会处在应激状态，产生挫折感，出现焦虑、低落情绪，有的学生甚至出现自寻短见。针对这种情况，辅导员就应该实时对违纪学生进行心理疏导，使学生走出心理误区。

---

* 包文娟，锡林郭勒职业学院医学院辅导员，实习研究员。

（二）解决方案

（1）打开心结，正视违纪事实。因该生感觉所受处分着实“冤枉”，我就给他进行问题剖析：虽然他只使用了一次，但的确违反了学校的规章制度，拿出学生手册的相应条款给他看，并且向他说明宿舍存有违规电器就是已经违反规章制度，还向该生进行消防安全教育。宿舍是一个人员密集的公共场所，一旦有问题，发生消防隐患，后果不堪设想。

（2）心理疏导，走出心理误区。王某，在受到处分之前性格开朗，还担任班长一职，是一个积极的男孩，使用违规电器事件发生后他无心工作，对班级各项活动也表现出漠不关心的态度。针对此情况我经常找他谈话，列举名人等也曾犯过错误的事例，以理服人，让他认识到犯错并不可怕，改正就好。渐渐地王某在我面前打开心扉，他是一个自尊心极强的男生，最不能接受的是作为一个学生干部却背着处分，同学、老师将会如何看待他。我告诉他事情既然已经发生了就应该接受现实，勇敢去面对，这时更应该努力在各方面提升自己，用实力说话。经过几次心理疏导，王某渐渐地变得积极起来，积极参与各项活动，认真组织，工作负责。

（3）同学关爱，走出处分阴霾。针对该学生的具体情况，发动班级干部、寝室同学进行帮助。同寝室的同学在心理和生活上适时给予关爱，班干部重点动员他们参加各类活动，安排联络员，有什么情况及时汇报。

（4）树立自信，准确自我定位。在该生正视自身错误，逐渐消除自卑心理后，我便经常肯定表扬鼓励他，引导他看到自身的优势，树立自信心。通过不断的心理辅导，王某逐渐恢复到之前的状态，学习刻苦努力，工作认真负责。

三、经验与启示

（一）分析大学生使用违规电器违纪心理

（1）侥幸心理。使用违规电器的学生通常认为，只要自己手段高明，方法隐蔽，或许不会被发现，于是铤而走险。

（2）从众心理。一些学生因看见某些学生使用违规电器而没有被发现，于是盲从。

（3）习惯心理。由于部分学生懒惰，养成不自己打水，不使用公共插座的坏习惯，从而习惯于在宿舍偷偷使用违规电器，认为这样方便、快捷。

（4）消防安全意识薄弱。一部分学生消防安全意识薄弱，认为自己使用违规电器，不会造成严重的后果，没有考虑到其他同学的安全，从而无视学院规章制度。

（二）对于使用违规电器违纪受处分学生的教育措施

（1）对于违纪受处分学生进行必要的心理疏导。了解受处分学生的心态和性格特征，有针对性地从认知、情感和意志行为等方面来判断个体的危机承受能力，及时分辨出存在异常表现的学生，并给予不同程度的专门辅导。

（2）因材施教、循序渐进地对违纪学生受处分学生进行辅导，结合违纪学生的心理特点及实际情况，分期分步提出要求。先提出容易实现的较低目标，唤起他们的上进心或将一些总目标分解成若干个子目标，让他们不断地获取成功，激发其动机与力量，以便实现最终教育目标。

（3）适时鼓励增强违纪受处分学生的自信心。受处分学生一般都会有自卑情绪产生，除进行必要的心理辅导外，对其进行适时的鼓励也显得尤为重要，我们要教育和引导这类学生正确认识自己、评价自己，对自己曾经的失败要客观正确地进行分析，帮助他们正确运用归因理论，修正消极的自我评价，积极地悦纳自己。

（4）建立系统的受处分学生的教育体系。针对受处分学生要有一支教育帮扶队伍，主要由学生科、辅导员、班主任、班干部等组成。还要有一个完整的教育计划，按步骤实施。同时，也要从受处分学生的心理、情绪、身体、学习、生活、人际关系等方面观察和了解学生的动态，在学生遇到困难时，及时给予引导和帮助。

（5）加强对学生的校纪校规教育，让学生充分了解学校的规章制度，引导学生自觉遵守，培养学生自觉自律的态度。古人云：不积跬步，无以至千里；不积小流，无以成江海。构建绿色和谐校园，遵守校纪校规是非常重要的一步，勿以善小而不为，勿以恶小而为之。通过对学生进行校纪校规教育，让学生明白学校建立规章制度并执行的目的不是限制自由、约束个性，而是为了维护正常的教育教学秩序，维护学生生活与学习的权益，并为其安全提供保障，提高同学们守规守法的自觉性，这才是建立校纪校规的实际意义。

关注学生日常　把握育人时机

陈丽芳*

一、案例概述

小静（化名）单纯直爽、爱憎分明、嘴上得理不饶人，独生子女；叶子（化名）是预备党员、踏实认真、稍有些内向，兄妹三人，排行老小。二人是同班同学，目前是大二下学期。大一时用她们自己的话说是“臭味相投”，成为一起吃饭上课逛街、你跌倒受伤我帮你洗衣服的好闺蜜。那时她们常说“有什么事大不了打一架”，打完还是好闺蜜。没想到一语成谶，昨天午休时接到小静电话，说被叶子打了。原来二人在大一快结束时就日渐疏远，大二上学期彻底成为陌路，且偶有言语上的细小摩擦，多数是小静出言不逊。中午小静站在宿舍门口等小玉（化名）上厕所，这时叶子吃完饭后回宿舍，进门后顺手关门，因开窗有风且宿舍门年久失修，关门声较为响亮。小静认为叶子是在针对她，猛地推门对叶子骂了句难听的话，随后与小玉一直在吐槽这件事，且小静嘴里还时不时冒出那个难听的词。进宿舍后，叶子问小静：“你骂谁呢?”小静回说：“就骂你呢，咋啦?”叶子没有控制住情绪动手打人，二人发生肢体冲突几十秒后被舍友拉开。冲突导致小静脖子右侧、后背各有一两道红印、腿上一小块瘀青；叶子右小臂有红印、头撞到床扶梯，但均无大碍。随后小静给辅导员老师打电话告知事情的经过。下午，辅导员老师约谈双方。晚上，小静再次给辅导员老师打电话说不敢睡等。第二天上午，小静发现价值500元的短袖衣领处有破洞，认为是发生冲突时

* 陈丽芳，包头师范学院辅导员，助教。

叶子撕破的，因衣服是穿别人的，所以要求赔偿。中午辅导员老师走访宿舍调取监控，下午与双方同时面谈，最终二人互相赔礼道歉、以拥抱和好的方式终结此事。

二、案例分析及解决方案

（一）得知事情

接到小静的电话时，学生情绪较为激动且比较强势，强调被打，要求换宿舍。辅导员首先倾听事情发生的经过，安抚其情绪，但小静情绪始终较为激动。这时辅导员平静地告诉她，换宿舍不是一时就能解决的问题，此事还涉及违纪，需依据学生手册进行处分等，小静的语气才稍微缓和。辅导员再次安抚其情绪，告知其回到宿舍后不能再发生二次冲突，承诺下午上班就了解处理此事，让她放心。

（二）了解情况

下午上班后，辅导员约谈小静和两位室友，逐个了解情况并做了记录。放学后又约谈另一当事人叶子及其他两位室友，逐个谈话了解情况并做了翔实记录。了解到的情况与当事双方阐述的事情经过大致相同，但小静有夸大事实、偏袒自我的表现。辅导员给双方充分解释了事情的处理方式和程序，让她们明白了其中的利害关系。同时安抚双方情绪，防止再次发生冲突。在约谈过程中，辅导员始终保持理性、态度谦和，让她们感受到辅导员的真诚，使她们相信学院不会偏袒任何一方、会公平公正处理此事。

（三）深夜来电

晚上 10 点钟，小静再次打来电话，说害怕叶子再对其动手，不敢睡觉。此时，辅导员语气坚定地告诉她，叶子已经知道再次动手的严重性，且叶子已经认识到了自己的错误，不会再有出格行为，让其放心休息，保持与辅导员老师的随时联系和沟通。

（四）家长来电

第二天上班，辅导员接到小静母亲打来的电话，询问昨天的事情情况。辅导员如实将小静和叶子二人的关系发展情况、二人发生冲突的事情经过以及预期的处理结果向其作了简单介绍。同时，设身处地地安抚了家长的情绪，让其放心，相信学院会妥善处理此事。家长非常明事理，希望学院对于这件可大可小的事情尽可能往小处理。

（五）小静再现

上午课间，小静再次来到辅导员办公室，情绪激动，说昨天的冲突导致其穿别人的短袖衣领被扯破，要求叶子赔偿。辅导员首先安抚其情绪，承诺中午将进行实地走访。同时引导小静正确认识自身存在的问题和错误，对其进行了批评教育。

（六）实地走访

中午放学后，辅导员到当事人宿舍及临近宿舍进行实地走访。在当事人宿舍，辅导员对关门声音大小等细节进行了解和验证，对目前双方的情绪状况进行了了解。通过与邻近宿舍和同班同学谈话，了解二人的日常表现。同时调看视频监控，核实事发经过。但因视频不太清晰，且宿舍其他成员也无法证明，故无法认定衣服是否在冲突过程中被扯破。

（七）双方面谈协商

下午，辅导员先与叶子进行了沟通，询问其是否愿意赔偿损坏衣服，叶子开始稍显委屈。但作为一名预备党员，叶子对事态的严重性和对方身上抓痕明显等事实认识到位，所以，当辅导员对其进行批评教育之后，叶子同意进行赔偿。随后，辅导员与当事人双方进行了集中面谈，希望双方说出心中的委屈与不满，梳理如何从无话不谈的闺蜜演变到今天动手的局面，希望她们将心中的结打开。交流过程中可以争吵，可以大声哭出来，可以宣泄出双方的不满情绪，但不能动手。之后，二人你一言我一语开始诉说，在此过程中情绪都比较平稳，但一谈到关键原因，双方都躲闪回避，不愿说出来。辅导员询问是否需要回避，二人微笑同意。辅导员老师回避，给她们留出空间进行交谈。半小时后辅导员敲门进入，二人脸上洋溢的是发自内心的轻松的笑容。在辅导员老师的见证下，叶子同意修补衣服并赔偿300元，小静表示要请叶子吃顿大餐，再好好畅谈心扉。最终二人相互道歉、握手言和，以拥抱的形式结束了这场冲突。

（八）反馈情况

原来二人并无实质性矛盾，只是小矛盾不断积累，误解一点一点加深，且没有得到及时沟通疏导，才导致今天的局面。送二人出办公室后，辅导员给小静母亲回电，将处理经过及结果详细告知对方，让家长放心，家长很感谢学院的处理。晚上，辅导员分别给双方打电话询问情况，二人均表示心情很好很轻松，感谢老师的处理和关心。在整个事件的处理过程中，辅导员随时将进展情况给分管院领导汇报，让其了解事情的进展情况。

（九）持续关注

该案例的处理结果还算圆满，辅导员在处理的过程中本着教育学生、引导其朝着好的方向成长的初衷，刚柔相济地处理问题。辅导员持续对二人及该宿舍进行关注，在查宿舍的过程中经常深入该宿舍了解她们的学习、生活情况，宿舍成员之间关系融洽，各方面都在朝着良性方向发展。

三、经验与启示

在大学里，每个宿舍成员之间都有细小摩擦，但症结在于学生不会处理细小矛盾，却又不好意思反馈到学院，矛盾日积月累不断加剧，最终导致其爆发。那么，作为学生思想政治教育工作者，我们该如何应对。我认为，应从以下四方面入手：

一是大学生思想政治教育工作者要具备必要的心理学知识。要学会运用心理学原理，发现、解决学生中的矛盾。并通过开展心理健康讲座等，教导学生如何处理相互关系、处理内心矛盾。

二是作为辅导员应加强与学生以及学生家长的沟通联系，掌握每名学生的思想动态，争取预防为主，在事态未发展到严重阶段时控制局面。在日常生活和学习中从多方面关注、了解学生的情绪变化，才能及时发现矛盾隐患，及时将矛盾化解在萌芽状态。

三是加强宿舍文化建设。通过举办宿舍文化节等开展宿舍文化建设，实现宿舍管理工作与思想教育工作和学风工作建设的有机结合；增强学生互助和谐的意识，营造良好的人际氛围等，使学生宿舍环境的育人功能得到激发。

四是辅导员应该从细处介入学生教育管理。辅导员在处理学生矛盾时，必须以平静、理性的心态去面对学生之间的摩擦纠纷及矛盾冲突。要掌握尊重、倾听、沟通等技巧，与学生进行真诚的交流，弄清事实真相，找到问题症结所在，防止主观偏见。同时要掌握批评的技巧和艺术。要使批评符合实际，抓住要害，就要深入了解实际情况，了解学生。只有善于化解矛盾，协调好各种教育力量，最广泛地调动起学生的学习积极性，才能更好地促进学生健康成长、发展。

相机诱导　浓情育人

陈绪莲*

一、案例概述

某同学，2014 级某班学生，他是由 2013 级预科升入本科的蒙古族学生。由于在预科期间课程较少，自制力较差，其后又对所选专业不甚了解、不喜欢，而导致升入本科后，不能自主学习，而后又因沉迷网络游戏、人生观和恋爱观不正确等原因多次旷课、旷寝而导致学业荒废，多门课程不及格。个人性格方面比较内向而敏感、不善于与同学建立关系；出现问题时不会在自己身上找原因，而总是拿其他同学来比较；因为语言问题，与老师沟通不畅，不能很快融入班级同学中，容易误解他人意思而引起误会，沉浸在自己的小世界当中。

二、案例分析及解决方法

其实，这个案例并不是个案，根据调查发现，每个学院中都会或多或少地存在这样的学生，这个学生所在的班级就有几个在某方面跟他有共性的同学。将这个学生作为典型来进行分析也将帮助更多的同学解决问题。

---

* 陈绪莲，呼伦贝尔学院辅导员，实习研究员。

（一）案例分析

通过上面的概述，我们来具体分析一下该同学诸多问题形成的原因：

（1）从高中进入大学，预科是一个过渡阶段，但在这一年中，该同学并没有做很好的心理建设（其实缺的就是一个引导人），过于放松自己，没有养成一个良好的学习习惯而导致后续学习方面出现很多压力及问题。

（2）通过与他沟通我了解到，预科毕业选择这个专业，并不是因为自己喜欢这个专业，也不是因为就业形势较好，而是一种跟风行为，好多同学都选了所以他也选了。这样一个对自己不负责任的选择，只能让他越学越没有信心，越来越厌恶这个专业。

（3）沉迷网络，无法自拔，现在看来任何事情都是有因果关系的，因为无法对所学专业产生兴趣，所以他把注意力转移到了更加错误的网络游戏中，来打发自己无所事事的青春时光。

（4）错误的享乐主义人生观和恋爱观，这两种错误的观念都导致了他对人的需求的理解是片面的，夸大了人生某方面的追求，比如只注重自己的感受，过分追求自由、享乐，人生没有了方向和目标。

（5）性格问题。通过与他的多次谈话我发现，该同学比较自私，犯了错误之后不是在自己身上找原因、承认错误，而是认为老师针对他一个人，会把其他同学犯的错误拿出来比较，避而不谈自己的问题。

（6）语言沟通不畅也是导致他学习成绩不好的原因之一，通过与他交谈我了解到，因为上课时有的老师语速过快，还有专业术语过于拗口，他根本就听不懂，所以学习兴趣就更低了，不愿意上课，甚至旷课。

（二）解决方法

（1）做好引导者的角色。既然已经选择了这个专业而无法改变，就想办法让他慢慢适应，我找到一些专业老师，告诉专业老师他的基本情况，希望老师在上课的时候多关注这样的孩子；与他在课后进行交流，要他不耻下问，听不懂可以课下找老师再指导，要相信每个老师都会对他耐心解答的。

（2）发挥班干部作用，指定学习委员作为他的帮助人，要求学习委员每天对他进行学业帮助，基本是每一至两周，我就会与他谈话，询问近期的学习情况；在宿舍中，发动班长及宿舍同学上课时提醒他上课，多带动他参加体育活动，尽量减少去网吧的时间。班长在帮助这名同学时发挥了很大的作用，使该同学转变很大。

（3）与学生家长取得长期联系。因为语言沟通不便，我请了办公室的蒙古族老师与他的家长交流，告知家长孩子在学校的一些表现，希望家长与学院共同努力帮助该同学。

（4）除关心他的学业外，也一定要注重他的思想状态变化。多次与他进行谈心谈话，通过身边同学的真实事例，使他感同身受，向他灌输正确的人生观、恋爱观，告诉他奋斗的、积极向上的人生才最美丽。

（5）捕捉该同学身上的闪光点。通过接触我发现他是一个非常懂礼貌的同学，每次见到老师都会鞠躬问好。对于这样的同学，我们要放大他身上的优点，让他感觉到他并不是一无是处，并在适宜的时候给予肯定和鼓励，使其获得自信，并逐步把兴趣转移到学习中去。

（6）尊重他的民族特性。我与办公室的蒙古族老师进行交流，希望更多地了解他民族的一些习惯和表达方式；并督促他努力学习普通话，平时与同学相处时也尽量说汉语来提高他的普通话水平。

（三）成功经验

通过这些帮助，这名同学虽然在学业方面还有一些不尽如人意的地方，但经过大三、大四两年的努力，所有挂科的课程已全部重修并基本合格。在人际交往方面，他比以前更加开朗了，从刚开始时一说话就像跟人吵架，到现在可以和老师同学随意开玩笑也不会有误会发生。当毕业前他跟我说，在学校最感激的人是我时，我的心里是无比高兴和感动的，虽然跟别人相比他还是有差距的，但我看到了他的努力认真和改变。

三、经验与启示

通过对这个案例进行分析，我总结了一些工作经验：

（1）快速进入工作角色，从大一开始就要快速了解每个学生的思想状况及学习态度，多方面关心学生，以便更好地开展后续工作（因为我是在大二下学期

才接手2014级学生，所以失去了了解他们的最佳时机）。

（2）从大一开始就要求学生做出大学四年的学业、职业规划，并在后续的学习生活中，根据实际情况不断改进和完善这些规划。

（3）督促和培养他们，从大一开始就要养成良好的学习和生活习惯，因为好的学习、生活习惯会影响一个人的一生。

（4）一定要重点关注成绩差的学生，因为导致成绩差的原因有很多，而这些原因有可能就是一些违规违纪甚至大型事故的导火索。

（5）要鼓励学生多参加体育运动，这不但会让他们远离手机、网络，拥有健康的身体，还会让他们交上一些真正的朋友。

四、案例启示

首先，对后进生的出现应该保持平和的心态，正视这种现象，接纳这些同学。在一个班级中，总会有先进和落后之分，学生不可能整齐划一齐步走。我们要在教育过程中逐步消除后进现象，使学生的思想文化素质慢慢提高。这样的工作是循环往复的，这是一个动态的发展过程，一个时期的后进生通过我们的帮助、教育、引导而获得进步后，另一个时期还会有后进生出现，这又需要我们教育、引导、转化，学生也正是在这种螺旋式的循环往复中得到发展，逐步走向成熟的。

其次，在做后进生的转化工作中，一定要胸襟开阔，充满爱意。教育事业本来就是一种爱的事业。人非圣贤，孰能无过。我们也会在工作、生活中犯这样那样、大大小小的错误，难道我们就能苛求学生不犯错吗？很多时候我们总是把关注和爱放在好学生身上，好学生也是值得关爱的，这无可厚非。然而我们常常会忽视这样一个重要的方面，其实犯错误的学生是最需要爱的，此时他们迫切想得到老师的理解和指点，因此我们在进行委婉的提醒或是严肃的批评时，都应从帮助、教育的目的出发，尤其不要感情用事，为出一时之气而粗暴责骂，肆意羞辱，那只能把学生推向教育的另一端。

大学生极端行为应急和后续处理

刘丽莎*

一、案例简介

小 D，男，20 岁，某院大一学生。该生童年丧父，母亲改嫁且患有遗传性精神病，家中有一个已在异地参加工作并组建家庭的姐姐。小 D 与姐姐的感情较为亲厚，在学校心理健康课程中老师了解到，该生认为最重要的三个人分别是姐姐、女友、叔叔。小 D 平时除了和两个室友关系较为亲近外，很少与其他同学沟通交流。小 D 家境贫寒，养父以务农收入维持他的学费及家里最基本的日常开销。

军训期间，学校了解情况后，给予其一等助困金。小 D 拿到助困金后经人介绍在网上开了一家网店，专门从事刷单。很快助困金就被全部套入，小 D 不甘心，励志为家“赚钱”，又从同学、姐姐处借了几千元，最终被骗一万余元现金。受到刺激的小 D 向公安部门报案后，用微信突然向姐姐提到“我不想活了”之类的话语。在未得到姐姐的及时回复后，离校出走。小 D 在熟悉的补习班附近投宿某小旅店，并服药自尽。旅店未登记身份信息。当日学校从家长处得知异常后，立即责成专人连夜寻找，未果。第二日清晨，报案并继续寻找。3 日后，接到公安部门电话，找到小 D，并送往 × × 医院急诊进行抢救。其家长、学校和医院共同努力，终于挽救了小 D 年轻的生命。其后学校对小 D 进行心理疏导和物质帮助，他经过一年的休养，重返学校。返校后他的性格开朗了许多，对学习和

* 刘丽莎，内蒙古财经大学职业学院会计系副主任，讲师。

生活都很适应，他学习认真努力，不仅成绩名列班级前茅，还积极参加学生会工作，创建并管理系学生学习交流群，为系学生开展咨询等帮助。

二、案例分析处理

（一）案例分析

小 D 遇到网络诈骗和经济压力后，出现了焦虑、抑郁、不安等情绪，并突然出现“不如一死了之”的话语和想法，且立即实施自杀行为。从心理出现极端想法到实施极端行为之间，时间短，速度快。拟从学校、家庭、社会这三个支持系统来统筹协调解决问题。

（二）处理方法

（1）危机事件发生后，班主任第一时间向学院相关领导汇报并赶到学校，大致了解了事发经过，经与家长和其好友沟通后，了解了学生习惯，判断学生可能出现的地方。

（2）学校迅速组织四队搜寻组，向四个方向搜寻。相关领导坐镇学校，及时沟通，随时准备应对突发状况。

（3）班主任向公安部门报案，备案。

（4）事发后经校院两级协商，学校第一时间联系小 D 姐姐，说明事情缘由，在姐姐赶到学校之前，责专人继续寻找和掌握背景情况。

（5）公安部门找到学生后，立即送往医院抢救，学校相关人士和家长迅速赶到医院协助抢救。因了解到了母亲的疾病史，大致猜测了学生所服药物，对抢救起了积极的作用。老师、同学们多次到医院看望，给予其关怀。

（6）出院后，学校让其在姐姐的陪同下回家乡休息一段时间，并且提醒其姐姐在这段时间里一定要细心留意小 D 的一举一动，同时提醒其宿舍同学、班级主要学生干部等，不要随意传播、议论此次事件，给予他更多的关心与帮助，让他感受到大家的温暖，齐心协力帮他重树信心、渡过难关。

（7）学校考虑到小 D 的家庭状况，在其休养期间，从多种渠道给予其物质资助。班主任多次电话慰问，进行心理疏导，鼓励他继续上学，帮助小 D 渡过难关。

（8）返校后，老师与小 D 谈心谈话，站在他的角度鼓励他好好学习，争取用自己的知识使生活变得富裕。

（9）积极鼓励任课教师课间随机与小 D 谈心，关心他的生活和实际思想状况。

（三）处理结果

小 D 的情况明显好转，性格开朗了许多，学习十分认真，成绩名列前茅；生活中，自信心也有所增强，成为系学生干部。

三、工作思考与建议

（一）学校方面

（1）入学时建立全方位的学生信息库。学生入学时，为了更快更好地地掌握学生的基本情况，建立紧急应对预案，学校应当充分掌握学生的信息，尤其是家庭背景、疾病史和常用联系人的联系方式，建立信息库。案例中，之所以能迅速掌握学生情况，就是因为学生的信息库较为完整。

（2）发挥班委作用，及时关注特殊家庭及家庭困难学生的行为变化。班级干部、宿舍长应该多留意自己身边这些来自特殊特困家庭的同学，多了解这类学生的家庭环境、成长经历、日常言行等，深入到学生之中，多与他们谈心谈话，多关注他们不同寻常的突然变化。在他们遇到突发事件或因某些事情被长期困扰时，我们的学生干部应该有一定的敏锐性，早发现、早报告，出现问题尽早处理，避免恶性事件。本案中，班委成员缺乏敏锐性，虽然知道小 D 开了网店，但没有及时告知班主任。

（3）多进行安全教育和普及网络防骗的知识。班级、学校应定期组织安全教育，普及网络防骗、防盗的知识，提高学生的防骗能力，当出现异常情况时，学生能够自我救助或找到救助的正确方法。

(4) 树立正确的人生观、价值观。教育学生认识生命的意义，树立正确的人生观、价值观。

(二) 家庭方面

(1) 保持家庭和谐，用关怀和鼓励培养心理健康的孩子，多与孩子谈心，了解孩子的心理状况。

(2) 与学校保持必要的联系，发现异常及早沟通。本案例中，小D曾经向姐姐提起刷单的事情，并借过一笔钱，但是姐姐缺乏敏锐性，没有及时告知学校。以至于学校直到学生失踪，才了解到学生刷单这一事实，造成了严重后果。

(三) 社会方面

(1) 完善相关法律，司法部门成立专门针对学生事件的专业工作小组，提高工作效率。

(2) 严格执行身份证登记制度，出行、住宿等严格执行身份证登记制度。本案例中，司法部门曾通过学生身份信息查找学生，但小旅店未做身份登记，因此未能通过系统及时找到学生。

以心交心　以情暖情

额尔敦*

一、案例概述

（1）基本信息：李某，会计专业学生，性格开朗调皮，脾气易急躁失控，为人大方豪爽，爱出风头，初中、高中时常参加打架等。进入大学后该生在校期间不遵守学校规章制度，常有旷课迟到早退现象，并且社会习气较重，平日里作风张扬，业余时间和同学在外上网吧、打桌球等，对于老师的教育他虚心接受，但屡教不改。

（2）相关事件：因该生时常旷课旷操，屡教不改，班主任多次谈话未果后，交与我处进行教育。在细致观察了解的基础上，我找准契机，通过适时谈话和适当管理的方式，以平等的态度与被认为是“问题少年”的李某进行心灵沟通，实现其心理和行为方式的转化。

二、案例分析及解决方案

（一）气质及性格分析

通过班主任老师的反映及平时的观察，分析出该生属于胆汁质气质类型，情

* 额尔敦，锡林郭勒职业学院经济管理学院学生管理科干事，讲师。

绪性性格。平时充满活力，外向，灵活，但易冲动和发怒，情绪来得快，去得也快。平日里该生积极参与学院组织的各项活动，其本性善良，乐于帮助其他同学，所以在学生中拥有较高的人气与威望。生活中该生思想单纯，好冲动，做事鲁莽，不计后果，思想和行为表现出不成熟的一面。但根据该生平时的表现，就其存在的不足，班主任老师经常进行沟通和教育，但在一段时间内收效甚少。我发现纯粹的“讲事实，摆道理”不能让学生的思想和观念发生实质性的变化，每一次教育只能让其对自身行为做一段时间的约束，故根据其特殊情况，我制定了相关措施，并在平日对其进行进一步强化。

（二）措施一：给予更多责任，改善其不良生活习惯

该生平日缺勤迟到主要是因为其作息时间不规律。每晚很少能在寝室找到其本人，睡得晚，起得晚，导致他无法按时上课。为此我将他纳入系学生会宿管部，协助查寝，并要求该生每晚按时向我汇报当天查寝情况。协助查寝工作不仅能满足他的好动、领导和管理的欲望，而且对其个人也是一种约束。同时还安排宿管部的同学轮流叫他起床。通过这种方式，确保该生在一定压力的情况下约束自己。

（三）措施二：时常以聊天的形式进行谈话，谈话谈到心里

时常以汇报工作的形式，叫他到办公室来进行谈话。并旁敲侧击，了解其最近的生活、学习状态，再以朋友的身份，平等的态度，对其进行指引。一来二去，该生放下心理防备，好多事情不用我说便主动来找我咨询。通过这种方式，达到了在心理上对其进行改变的效果。

三、经验和启示

本案例中我通过运用心理学相关知识对该生的性格、行为进行分析，运用“强化”“情感教育”等手段促进学生养成良好的生活习惯及培养良好的情绪。当然其中也出现过问题，在对学生还没有十分了解的情况下我也采用过一些不恰当的教育方式，例如严肃的批评、高标准的要求等，这让学生当时对我存在一些

抵触情绪，反而适得其反，对下一步沟通产生了不良影响。经过一段时间摸索，我对该生的教育引导工作取得了一些成果，同时通过以上案例我得出以下三点经验：第一，对待学生要有耐心，不管是内向的还是外向的学生都需要更多的时间去等待他们改变和进步；第二，对待学生要有爱心，通过关怀深入学生内心，撬开心灵深处的一扇窗；第三，找到恰当的方式纠正学生的一些不良习惯，这是思政教育的一条有效途径。

耐心浇灌育曲为直

葛海燕*

一、案例简介

李某，22 岁，2015 年 9 月入学，独生子。父母是商人，对李某的表现不闻不问。李某抽烟喝酒、心浮气躁、生活自理能力和学习主动性差，纪律散漫，迟到、早退、旷课是常态，还经常和任课老师发生冲突。

2015 年 10 月的一天，突然接到学生的电话："班主任，李某和任课老师发生矛盾，老师非常生气，不给我们上课"。放下电话，我急忙赶到教室。李某和老师还是争吵不休。任课老师非常生气地告诉我："李某经常迟到、早退、旷课，课上睡觉、玩手机、和旁边同学说话，而且不听批评，今天还出言不逊，这课我没法上了，要不你把他带走，要不我走"。我阻止了李某继续争执，安抚了任课老师。为了不影响其他同学，我把李某带到了我的办公室。我没有直接批评和训斥他，但李某还是很激动，要和任课老师没完，大不了退学。看到这种态度，我没有生气，听他愤愤不平地讲述了事情的经过。通过他的讲述，我了解到事情的起因是任课老师经常提及 ××× 系学生基础很差，尤其 ××× 系蒙古族学生，不仅基础差，课堂纪律还不好，而李某正是蒙古族，他认为老师当着其他系同学批评 ××× 系，批评蒙古族学生，丢了系里的面子，丢了蒙古族的面子。李某顶撞任课老师，口出"脏语"，任课老师不能接受，因此发生了激烈的争吵。

* 葛海燕，内蒙古农业大学职业技术学院班主任，讲师。

二、案例分析与解决方案

（一）案例分析

听了李某的讲述，我首先肯定他维护自己系和民族的做法没有错，老师说出她的想法也没有错。学生如果认为任课老师说得不对，可以课下找老师沟通，但不能上课顶撞老师。由于李某的情绪一直比较激动，一再重复老师在课堂上的做法不对，没有老师的样子。我反问他“你难道做得对吗？老师既是长辈，又是你们知识的传授者。当着全班同学的面顶撞老师，甚至出言不逊，你尊重老师了吗？你考虑过老师的心情了吗？即使你认为老师说的不对，你也应该课后联系老师说明情况，老师会认识到自己的不妥之处的”。我耐心细致地做他的思想工作，希望他能主动找老师道个歉，但他始终坚持认为老师做得不对，不是一个“合格的”老师，不值得他去道歉。当时我非常生气，可又不能发火，怕加重他的不良情绪。如果继续正面教育，作用也不大，因此，我让他回去宿舍好好想想。

事后，我与班上同学了解事情的经过，以及李某入学以来的生活和学习情况。事情经过和李某说的一样，但是任课老师之所以生气，是因为李某说脏话。同学们反映李某平时交谈时常有口头的脏语带出，还经常旷课、纪律散漫，个人卫生、行为习惯等存在很多问题。了解了一些情况后，我同任课老师作了沟通解释，把此事暂缓处理。

过了几天，李某情绪稳定之后，我利用课余时间，叫他来办公室帮忙干活。可他一进门就说“我又犯什么错了，你叫我过来”。我说让他帮我干点活，他很诧异地看着我。我边工作边问他关于家里的情况，开始的时候问一句答一句，慢慢地话多了起来。在聊天中，我得知李某是家中独生子，平时娇生惯养，物质条件优越。但由于父母工作较忙，疏忽了对他的教育，使他养成了一些不良习惯，学习上不求上进，缺乏自觉性、自控能力差，高中时候就是老师眼中的“问题学生”。李某问题的形成，与以下几方面因素是分不开的。

（1）家庭环境因素。家庭是孩子的第一所学校，父母是孩子的第一任老师。李某虽家庭富裕，但是从小父母忙于工作，而没有给予应有的时间和精力来教育他，他父亲很少回家，根本无暇询问他学习、生活上的情况，任其发展。加之爷爷奶奶过分溺爱，对他百依百顺。可以说，缺乏良好的家庭教育，是他出现脾气暴躁、冲动易怒，纪律散漫、生活自理能力和学习主动性差的根源。

（2）学校教育因素。由于从小无人管教，在成长过程中，学习成绩又不理想，学校对学生的评价体系以学生的成绩作为唯一标准，抹杀了学生的个性。受到的鼓励少，老师的训斥多，经常遭到老师和同学的排斥和漠视，最终导致他内心排斥老师，破罐子破摔。

（3）社会环境因素。家中无人管教、学校又无人关心，最终使他转向社会。社会开放性的诱惑，加之他正处于青春期，其心理趋向成熟但未真正成熟，思想和行为受交际对象影响较大，加之缺乏足够的是非观念，交友不慎，沾染了很多不良风气，如：学会抽烟喝酒；上课迟到早退、旷课，心浮气躁、无心学习；劳动观念淡薄；重哥们义气；沉迷手机、游戏、考试挂科；等等。

综上三个方面原因，最终导致他成为老师眼中的“问题学生”。

（二）解决方案

面对这种情况，我首先要做的就是和他拉近距离，消除他对老师的逆反和抵触情绪，让他信任我。我的工作需要学生帮助，于是我经常找李某帮忙，如做表、填表、送资料、数据统计等。虽然他做起来很费力，经常出错，但是慢慢地我能感觉到他想要做好，也努力往好做。我告诉他，不会就问、做错就改。办公软件我手把手教他，需要和老师或学生打交道时，我告诉他如何去说，如何去做。没事的时候和他聊聊天，如聊聊他对家庭、学校、班级的看法，喜欢吃什么、玩什么，现在网络流行语，晚上熄灯后宿舍聊什么，同学们对任课老师的评价等，慢慢地感觉到他的戒备心理消除了，愿意主动和我交流了。一次聊天时，他突然和我说：“班主任，你说我是不是也没那么差劲？如果其他老师不总是用训斥、责怪的方式说话，能向您这么信任我，说话始终心平气和的，我肯定也很优秀，不会经常和他们过不去”。听到他这么说，我很感动，提议让他给任课老师道歉，他答应了我。

通过关心、关注、鼓励的方式，创造机会，帮助他认清自己，增强自信心。每学期开学前，我都和任课老师沟通，要特别关注他，上课多提问，少训斥，多鼓励。因他非常喜欢体育运动，而且也有这方面的特长，我推荐他参加学院的体育训练，经常参加足球、篮球、铅球等比赛项目，多次获奖。男生宿舍卫生普遍很差，安排值日生形同虚设，他的宿舍更是糟糕透顶，宿舍其他同学反映他爱打球，每次打完球回宿舍臭鞋、烂袜子到处乱扔。我手把手教他们收拾衣橱，整理内务，并推荐他担任宿舍长（前提是他先要行动起来，做好自己的宿舍值日和个人卫生工作），宿舍成员很赞同，也很配合。他的那股热情被调动了起来，宿舍卫生问题解决了，自律能力有了改观。同时，他的学习主动性也增强了。看到他一点一滴的进步，我有意在班会中经常表扬他，发现他的脸上出现了那种淡淡的微笑。

家庭教育和学校教育是相辅相成、互相促进的。为了能够争取家长的支持和配合，我经常和其父母通电话，针对李某存在的不足，进行彻底的沟通，针对这些问题，具体、明确地提出了一些要求，其父母在多次沟通之后非常配合。

功夫不负有心人，在老师、父母、同学的帮助和关怀下，李某不断努力，虽然还存在着一定的问题，但与以前相比较，进步显著。性格有了明显的改善，遇事冷静了，再未出现迟到、旷课、顶撞老师的现象，能按时完成作业，特别是在言行举止方面，较之以前，可以说有了翻天覆地的变化。学习成绩也进步很大，大二以后再未出现补考现象。

三、经验与启示

“人之初、性本善。”“问题学生”不是天生的，往往是因家庭、学校、社会等多种原因造成的。在“问题学生”的教育转化工作中，班主任应因人而异，寻找不同的教育方式，不能一味地批评、责骂。

（1）要以宽容之心接纳学生，用爱心、耐心去感化影响学生。“问题学生”几乎每个班级都不可回避，班主任对待每一个学生，都要付出真诚的爱。不能因为成绩或是品行的问题给“问题学生”贴上标签。相反地，对待“问题学生”应需要付出更多的耐心、关爱，善于发现他们的闪光点和优点，改变落后的习惯，从培养兴趣着手，激发他们的才能，支持他们、鼓励他们、转化他们，增强他们的责任感和自信心。

（2）要给学生以尊重、信任，用“榜样的力量”去影响、带动他们。学生在得到尊重、信任、激励、鼓励时才能被激活动力。学生感受到你的尊重，你对

他的信任，再严厉的批评都会变得亲切；如果学生感受不到尊重，再亲切的话都会变成责骂。

（3）“问题学生”不是一朝一夕形成的，经历了由量变到质变的过程，所以班主任在“问题学生”转化过程中要有恒心，不能急于求成。因不良因素对学生的影响根深蒂固，思想常会反复发生波动，班主任的辛苦付出往往事倍功半。古人云：“十年树木，百年树人。”因此，对待“问题学生”不能生气、泄气，要有耐心、信心，要反复抓，抓反复，坚持不懈，打持久战。

（4）要细心地观察，多关注，洞悉学生的一切，及时、有效地开展教育工作。“问题学生”从内心讲，渴望老师、家人、朋友给予关注。班主任要抓住这一点，利用不同的交流方式，经常性地接触、接近学生，多与其交流、谈心，让他们感觉到老师时时关注、关心他们。谈心谈话中要保持平等、友好的谈话方式，多用商量和建议的口吻，不要旧事重提。

网络如刀　杜绝冷暴力

刘春宇*

一、案例概述

王某，女，19 岁，大一学生。2017 年 11 月 19 日，王某在某直播平台发布了一条消息，这条消息是用侮辱性的语言攻击某学院的李某。原因是两人以前认识，有一次两人在超市碰到，但李某没有跟王某说话，导致王某心里对李某产生了想法，回到宿舍后就在微信上骂了李某，两人的矛盾不断激化，王某就在直播平台发布了侮辱李某的消息。事后王某不承认是自己发布此消息，因此学院保卫科、学生科领导、网信办介入此事进行调查，最后确定王某的这种行为不当，而且其行为已经违反了国家的相关法律条令。

二、案例分析及解决方案

（一）案例分析

王某与李某因为一件小事最后演变成了王某在直播平台发布侮辱李某的信息行为，其原因主要是王某对于李某心态上的变化，还有王某对于同学之间的情感

* 刘春宇，锡林郭勒职业学院通用航空学院，班主任。

没有足够的重视，以及对于国家法律方面知识的欠缺，最后导致发生了此件事情，使同学之间的感情破裂，王某自己还受到了相应的处罚。

（二）解决方案

（1）针对此件事情对王某进行批评教育，使她意识到自己犯错的严重性，要敢于承认自己所犯的错误，勇于面对和担当。对李某这次造成的伤害，王某要进行真诚的道歉，同意李某提出的合理要求，并对李某所在的院系老师也致以真诚的歉意，向所有人保证以后不再发生此类的错误。

（2）在以后的学习生活中和王某加强沟通，定期对她开展思想教育、心理教育。发生这样的事情可能说明学生在心理方面也存在问题，因此老师要对她进行心理方面的疏导，不要让此次事情在她心里留下阴影，从积极的、健康的方面去引导她，最后在心里淡化这次事情。

（3）和王某的家长进行电话沟通，告知家长事情的严重性，询问学生在家的表现以及在以前学校的情况，是否曾有类似的事情发生过，家长对学生进行沟通教育。班主任以后定期与家长进行联系，让家长了解学生的学习情况以及生活状况。

三、经验与启示

（一）时刻提高警惕

经过此事后，我们要时刻提高警惕性，提高对学生的关注度，加强和学生的沟通，使学生能够树立正确的人生观和价值观，牢固树立思想道德防线，不再犯错。

（二）加强自身学习

通过不断地学习，提高班主任自身能力，认真学习大学院学生管理相关规定等文件，让学生加强法律法规学习，懂得网络相关的法律知识，严格按照学院学生管理规定执行各项规章制度，能够做到时时自省，事事自警，做一名尽职的教师。

（三）教学生学会自我情绪管理

这个年龄段的学生处于心态和观念形成的阶段，并且逐渐转化为成熟心理，除了更加需要学院老师和家庭的辅助引导外，学生的自我情绪管理也需要不断加强。面对校园生活中的挫折应保持积极的心态，以足够理智和宽容的态度面对大大小小的挑战也是老师需要引导学生去做到的。我们需要加强对学生承受能力的锻炼，培养学生自我情绪疏导与管理，让学生从本质上成为一个坚强乐观的人。

（四）引导学生学习正确的处事方式

本次事件警醒我们学生在面对矛盾与挫折时，并不能完全做到用正确的方式解决问题，学生的思考角度较容易走向极端的方向，在情绪的控制下往往将简单的矛盾扩大化。在完善心理教育的同时，还应引导学生正确处理问题。首先不违反法律规定、不违反校规校纪；其次是将事件简单化；最后以化解矛盾为前提，而不是增加矛盾冲突。

（五）教导学生学会沟通，与学生建立信任关系

沟通不难，但有效的沟通是需要不断学习的。本次事件中，首先，王某在与李某产生怨气时并没有试着沟通，真正地了解前因后果，直接引发了误会并导致了不良后果。其次，当王某无法做到自我疏导时并没有选择与老师和家长沟通，辅助她疏导心理上的不适，这也是学生对老师不够信任的体现。在这一点上，作为老师应给予学生更多的关心，加强对每位学生的了解，尤其是面对一些心理较为脆弱的学生时，更应有适当有效的关心，使她们在面对问题与困境时能有主动向老师诉说或询问的意识。每位老师都肩负着引导学生思想动态的任务，在一定程度上来说，如何成为学生可以信赖的朋友，也是老师们应该不断学习的。

处理校园暴力事件　心理疏导不可忽视

任雅楠*

一、案例介绍

2016 年 6 月的一天夜里大约 12 点钟，我接到学生的电话，说是在寝室里两个男生打架，导致其中一个同学头部破裂出血，另一个同学轻微擦伤。原因是赵同学深夜打电话影响了其他同学休息，舍长刘同学在规劝的过程中与其发生口角进而大打出手，刘同学用马扎将赵同学的头打伤，刘同学手臂、头部有轻微擦伤。挂掉电话后我赶到宿舍，与几个班干部和打架的两位同学一同去医院进行了检查和包扎，经检查并无大碍。之后我叮嘱班长照看好受伤的同学，并向辅导员办公室主任进行了汇报，说明了事情原委。

第二天一早，我将发生打架的宿舍的其他几个成员叫到办公室具体了解情况，学生反映赵同学平时独来独往，在班级里几乎没有要好的同学，人际关系较差，而且最近经常深夜与女朋友打电话，有时还吵架，声音很大，严重影响同学休息，同学们都有意见。刘同学作为舍长，工作一直比较负责。之后，我同刘同学单独谈话，发现他的认错态度较好，能够认识到是自己的一时冲动导致了不该出现的恶劣事件，并写了保证书杜绝此类事件的再次发生。这时赵同学的家长已经到达学校，要求把赵同学接回家去到医院好好治疗，并且对打架的刘同学提出赔偿的要求，情绪显得较为激动。我一边安抚家长的情绪，一边向学生家长说明了学生打架的原委，阐述了两个学生均有过错这一客观事实。并解释了学校有关

* 任雅楠，乌兰察布职业学院机电技术系辅导员，助理讲师。

学生打架的规定，特别针对赔偿金这一方面做了说明。肇事者应赔偿受害者的医药费用，如果不确定谁是肇事者，并且两人均受伤，则医药费花费少的一方赔偿花费多的一方即可。家长由于一时难以接受孩子因打架而受伤的事实，并未说什么就带着赵同学回家治疗了。之后我将情况详细向辅导员办公室主任和党总支书记做了汇报。

在赵同学回家接受治疗期间，我多次通过电话、微信等方式与赵同学沟通，发现他觉得自己非常委屈、愤愤不平，并且一直重申要在金钱上让刘同学做出惩罚式的赔偿。

二、案例分析与解决方案

（一）案例分析

这起案例发生的主要原因是赵同学平时独来独往，在班级里几乎没有要好的同学，人际关系较差，而且最近经常深夜与女朋友打电话，有时还吵架，声音很大，严重影响了同学休息，同学们都有意见。舍长刘同学在规劝的过程中与其发生口角进而大打出手，刘同学用马扎将赵同学的头打伤，刘同学手臂、头部有轻微擦伤。

一是要客观认识打架事件的起因。虽然我同情两位同学受伤，但这毕竟也有他们自己的过错。二是要对待同学要宽以待人，学会忍让和原谅，如果这件事情处理不好，对其今后的求学道路和学校生活都是非常不利的。三是要尽可能地与家长沟通好，不要让父母过于担忧其在学校的生活和安全问题，打消家长的顾虑。四是不要过分看重赔偿的问题，要按照学校相关规定妥善处理此事。经过几番开导，我不但赢得了赵同学的信任，并且引导他客观认识到自己的问题。之后我又几次与赵同学家长通话，打消家长对孩子在学校安全方面的顾虑，使家长客观认识到这是一次因生活琐事导致的冲突，并认识到自己的孩子在这次事件中所起的作用。

（二）解决方案

我针对此次事件给该男生宿舍开了宿舍会议，希望大家引以为戒，遇到问题绝不能用武力解决，要学会沟通和交流，学会谦让和包容。

几天之后，学生家长和赵同学一起回校，我和系部主任、学工办主任等老师在办公室接待了他们，书记与家长做了深入的交流，做通了家长的思想工作，打消了家长的顾虑，最后讲了赔偿方面的调解意见，建议赔偿医疗费，花费少的一方赔偿花费多的一方，家长表示没有异议。最后家长比较满意地离开了学校。

紧接着，我将该宿舍的所有成员叫到一起，做大家的思想工作，希望打架事件留下的阴影和矛盾尽快过去。同学们经过此次事件，要反思自己的行为，宿舍里要更加团结和包容，形成新的良好风气。之后刘同学和赵同学说了自己的想法，最后两个人相互道歉，握手言和。

（三）处理结果

在之后的几周里，我给本年级各个班级分别召开了主题班会。一是专门针对学校有关打架、斗殴等恶劣行为的相关规定进行重申。二是对打架的两位同学进行通报批评，希望所有同学引以为戒。三是对同学之间的相处之道和文明宿舍的建设等问题做了深入的引导和教育。

三、经验与启示

（1）要及时了解学生相处过程中的思想动态，建立比较完善的信息网。辅导员要及时发现学生思想世界、人际交往、学习、生活中的问题，及时做出处理，舍长、班干部也要及时向辅导员反映问题，避免打架斗殴等恶劣事件的发生。

（2）在日常生活中，注意强调学校的规章制度，严格规范学生行为，严肃学生纪律，杜绝因冲动造成的打架事件，在班会、谈心谈话中加强人际关系交往方面的引导和教育，提高学生的综合素质和心理承受能力。

（3）在处理学生打架这类事件中，要做到严肃纪律和思想引导相结合，如果一味地用规章制度处分学生，不进行思想引导和教育，则会让学生产生逆反情绪，不能从根本上让学生认识到行为的恶劣性，不利于学生从思想层面扭转错误。

（4）少部分家长对于特殊事件的处理工作起到阻碍作用，因此，与家长的沟通应坚持有理有据、心态平和的原则，采取循序渐进的方式。特别是在处理违法违纪违规事件时，辅导员应坚持原则。同时，辅导员也应该通过沟通告诉家长，学生工作的出发点是与家长一致的，都是为了治病救人，是为了帮助学生回归到正常轨道上来。

无痕教育　助人于无痕

斯日古冷　套格申扎布*

一、案例概述

任课教师 A 反映我班男生 T 拒绝上课，带着他的女友 G 一起逃课，并退出了师生微信群。A 老师十分生气。在运用无痕教育模式跟 T 和 G 沟通时得知，T 几次在课上带头抱怨 A 老师的教学要求高，要求老师让学生轻松自在一些。对此 A 老师显然不满，在师生微信群里对 T 进行了严厉的批评。T 对此很愤怒，于是选择了逃课。我们运用无痕教育模式有效缓和了师生之间的这次冲突。

二、案例分析与解决方案

（一）理论依据

内蒙古农业大学学生工作处预科部提出的无痕教育模式，是指受教育者感受不到教育者的教育痕迹，而在教育者的影响下进行自我教育的教育模式。这个模式认为，教师和学生都在相互投射、相互影响。因此在教育学生的时候，教师同时要进行自我调适、自我教育。教师在自身存在某种心理问题的情况下，是不可

* 斯日古冷、套格申扎布，内蒙古农业大学学生处。

能彻底解决学生类似问题的。

1. 心理学依据

（1）人本主义心理学：人本主义心理学的来访者中心疗法的基本假设是人性本善，人是完全可以信任的，且人具有自我实现和成长的能力，有很大的潜能理解自己的问题，而无须咨询师进行直接干预。如果处在一个特别的咨询关系中，人能够通过自我引导而成长，罗杰斯认为咨询师的态度和个性以及咨询关系的质量是首要的，咨询师的理论和技能是次要的，相信来访者有自我治愈的能力。

无痕教育模式完全同意人本主义者对人性、对心理治疗的主张，十分推崇其设身处地的理解、坦诚交流、表达无条件的积极关注等方法。与求助者中心疗法不同的是，无痕教育模式特别关注教育者本身心态的调整，并认为这一点是教育成败的关键所在。

（2）理性情绪疗法的启示：理性情绪疗法认为，引发情绪的直接原因不是诱发事件本身，而是对诱发事件的评价、认识、看法。因此，面对情绪困扰和行为不适的来访者时，理性情绪疗法重点审查其对事件的认知过程、认知特点，并对其努力进行矫正、改变，代之以合理的认知，从而改善情绪行为。

无痕教育模式与理性情绪疗法一样都抛开诱发事件而更关注对方的内心世界，所不同的是，无痕教育不仅关心认知，更关心感受和需要；不仅关心对方的问题，更关心教育者自己的问题；无痕教育者努力与对方平等沟通，努力调整自己的心态，在此基础上，将改变不合理认知的任务留给对方。

2. 国学依据

（1）道家的无为思想：道家的无为是指要君主不与民争，顺应民众，不妄为的意思。道家的无为，并非要君主不求有所作为，只是指君主凡事要“顺天之时，随地之性，因人之心”，而不要君主违反“天时、地性、人心”，不能仅凭主观愿望和想象行事。

无痕教育模式摒弃教师先入为主的观点、评价、想法，而去尊重人性，尊重人的心理发展变化规律，尊重当时的环境条件，做到不率性而为，而是因心而为，教而无痕，“润物细无声”。

（2）儒家的正心思想：儒家提出“正人先正己”的主张。《大学》里说“所谓修身在正其心者，身有所忿懥，则不得其正；有所恐惧，则不得其正；有所好乐，则不得其正；有所忧患，则不得其正。心不在焉，视而不见，听而不闻，食而不知其味。此谓修身在正其心。”儒家认为“修身，齐家，治国，平天下”中“修身”是第一位的，修身就是加强自身的道德修养，就是端正自己的做人态度，就是端正自己的心灵，就是正心。

无痕教育模式十分注重教师自己的心态，既有教育学生之前教师对自己心态的调节过程，更有提高教师思想道德修为的平素训练方法，以促进教育着自己“心正”。

（二）过程方法——无痕教育步骤

1. 教师自我调适

在正面接触L之前，心中反复默念无痕教育宣言二（接触遭受挫折的人之前进行自我调适的信念）：“这是他成长的契机，这个契机就在他的内心当中。这同时也是我成长的契机，这个契机就在我的内心当中。我用我所有的感官努力去体验他内心的感受和需要，同时也努力体验我自己内心的感受和需要，必要时将我的这些体验表达出来，只为了一个目的：与他沟通。”

2. 运用无痕教育措施

无痕教育模式并没有固定的技术，而是采用与自身理念相符合或能够体现自身理念的所有的方法措施。在这个案例中，决定采用“非暴力沟通”技术与T和G进行沟通。以下是沟通的关键片段及其简单解析（方括号内）。

（请来T和G落座，我斜对着T，G挨着T）【位置上体现平等、尊重】

我（对T）：你们与A老师之间发生了什么？能告诉我吗？【想了解事情】

T：A老师太伤人了！太不顾及人的自尊了！【答非所问，没说事情】

我：看来你很愤怒，也很委屈，是吗？【在努力体验T的感受】

老师想知道发生了什么事情？【直接提出了我的需要】

T：是的。她在群里批评我！【仍然在评论，没说事情】

我：这让你感到很没面子，是吗？能告诉我你们之间究竟发生了什么吗？【继续体验T的感受，继续提出要求】

T：我就说过几次，别的班同学上课时比我们舒服，A老师就不高兴了。【T的感受受到了理解，所以开始说事情。但是很模糊】

我：你是说别的班的同学上课时比较舒服？能具体说说吗？【想把模糊的表述具体化】

T：（表现出不好意思的笑）他们可以迟到，也可以课上睡觉。

我：（沉默。对T的难为情和我自己心中对他的不满情绪微笑）【用沉默和微笑表达对T、对我自己内心感受的理解】

G：他就是太犟了！【G开始理解T和自己的过错，但似乎在回避责任】

我：你是说他没听你的劝告？【努力体验G的内心】

G：是啊。我说还是上课吧，他不听，还硬拉着我走。【看来确实在回避责任】

我：那时候你处在两难境地，不知心里是什么感受？【表达出我的理解，也想确认她真实的感受】

G：当时我很难过，也很生气，但无可奈何。【诉说感受，仍在回避责任】

我：一边是老师，一边是男朋友，我理解你当时的难处。【表达我的理解】

G：（沉默，眼睛有泪花）

我：（沉默，对她的感受微笑，也在体验我自己内心感受的变化）【用沉默和微笑表达对G、对我自己内心感受的理解】

我：你有些伤心，是吗？能说说原因吗？【体验G的感受，并提出要求】

G：他就不听我的劝！对老师说那些话，还硬拉着我跟他一起逃课！【表达对T的不满。看来她的内心需求没得到满足】

我：你是说你希望他重视你？尊重你？对吗？【试着理解她的需求】

G：（点头，开始擦眼泪）【内心感受得到理解】

T：（满脸愧色。内疚的动作。沉默）【意识到了自己的冒失】

……

3. 教师自我清理内心

无痕教育模式相信，人与人之间的互动模式是一种相互投射、相互影响的产物。师生关系也是如此。因此，在学生身上教师要看到自己类似的问题并进行自我清理。

从这两位同学的事情我立刻意识到了自己心中存在着不肯宽恕、对别人的强求、抱怨别人等现象。因此开始运用“四步宽恕法”、合理情绪疗法等措施进行了自我清理、自我调节。

（三）结果评价

T感悟了自己得理不饶人、为了满足自己内心需求而不顾及别人感受等不良心态，G也感悟到了自己没有原则地迁就男友、不肯为自己行为负责的错误，他们开始理解 A 老师不当的做法，并表示在适当的时候以他们自己的方式改善师生之间的关系。

三、经验与启示

传统教育手段在面对类似问题时，往往着眼于谁对谁错，并带着强烈的教育和改变学生的目的，而对学生的内心感受不太关心，甚至漠然置之。其结果往往是学生由于自身的感受没有得到关注、自身需求被忽略而产生不满，甚至反抗情绪，因而不能得到预期的教育效果，甚至往往适得其反。如果教师的工作不能触及学生的内心感受、内心需求、内心动机等心灵深处，只是停留在表面的“解决问题”之上，那就无法称之为人类灵魂的工程师。

“道有道，盗亦有道”，无痕教育模式在面对类似问题时，果断撇开“对与错”的纠缠，而着眼于对方的内心感受和内心需要，并努力去与对方沟通。更重要的是，教师从学生的问题当中反省自己的类似问题，这样不仅学生受益，教师也在成长，真正做到教学相长。为什么我们每个人从小所受到的各种说教加起来足以让我们成为圣贤，但绝大部分人依旧平平如也？不清理自己问题的教育者，当面对类似问题时，其教育效果是苍白无力的。

万难克关键　润物细无声

贾　伟*

一、案例简介

7 月初的某天 24：00 左右，学生公寓楼已经熄灯，辅导员突然接到低年级学生干部电话，内容是"一些毕业生男生宿舍正在从楼上疯狂地往楼下扔空酒瓶和废旧书本等物品，宿舍内人声喧哗，个别已经就寝的同学打开宿舍窗户进行围观，场面十分混乱。"学生干部还把现场拍摄的视频通过微信发到了辅导员手机上。与此同时，宿舍管理员听闻声响，正在赶往相关宿舍。

二、案例分析与解决方案

（一）案例分析

该案例有以下几个关键点需要引起我们注意：①时值毕业季，事件发生的群体是毕业生，凸显出的问题有对特殊群体（毕业生）的思想教育与管理以及特殊时期也就是对毕业季的文明行为教育。②事件发生的地点在学生公寓，而且是毕业生公寓，突出了公寓监控与管理的重要性。③事件中的行为是从公寓楼上往

* 贾伟，内蒙古医科大学第一临床医学院辅导员，助理研究员。

下扔东西，并且场面十分混乱，这种行为违反了校规校纪，属于校园危机突发事件的应对和处理，因为有可能造成人员的损伤和事态的扩大。④有学生干部及时向辅导员反映情况并拍摄了现场视频，说明我们有一定的信息舆情掌控体系，学生干部具备相应的素质要求，必须加以深化和巩固，更重要的是要做好网络舆情监督和监控，防止其他人把相关视频传播到互联网等新媒体上，造成事态扩大和影响学校及学院的形象和声誉。⑤宿舍管理员第一时间赶往事件现场，体现出公寓管理者的责任意识和工作能力。综合以上关键点，该事件属于特殊群体（毕业生）的突发危机事件应对问题，要做到解决现场危机和加强跟进教育相并进。

解决问题必须要找准核心，精准施策。针对特殊群体的错误行为，辅导员要紧急应对，妥善解决，排查矛盾，消除影响；针对毕业生的错误认识，辅导员要教管结合，合力引导，全面教育，持续跟进。把握好事实与思想层面，教育与管理层面，横向与纵向层面。事实层面是一些毕业生在宿舍抛物的不文明行为；思想层面是临近毕业寻求宣泄压力的错误认识和意识；教育层面是要对学生可能形成的错误认识和已经形成的错误行为正锋亮剑，果断纠偏；管理层面是加强毕业生文明离校和感恩教育以及网络舆情监控；横向层面是厘清身份，及时向有关领导汇报，协同学工部门、学生骨干力量妥善处理问题；纵向层面是分层分时解决，做到成风化人，正确认识。

（二）解决方案

1. 赶赴现场，配合处理

（1）辅导员须第一时间赶赴现场，配合宿舍管理员维持秩序，在赶赴现场途中，立即向主管领导汇报事件，告知目前的情况和准备应对的初步思考，做到分段陈清，及时跟进，并且保持与主管领导的汇报沟通。同时安排部署学生干部、班干部和学生党员，注意现场秩序的维护，确认有没有人员受到损伤，做好记录及图片视频资料收集，并清扫抛落杂物，以免过往同学受伤和不良事件情形传播蔓延。

（2）发挥网络评论员队伍和学生党员、学生骨干等的积极作用，及时关注网络舆情，避免错误认识引发网络集中发酵；同时，通过学院官方微信平台、微博、易班等渠道主动发声，倡导文明离校，形成正面引领；在毕业年级和班级QQ群、微信群安抚情绪，疏解压力，从而线上线下形成联动。

2. 稳定情绪，掌握情况

（1）赶赴现场后，终止错误行为，稳定宿舍成员情绪，并且通过分别约谈宿舍长和成员，了解掌握以下几个问题：①这种行为产生的原因，是单纯地释放毕业压力还是另有他因。②这种行为的来源是模仿还是某个人的想法，又或是大家商量后的结果。③是宿舍个别人的行为还是集体行为。④多个宿舍发生这种事情是“跟从效应”还是事先约定，那么带头的人和带头的宿舍是谁。

（2）在充分听取各方学生讲述情况后，了解到毕业生们刚刚参加完学校的毕业典礼，关系好的宿舍之间当晚参加毕业聚餐后回到寝室，个别毕业生面对即将毕业的离愁，又想到未来人生道路上的种种压力与挑战，又聚在一起借酒消愁，诉说衷肠，压抑的情绪一时控制不住，讨论到之前在网络上看到的某些高校毕业生释放情绪的新闻，于是各自回到宿舍实施错误行为，也有舍友跟随效仿，才有了上述事件的发生。

（3）从宿舍管理员办公室调取相关监控录像，核实情况是否属实，发现基本属实。让事件相关学生书写了情况说明并确认签字，汇报给主管领导。同时，安排宿舍信息员做好观察和监督工作。

3. 批评教育，纠正认识

（1）通过深入毕业生宿舍，采取个别谈心等方式，与参与此次活动的学生逐一进行谈心谈话，讲校规讲校纪讲依据，肃正源肃纪律肃思想，切实做好思想工作，告知学生可能的处理情况以及改进补救的办法，让学生做出深刻的检讨，厘清思想认识的偏差，从而从深层次解决学生的思想认识问题。

（2）与班主任、学生骨干达成共识，持续关注。联系相关毕业生家长，做好家长工作，取得一致方向，疏导缓解毕业生压力，形成育人合力。

4. 依规处理，教育大众

（1）依照“教育与管理相结合”的原则，结合《普通高等学校学生管理规定》，依照学校《学生管理手册》相关条例，对挑起此次事件并且行为比较恶劣的学生进行处理，以此警示其他毕业生，并对低年级同学形成教育影响，以维护学校的形象。诚然，惩戒的核心是为了教育，还要帮助被处理学生找准出口，及时改进。

（2）依照“教育与自我教育相结合”的原则，组织以“感恩、励志、文明、友爱”为主题的毕业生温馨和谐文明离校教育主题班会，开展“给母校和老师的一封信”“给师弟师妹的临别箴言”，以及“轻轻地来，轻轻地走”最后一次清扫校园和宿舍等主题活动，让毕业生发自内心地明白和理解“留给母校的，一定是感激；留给师弟师妹的，一定是榜样作用；留给所有老师的，一定是最好的印象”。

（三）处理结果

经过批评教育和耐心开导，出现问题的毕业生能够正确认识到自己行为的冲动性和错误性，主动向领导、老师和同学们道歉并承认错误，文明面对即将到来的毕业离校，勇敢面对未来学业和工作的挑战。

三、经验与启示

（一）时刻树立“三贴近”原则

作为辅导员和班主任，要在工作中时刻牢记“贴近学生、贴近实际、贴近生活”原则。在毕业季到来时，经常性地深入到毕业生宿舍，那时的我们可能不光是以老师的身份，更多的是以朋友、学长、大哥哥大姐姐的身份与同学们交心，为他们解压，给他们送行，让他们把自己想释放而释放不出来的情绪向我们倾诉。可能此时的一个微笑、一个拥抱、一句嘘寒问暖要比平常的说教与谈话显得更亲切和温暖。

（二）将“毕业教育”融入日常思想政治教育

毕业教育绝不仅仅只针对毕业生，我们要将其也纳入到低年级日常思想政治教育中，倡导“感恩励志”的毕业情怀，营造“温馨文明”的毕业氛围，激发“热爱母校、关注母校、为母校争光”的毕业情感。特别在毕业季来临之时，在毕业生中开展形式多样、健康向上、格调高雅的文明离校活动，让他们最后一次告别校园，最后一次和同窗拥抱，最后一次向老师们道一声“感谢”，真正做到以文化人、以文育人、以文感人。

（三）关注特殊群体，做好心理疏导和突发情况预案

毕业生也属于特殊群体，从他们的角度而言，可能存在着学业、就业、创业、爱情、友情等多方面的新特点和新问题，辅导员要做到因事而化、因时而进、因势而新，及时关注和掌握各方面的动态，遵循“解决思想问题与解决实际问题相结合”“解决心理问题与解决实际问题相结合”的原则，努力做好合规律性和合目的性的统一，对特殊群体在特殊阶段可能发生的突发情况及早做好相关预案，确保毕业生顺利毕业。

网络成瘾的疏与导

彭小路*

一、案例简介

马某，男，19 岁，金融学院某系大一学生。家在农村，经济情况较为贫寒，父母常年外出打工，自幼与父母联系甚少，家中仅有爷爷一人靠种地谋生。马某从小性格孤僻自卑，刚入多彩的校园，马某喜欢一个人独来独往，尤其抵触和女同学有任何接触，同时也拒绝参加集体活动。在其他同学的欢声笑语中，马某总是一个人孤独地坐在角落里，不与任何人交往。在沉默寡言的同时，马某对周围的环境也十分敏感，同学不经意的一句话，都认为是在针对自己，从而时刻保持着一种自我防备状态。渐渐地，马某在网络游戏的虚拟世界中仿佛找到了自我价值。后经室友向我反映，马某常常在外面上网玩游戏，长期不去学校上课，甚至通宵不回寝室。

二、案例分析处理

（一）案例分析

通过我对马某多方面的了解，包括对家庭环境及情况的探访，我分析马某人

* 彭小路，内蒙古财经大学金融学院，办公室科员。

际沟通能力较差，性格孤僻，心理自卑，不能正确认识自己、接纳自己。现实的人际关系受挫使他求助于网络虚拟的人际关系来补偿，于是没有交往压力和束缚的网上交流成为了他的主要交流方式。他逃避现实，旷课，甚至夜不归宿，心理与行为表现异常。我决定通过个人沟通，心理疏导，家庭改变，学院帮扶来对他进行思想教育以解决他的问题，矫正他的心理和行为。

（二）处理方法

（1）根据马某现在的状况，我认为应该及时解决他的问题，他现在的情况对他来说，危害很大。我决定在跟其班主任进行沟通后，和他进行个人沟通，我了解到马某沉迷网络游戏是对新的学习环境不适应所导致，并不是单纯的网络游戏痴迷症，也不是单纯的学习无能，因为他愿意读自己喜欢的书，有自己的见解。马某的自卑来自学业失败和对新环境的不适应，但他内心渴望成功。通过玩网络游戏，他想要获得成功的心理得到满足。通过交流，我继续加深与马某的咨询沟通关系，采用认知干预的方法，促使马某自己寻找改变的目标，并确立行为矫治阶段目标。在与马某沟通时我始终坚持换位思考，了解他的想法，努力走进他的内心以便进行更有效的行为矫正。

（2）经过与马某沟通后，结合他沉迷网络游戏的原因，我决定接下来对马某进行心理疏导。马某在心理上对一种行为的尝试得到成功以后，便有了一种逾越感，逾越感会反复进行，越成功越想去尝试，于是上网成瘾。对于他目前的心理障碍，我联系了学校的校心理委员会，请求校心理委员会派人对马某进行具体且较为专业的心理疏导与治疗，让他树立正确的自我认知，摆脱由于家境贫寒而自卑的想法，获得正确的自我满足感来源，主动远离网络。

（3）及时联系马某的家长，将马某的现状告知家长，让家长掌握马某的实时动态，从改变家人做起。由于父母为了挣钱养家，时常缺少与孩子的沟通和联系，缺少管教与关爱，同时家庭温暖缺失，没有良好的兴趣爱好，致使马某从小性格孤僻，不善与人交际。我与其家人取得联系后，告诉他们要改变现状，抽出部分时间对孩子多加关爱，营造温馨的家的氛围，让孩子卸掉过高的自我防备意识，同时教育孩子树立正确的荣辱观，这样使马某的心理逐渐健康起来。

（4）集体的力量是无穷的，我决定发挥学院的集体的力量。同学的帮助对一个后进生来说，是必不可少的，同学的力量有时胜过老师的力量。同学之间一旦建立起友谊的桥梁，他们之间就会无话不说。同学是学生的益友。在学生群体中，绝大部分学生不喜欢老师过于直率，尤其是批评他们的时候太严肃而使他们接受不了。因此，我让同学们与马某交朋友，让他感受同学对他的信任，感受到同学是自己的益友。让他感受到同学给自己带来的快乐，让他在快乐中学习、生活，在学习、生活中感受到无穷的快乐！对他的教育、感染，促进了同学间的情感交流，在转化后进生工作中就能达到事半功倍的效果。

（三）处理结果

通过马某自身思想的转变，以及家人和学校的共同努力，该生的旷课和夜不归宿现象逐渐减少，成绩也没有再出现下滑。到目前为止，学生基本上可以控制自己不去上网。但是由于长期的性格孤僻和心理过度防卫，要彻底打消上网念头，还需要一段时间来巩固。通过自主学习，学生掌握了较多的计算机操作技能，并为班级建立了一个漂亮的网站。学习上的劲头也不错，学习成绩也在稳步上升。同时，在交际方面，也开始敢于迈出第一步，在班级里主持了一次心理活动，获得了其他方面的成功。

三、经验与启示

（一）出现这种现象的根本原因和解决方法

马某的一句话是值得我们教育工作者深思的：在网络中我找到了成功的喜悦，但却是暂时满足空虚心理的快乐。这让我陷入了反省中，是不是我们的教育出了什么问题，孩子在他们的学习中竟然找不到快乐。该学生痛定思痛地剖析了自己上网开始和发展的行为，从他的叙述中，我可以深刻地体会到他的一种矛盾又挣扎的内心世界。的确，有一定程度网瘾时，就会有这种焦虑症状出现，对什么都有所畏惧，在哪里都找不到自己自信的来源，唯有上网才能排解和获得，甚至会不顾一切后果，只求暂时的心理满足。

目前，一些贫穷落后地区的留守儿童教育问题仍然很突出。这些留守儿童一方面要忍受父爱与母爱的缺失，另一方面还要承担家里的经济负担，这很容易使孩子们形成孤僻自卑的性格甚至社交畏惧。

（二）注重来自家庭的适当关爱和正确教育

从马某的个例可以看出，家庭教育与关爱极为重要。对于留守儿童而言，在成长过程中因为缺少父母的关注和呵护，情感会变得丰富而脆弱——依赖性和独立性、冲动性和理智性、自觉性和任性并存，极易产生认识、价值上的偏离，以及个性、心理发展的异常。所以，适时地关注孩子，了解他的心理健康，同时适度地给予关爱，不要形成漠视的假象，也不要造成溺爱的后果。实时而适度的关爱，正确而向上的教育是至关重要的。

（三）发挥学校、社团等集体的力量

金融学院学生较多，同时有各种丰富多样的社团，我们应该充分发挥这些社团的作用，让社团不只是少数人的兴趣集聚地，还能成为为整个学院贡献一分力量的来源地之一。在学校里、班级里，应该多给予留守儿童关心与关爱，积极帮助他们，留意他们内心的情感变化，避免出现心理障碍。同时，我们应主动邀请这些孩子进行集体活动，帮助他们克服交际恐惧以增强自信心。另外，我们每个人都有一份早发现、早报告的责任，避免更多的人因为心理问题而误入歧途。

春风化雨　破茧成蝶

辛　玮*

高校辅导员是大学生“思想问题的解惑者、专业学习的指导者、人生发展的导航者、生活心理的关怀者”，在大学生的成长成才过程中，发挥着至关重要的作用。如何指导学生制定出科学、合理、有效的学业、职业生涯规划，助力于学生成长成才，与辅导员如何对待和开展学生教育管理工作密切相关。以下是我作为辅导员在实际工作中经历的具有典型意义的案例。

一、案例描述

S同学系2016级俄语本科班学生，是一名未成年女大学生。该同学为独生子女，家庭条件优越，父母素质较高，对孩子的期望值也相对较高，具有典型的“望子成龙，望女成凤”型教育理念与教育方式。S同学从小到大成绩优异，文静内向，因为提前上学，年龄比同班同学小，所以凡事愿意听从父母安排，属于标准的“乖乖女”类型。

大一开学伊始，S同学的“大一综合症”现象表现得尤为突出，例如：除了学习，两耳不闻窗外事；缺乏自我管理意识与自我管理能力；缺乏自信，畏首畏尾；社交恐惧。

* 辛玮，呼伦贝尔学院俄罗斯语言与文化学院辅导员，实习研究员。

二、工作处置

辅导员在实际工作中要注重思想政治教育与心理健康教育的有机结合，二者相辅相成，就可以有效地提高工作的针对性和时效性，提升工作的吸引力与感染力。针对此案例我主要采取以下工作方法：

（一）做到“四心”与“三导”

由于S同学在成长过程中始终处于“特例”，加之其父母的教育比较严格，凡事“大包大揽”，久而久之导致S同学自我管理意识与自我管理能力薄弱，生活状态相对比较封闭。

在了解了S同学的基本情况之后，作为辅导员我在对她的教育管理中，首先是做到“四心”，即爱心、细心、耐心、责任心。运用共情的方式，主动与她交流，增强她对我的信任度。通过长期的人文关怀，我真正走进她的内心世界，了解她真实的思想动态，做她的良师益友。

其次是做到“三导”，即指导、引导、疏导。“指导”她如何不断地提高自我管理的意识与能力。在日常生活中，通过一些专业的APP转件，指导她如何进行学习、时间、情绪、形象以及生活等方面的自我管理，制定出个性化、效率高、可操作性强的学业、职业生涯规划。因为最有效且持续不断的控制不是强制，而是触发个人内在的自发控制，也就是说，有自觉性才有积极性，无自决权便无主动权。外力教育和监督不能仅停留在表面，而要内化为学生内心的信念，学校里的各项规章制度才能真正成为学生的行为准则和道德标准，从而发挥其应有的作用。“引导”她如何将“自信”与“他信”二者之间有机地结合起来。自信在一个人的成长中是必不可少的，但是“他信”是帮助我们认清我们自信的资本是什么，自信的依据是什么，提醒我们要避免自负无知，认识自身存在的不足。“疏导”她对现实中遇到的心理上、生活上、学习上、人际交往等问题的不适应。帮助她尽快地适应与融入到大学的学习与生活状态中。

（二）有效沟通，朋辈教育

沟通是人与人之间的一座桥梁，而有效沟通则会让我们提高工作效率，妥善处理好人际交往，从而使我们的工作与生活变得更加美好。针对 S 同学的实际情况，我主要采取与三类人员进行及时、有效的沟通。

第一类人员是其父母。父母是孩子的第一位老师，家庭教育在一个人的成长成才过程中起着举足轻重的作用。我建议其父母应更加关注和培养她的“成长”而非“成才”。通过家、校合力，共同助力其综合素质的全面提高。第二类人员是其任课教师。针对大学学习内容的专业性，学习形式的多样性，学习过程的自主性，学习结果的超越性，与任课教师为其制订出量体裁衣式的科学、合理、有效的学业、职业生涯规划。第三类人员是其朋辈。因为她未成年，心智发展不成熟。所以安排她与综合素质较高的学生同住一个寝室，一方面是让她在日常的学习与生活中，潜移默化地向这些同学学习，平衡好学业与丰富多彩的校园文化生活二者之间的关系，另一方面是让这些优秀的学生适时、适宜、适度地帮助她，起到示范、引领作用，通过互帮互助，增进同学之间的友谊，从而促进舍风、班风、学风以及文明修身等各项工作的全面提高。

因为事物发展的结果，对初始条件具有极为敏感的依赖性，初始条件的极小偏差，将会引起结果的极大差异。一个好的微小的机制，只要正确指引，经过一段时间的努力，将会产生轰动的效应；反之，一个坏的微小的机制，如果不加以及时地引导、调节，将会带来非常大的危害。

三、循序渐进、开花结实

通过全员育人、全方位育人，S 同学的进步是非常显著的。不仅在自我管理意识与自我管理能力方面有所提高，而且性格也较之前变得开朗、乐观、积极向上。关心同学，班级的各项事情参与度明显提高，并且积极主动地参加校内、校外的各项活动，热心公益事业。2017 年主动请缨参加内蒙古自治区成立七十周年大庆的文艺汇报演出，演出结束后，S 同学给我发微信说：“导员，您在电视上看到我们的汇报演出了吗？我觉得自己长大了，是一名真正的大学生啦！”她的家长事后也给我打电话，激动地说："没有想到孩子的进步这么大，非常感谢您的努力与辛苦付出。"在学业方面，于 2018 年入围"中俄政府奖学金留学项目"候选人名单。

对 S 同学的教育管理工作，让我深刻地体会到著名教育家叶圣陶先生所说的：教育的目的是达到不教育。只有不断培养大学生自我管理的能力，充分发挥大学生的主观能动性，才能真正达到教育的目的。

四、总结和反思

辅导员作为德育教师，有幸引领学生们相遇高尚、相知诚信；有幸诠释"学博为师，德高为范"的重量。面对工作中存在的多重性与复合性的角色需要，首先，应加强政治理论学习，提高个人师德修养；其次，应立足岗位，勤奋工作，乐于奉献。只有这样才能够在工作中做到因事而化、因时而进、因势而新。

每一处的出口都是另一处的入口，上一个目标是下一个目标的基础，下一个目标是上一个目标的延续。希望可以"润物无声"地帮助更多的学生给青春插上丰满、自信文明的翅膀，助力于他们"破茧成蝶"，飞得更高更远！

母爱潜入心　润物细无声

杨红楼*

一、案例简介

邬某，23 岁，大三学生，独生子，只有一位年过 60 岁的父亲将其抚养成人。家中农田连续遭灾，庄稼歉收，父亲年迈，生活贫困。他的母亲是四川人，是当地的媒婆收了介绍费，给从未成亲的大龄父亲带回的一位小十几岁的女人。不知道什么原因，这位年轻的母亲生下他之后，没有抚养他，就回到了四川。在他的成长中，认为“四川人”（或南方人）是非常无情无义的，尤其是母亲节的时候。新生报到时，在彼此交流中，他得知现在的班主任祖籍是“湖北”，他认为湖北和四川都属于南方，就有些情绪想退学或转专业。

二、案例分析及解决方案

（一）案例分析

针对邬某的情况，他因为缺少母爱而导致心理失衡，让他感到孤独、忧虑、失望，性格孤僻，憎恨与此相关的人或事，如果这种情绪不及时给予疏导，久而

* 杨红楼，鄂尔多斯职业学院建筑工程系××班班主任，讲师。

久之，就会使学生性格扭曲，严重影响其情感、意志和品德的发展。

本人作为一名女性“班主任”，又是“南方人”，就更容易将春风般的关爱做到“润物细无声”来“修正”学生成长中的误解。

（二）解决方案

有人说：“一切最好的教育方法，一切最好的教育艺术，都产生于教育者对学生无比热爱的炽热心灵中。”按照这个说法，本人通过以下措施尝试对邬某进行改变。

（1）创造条件，让学生参加学校班级组织的各项活动，提供锻炼平台，培养自信心和责任感，增进师生友谊。

2016 年 9 月 8 日，班级新生见面会，指定生活委员，安排邬某负责班级的财产管理，包括多媒体、门窗、桌椅、钥匙等。尤其是非常贵重的教室多媒体钥匙由他管理，他能在每节课之前帮助老师准备好教学投影，无课的时候能用电脑上网。他一下子觉得班主任非常信任自己，而且各科任课老师都能关注到他，这使他信心倍增，从而激发了他积极进取、奋发向上的学习热情！

2017 年 7 月 3 日，作为生活委员的邬某在暑期离校之前，QQ 留言给我：“老师，多媒体全部检查完毕，卫生已打扫，桌椅数量已统计好。教室窗户锁坏了一把，我通知物业维修了。其他一切正常。教室钥匙我现在给您送过去。《教室设备交接登记表》已发到你 QQ 了。老师钥匙放你办公桌上了。走了老师，拜拜！”

此外，班会上，引导学生选举“讲卫生、踏实负责、有担当”的舍长。邬某凭借着自己生活经历完全有能力承担这项工作。成为被同学们认可的舍长，更坚定了他的信念，勇于承担责任，做一个对班级和社会有用的人、有魅力的人。大学毕业，进入社会，才能对社会和家庭负责。

邬某负责的宿舍，三年以来，一直是“标兵宿舍”“流动红旗宿舍”，他带领同学们按时起床、上操、上课、休息、打扫卫生，从未间断过。如此好的宿舍氛围，更是增进了同学间的友谊！

（2）发现亮点，重视点滴进步，引导他参加院系的集体活动，为班级争光，从而在集体中树立威信和良好形象。

邬某性格外向，渴望被关注。新生入学不久，院系组织“勿忘国耻圆梦中华”的演讲比赛，赛前我帮他收集资料，指导他演讲的内容和技巧。最终，功夫不负有心人，邬某在比赛中荣获了第一名的好成绩。他出色的表现，让同学刮目相看，赢得了大家对他的尊重和欣赏。同学们的支持和赞扬，使他更能融入班集体，和师生友好相处。他对我这个“南方人”的偏见有了些许的纠正。

（3）了解喜好，因材施教，从而为他今后的就业指点迷津。

2015 年 10 月 26 日，院系组织青春鄂职代言人“自强之星”征集活动，师生一致推荐邬某。在写事迹材料的时候，他将 5 页的纸质版事迹材料拍照发给我审阅。看得出，他不仅认真，而且态度非常谦虚。通过这件事，我才发现他对电脑办公软件是一窍不通，我利用业余时间，教他新建文档、输入文字、排版打印、保存发送等办公软件的使用。很快，他就将自己的“自强之星”事迹材料整理好了发给我。看到他如此大的进步，我在今后的三年中，不断地推荐适合的学习资料给他。现在，他对电脑办公软件已经相当熟练，实习期间，已经得到企业领导的多次好评。

（4）真诚待人，让学生重新享受失而复得的温暖与快乐。

2016 年 11 月 26 日，周六，当时我在产假中，几个星期没有看见邬某，就找了理由邀请他到家里做客。亲自下厨，准备了几个南方的家常菜。他在生活中，一直以北方的烩菜、炖肉为主。第一次亲眼看到老师花了 2 小时在厨房准备了一桌秀色可餐的“南方”午饭，他感动了。我们边吃饭，边聊南方的风俗文化。我以我的个人经历引导他重新认识南北方文化的差异。此外，他看着我照顾刚出生的宝宝，喝水、吃奶、换尿布等，觉得一个母亲真是不容易。我借此机会，和他聊到一个婴儿从出生到长大，母亲的角色是任何人不可替代的，引导他正确认识父母的感情、母亲的迫不得已，从而培养他感恩父母的情怀。离开我家的时候，外面的温度应穿棉袄了，但他穿得很单薄。我拿了一些钱并把家中的棉袄送给他。他说：“过段时间，暑假实习的工地给我发工资了，我就还你。”那一刻，我不知道说什么好。只说了一句：“你好好学习，等将来有了好工作，再还吧！”自此以后，他的学习更加刻苦了，经常自主去上早晚自习、去图书馆。

现在临近毕业，邬某有了相对稳定的工作。前段时间，毕业信息采集，他回来告诉我：“老师，暑假我想去一趟四川！”我说：“不管你做什么决定，老师都支持你，相信你！”

这句话让我陷入了深深的思考中：爱是可以弥补的，只要我们有足够的爱心、耐心、热心、诚心，尊重他们的人格，慢慢走近他们的心灵，就一定能医治他们内心的创伤，唤醒他们那份被遮蔽的良知和自信，帮助他们克服生活中的困难，相信他们也同样会生活得快乐、幸福！

（5）制造氛围，生日、节日、纪念日、中国传统节日等，引导学生孝敬父母、尊敬师长、礼仪诚信等。

2017 年 8 月 11 日，是学生邬某的生日，我主动打电话给他，祝他生日快乐！他非常感动，惊讶地回复我："老师居然能记住他的生日！谢谢老师！好感动！"

三、经验与启示

（1）老师的爱，虽然不能代替父母的爱，但在一定程度上可以弥补父母的爱。作为老师，我们应该多一点关怀，少一点冷漠；多一些表扬，少一些批评。虽然这些都是微不足道的，但对于有心灵创伤的学生来说，这些细微的动作会使他的心灵得到些许的慰藉。

（2）"解铃还须系铃人"，我打开了邬某的心结，相信天下的父母，无论身处何方，都会以最温暖的双臂去拥抱自己的孩子。

守护校园安全须警钟长鸣

朱吉勒*

一、案例概述

小 M，女，是××学院 2015 级学生，该同学是院学生会某部的一名干事。在学生会日常工作中，该同学性格开朗，办事认真负责，平时与同学相处融洽，具有吃苦耐劳的意志品质和团队合作的意识。2016 年 7 月，学校组织大型校园招聘活动，组织方委托××院学生负责张贴招聘展位宣传海报等工作。

××学院招生的专业偏重文科生，男生较少，自然女生就成为了校园各项活动的主力军。按照工作安排，该同学负责张贴招聘展位海报等工作。在张贴海报过程中，该同学不慎将现场的桌子踩踏翻倒，被桌子砸中了脚。事故发生后，××学院现场学生干部立即过来，查看学生的受伤情况，并告知现场老师。经现场初步确认，桌子砸到了小 M 的脚趾，小 M 的脚趾血流不止、剧痛且不能正常行走。紧急情况下，我将小 M 脚趾进行简单的包扎后，随即指定专人将小 M 送往就近的校医院接受治疗，在校医院止血无果且确认伤势较为严重之后，听从校医院医生的建议，派车将小 M 送往市区内的二五三医院进行治疗。最终，经过医生确认，小 M 被确诊为脚趾粉碎性骨折，需留院治疗、观察。整个过程中，小 M 情绪稳定，表现得特别坚强。

* 朱吉勒，内蒙古财经大学人文学院团总支书记，馆员。

二、案例分析及解决方案

（一）案例分析

（1）学校组织大型招聘活动，需要××学院学生负责张贴招聘海报，为顺利完成工作任务，需要选派学生骨干负责此项工作，张贴海报按照常规来说，应尽量分配给男生，但由于我院男生较少，工作任务量较大，仅仅依靠男生无法按照规定时间完成任务，所以需要部分女生协助男生张贴海报。

（2）事件发生地比较突然，事前也没有任何征兆。活动前，校方也向参与的学生进行了安全教育，所以这是工作中遇到的突发事件，需要在现场进行及时处理。

（3）事件发生后，现场老师、学生干部及时发现了这一情况，并将 M 送往医院，为治疗赢得了时间。

（4）学生工作无小事，学生自身也要增强安全意识，在确保安全的前提下开展工作。

（二）解决方案

（1）事件发生的第一时间，先检查学生的受伤情况，根据学生的受伤情况，选择送至校医院进行紧急救治，避免学生伤情恶化。

（2）事件发生后，活动负责人及时向学院分管学生工作的领导进行汇报，主要汇报学生目前的伤情、学生情绪以及突发事件所采取的应急措施。

（3）学院分管学生工作的领导及时向学院党政“一把手”以及相关职能部门领导进行汇报，协调具体事项。经同意，先安排学生配合医院进行检查，并听从医生安排，让受伤学生留院治疗、观察。

（4）学院派专人及时去医院了解学生受伤情况，并安排陪床、日常必需品等一系列事项，做好学生的心理辅导工作，使其能够安心养病，并联系受伤学生家长，向家长解释实际情况并承诺照顾好受伤学生。

（5）经过校、院两级的积极沟通，并配合医院进行诊断和治疗，小 M 的伤情逐渐稳定，情绪也渐渐平稳下来。住院10天后，学院派专人去医院将小M接回学校，小M安全返校。

（6）小M返校后，学院多次询问小M伤情是否稳定，并为小M提供了必要的帮助。

（三）处理结果

小M在返校以后不论在学习还是在生活中都受到了学院很大的帮助，使其走出受伤的阴影。最终，由学校承担了所有的医疗费用，并对小M受伤期间的所有陪床及饮食等费用进行了补助，对住院期间所缺的课程与任课老师进行了沟通，课下专门对其进行了辅导。

三、经验与启示

（一）制定突发事件应急处理预案

活动前，要充分分析活动过程中可能会出现的问题，根据突发事件的特点，性质、规律等，制定一套有针对性、可操作性的应急处理预案，对突发事件的事前、事中、事后等要做出明确的部署，确定活动顺利开展、万无一失。

（二）增强安全防范意识，提高自我保护能力

由于很多大学生自我保护和防范意识不强，应对各类突发事件的能力需要进一步提高。作为高校学生管理者，应多加强学生安全教育，增强学生安全防范意识，同时，学生更加应该提高自我保护能力和自救能力，有效防治事件的发生。

（三）突发事件发生后，负责人需沉着冷静应对

当事件发生了并且是突发性的，负责人首先不要因为害怕而慌张，需要做到冷静地处理事件，第一时间先查看伤者的受伤情况，在最短的时间内，将伤者送往医院第一时间接受救治，避免延误最佳治疗时机，使学生的伤情出现恶化，进而影响伤者的治疗，造成不可挽回的后果。同时在工作现场，还需要鼓励其他人

员继续工作，并且保证其他同学的安全，确保工作继续顺利进行。

（四）对突发事件应加强各方协调、沟通，寻求最快捷的方法解决问题

突发事件之所以突出“突发”二字，就在于它的发生是不可预知的，也可能事前是无法预料并没有制定预案的事件。解决突发事件的时候，应该充分了解事情的起因、经过，寻求最好的解决办法，力图在最短的时间内解决问题；尽快与学校及学院相关领导协调沟通，确定最好的解决办法，并及时通过家长，进行有效的沟通和安抚，希望家长能理解、支持和配合，一同做好危机的善后处理工作。

（五）对学生防范突发事件发生进行专题培训，增强应对能力

面对突发事件的不确定性因素，如何让学生自身意识到危险，并有效地避免危险是很有必要的。所以，在学生的日常管理过程中，对学生干部进行安全专题培训，提高其自我保护和自救能力。增强安全意识，提高应对突发事件的处理能力。

（六）提高学生干部的应变能力，能及时处理问题

学生干部是学生活动的直接参与者，当突发事件发生时，学生干部负责人应第一时间发现；遇到问题，要求他们及时上报，妥善处理，发挥临场应变力是必要的。所以，提高学生干部的应变能力及最基本的救助能力是十分必要的。

总之，大学生安全教育是高校学生工作的重中之重，加强大学生的安全管理和教育工作，提高学生的安全意识，增强其自身防护能力，才能确保学生健康成长成才，创建平安和谐校园。

扶贫助学篇

以人为本　关爱特殊学生

张宏智*

一、案例概述

卓某，藏族，毕业生，来自甘肃省碌曲县的一个贫穷落后的自然村。据该生讲述，他从出生起至今从未见过父亲，母亲在他年幼时改嫁，现在寄住在舅舅家，一家人靠畜牧为生，生活非常困难。卓某入学报到时只带了几百元生活费，没有带学费，也没有带多余的衣物和行李用品。他刚入学时普通话不流利，与人交流困难，性格孤僻，且不适应学校的环境。随着深入的了解，我发现他自控能力差，沉迷网游，有吸烟和酗酒的恶习，多次违反学校的规章制度，如无故旷课、夜不归宿、无故旷考等。

二、案例分析及解决方案

（一）案例分析

家庭背景的特殊性使卓某产生了强烈的自卑感、被遗弃感以及怨恨感等消极情感。这些消极情感的产生，使他对老师和同学非常冷淡且有抵触心理。同时，

---

* 张宏智，集宁师范学院数学学院党总支副书记，讲师。

卓某缺乏较好的生活教养和学习上的指导，家庭教育残缺不全，致使他丧失了对生活及学习的信心。

针对卓某的情况，我深入到他的学生生活中，了解他的所需所想，掌握他在思想上、学习上、生活上所遇到的困惑问题，秉持“用爱心倾注，从细微着手”的宗旨，对他开展精准帮扶。

（二）解决方案

1. 理论依据

通过多种途径为卓某提供资助，保障他的学业能够顺利完成。加强对卓某的心理辅导工作，除了给他提供资助以外，还要加强对他的思想教育，培养他的诚信意识和感恩意识，随时了解他的思想动态，在心理上给予他正确的引导，从而让他步入到正常的学习生活中。加强对卓某的学业引导工作，培养他的学习兴趣，帮他做好职业生涯规划和就业指导。

2. 过程方法

（1）了解情况，精准扶贫。为了确保卓某能够安心学习、温暖过冬，切实贯彻“以学生为本”的理念，在卓某入学之初组织本院师生为他捐助了三千余元和一些御寒衣物，以解其燃眉之急。对卓某的家庭情况作了深入的调查，将他的贫困情况了解清楚后，为他建立了贫困生档案，帮助他办理了助学贷款，每年为他申请国家助学金，并为他争取了一些其他资助。

（2）帮助他摆脱网瘾，培养他的健康心理。卓某沉迷网游，精神颓废、无心学业。为此，对他实施了一些方法，例如动员他参加“诚信、感恩、自强”主题教育活动、团日活动、心理健康建设月系列活动；鼓励他参加社团活动及各类比赛，帮他联系勤工助学岗位，逐渐增多他的正常社交活动在每星期中的比重等。

经常对其进行心理疏导，与他交流谈心，从情感上真正地贴近他，做到以理服人，有的放矢地化解他心中的困惑，给予他精神上的动力，使他保持积极向上的健康心理。

（3）开展“一对一”学习帮扶活动。把优秀学生和卓某组成了“一对一”的帮扶小组，来帮助卓某补习功课，每周进行一次。通过长期的坚持，卓某的学习兴趣有了明显的提高，同时，卓某与人沟通的能力和普通话水平有了明显改善，优秀学生健康向上的生活方式和思想品德也对卓某产生了积极的影响。

3. 结果评价

通过精准扶贫，卓某能够按时缴清学费，并且每月的生活费能够满足日常开支；通过长期的心理疏导和思想教育，卓某在思想方面发生了变化，能和同学进行接触和交流，不再沉迷网游，基本回归到了正常的学习和生活中，无故旷课、夜不归宿、无故旷考及酗酒等违纪行为明显减少，并重新树立了对学习和生活的信心；通过“一对一”学习帮扶活动，卓某提高了学习的积极性和主动性，明确了学习目标，学习成绩明显提高。卓某通过努力，顺利拿到了毕业证，并在毕业后考上了甘肃的一所小学，成为了一名教师。

三、经验与启示

（一）了解情况，精准帮扶

组织各班班主任从新生入学时就开始了解学生的情况，对他们的家庭情况作了深入调查，努力将每一个学生的情况了解清楚。在学生平时的学习和生活中不断了解他们的生活和心理问题，重点关注心理存在异常的学生、家庭贫困的学生、纪律观念不强的学生、后进生等的思想动态。逐步建立起了相对完善的经济困难学生助学体系，采取“奖、贷、勤、助、补”多种途径，尽可能为经济困难学生创造更好的生活和学习条件。

（二）培养特殊学生的健康心理

很多特殊学生的家庭背景复杂，有的是父母长年患病，无经济来源；有的是单亲家庭，劳动力欠缺，有的甚至是孤儿。因此他们往往缺少家庭的关爱，生活中，会有自卑心理。因此从情感上真正地贴近他们，经常与他们交流谈心，有的放矢地化解他们心中的困惑，给予他们精神上的动力，使他们保持积极向上的健康心理。经济帮困是目标，精神解困才是最终目的。要经常教育特殊学生树立自尊、自强、自信、自立的意识，自觉克服自卑意识；教育他们树立正确的人生观、价值观和世界观；注重特殊学生挫折调节能力的培养；培养他们勤俭节约的意识；教育他们建立良好的人际关系；教育他们树立诚信意识，要诚实做事、诚信为人，做到诚信生活、诚信学习、诚信就业；加强关爱教育，感恩教育；培养他们良好的情操，善良的人性，高尚的道德品质，滴水之恩，涌泉回报，从个人抓起，使他们养成关爱弱者，助人为乐的品质。

（三）引导特殊学生树立学习信心

特殊学生受客观条件的影响，成绩往往不尽如人意。而要想让他们真正改变现状，提高成绩，为未来人生打好底色，就必须培养他们自己刻苦努力、持之以恒的学习态度，养成良好的学习习惯，这样才能在未来社会立足，有所建树，为社会贡献自己的聪明才智。因此，应从学习上帮助他们学好功课，帮助他们掌握学习方法，使他们学会学习。

身患重疾、家境贫困学生成长记

郝秋涛*

一、案例内容

数控技术系815631班徐沛雷同学，1994年出生在锡林郭勒盟正镶白旗一个普通农民家庭，患先天性巨结肠症，从小到大做了10余次手术（至今身上带着一个每天需要更换的大便袋），家庭为此花去近百万元的医药费，负债累累，父母靠收废塑料支撑家庭，同时供两个儿子上大学。2015年入学体检出先天性二尖瓣关闭不全症，其父也于2016年突发疾病离世，又欠下一大笔债务，不断有债主追讨，甚至被起诉至法庭，现只靠母亲一人打零工赚取生活费，生活极其困难。尽管徐沛雷同学心态阳光、乐观开朗，尽管有助学绿色通道的扶持，但他仍困窘于学费、生活费和后期医疗费的落实，心理压力极大。为保证该同学在我院能正常学习生活、阳光健康成长，系部、学院从学习、生活、心理健康、解决实际困难等各方面都给予他重点关注、扶持。目前，该同学各方面表现都非常优秀，百度百科总部已准备录用他，通过三年的努力，他给自己、给学校、给社会交了一份令人满意的答卷，赢得了广大师生的赞誉，为所有同学树立了榜样。

* 郝秋涛，包头职业技术学院数控技术系副主任，副教授。

二、实施方法与过程帮扶工作特点

（1）同学的理解与支持。徐沛雷同学朴实善良，关心集体，乐于助人，勤奋好学，生活俭朴，给同学们留下了良好的印象。该同学的实际困难，及他本人乐观的精神、顽强的毅力、真诚待人的道德情怀，赢得了同学们的理解与尊重，班里连续两年为徐沛雷同学评定了一等助学金。

（2）系部重视，学院关注。系部了解了徐沛雷同学的具体情况后，及时向院学工处汇报，得到了学工处领导的高度关注。系领导经常间接过问该生的情况，班主任、辅导员经常和徐沛雷同学交流、谈心，并提供一切可能的帮助。由于本人的努力及系部、学院师生的支持，2016 年、2017 年连续两年，徐沛雷同学被评为学院“十佳自强之星”，同时学院学工处，为其连续实施了两年 5000 元的专项困难基金资助；全系教职工为其捐款 12000 元，也有其他老师额外捐款，在一定程度上解决了该同学的学费及生活费用；院学工处协调宿管科给徐沛雷同学专门调了一间宿舍，方便其生活学习。

（3）心理健康教研室老师及时介入，班主任、辅导员与该同学平时多交流，给予关爱与鼓励。心理健康教研室主任降彩虹老师，经常对该同学进行心理疏导，缓解其精神压力，得到了该同学的信任；班主任、辅导员的帮助，使其感受到了家长般的温暖关爱，保持了他阳光、开朗、健康的良好心态，保障了该同学能正常学习与生活，助其健康成长。

（4）尽管徐沛雷同学各方面表现很优秀，学院、师生也对他尽可能地给予关爱，并提供了许多无私的帮助，但我们没有刻意去对这件事进行宣传，只是通过平凡、朴素的言语、行动，帮助他解决问题，助其树立信心，坚定信念，乐观向上，尽可能地避免给受助学生增加压力。

三、主要成效及经验

（1）尽管徐沛雷同学重病缠身，家境极度困难，但在自己努力及学院师生的共同帮助下，保持了健康的心境、乐观的精神和正常的学习生活。在已结束的五个学期里，他各科成绩全部合格，且成绩优良，综合测评成绩名列班级前茅。

（2）该同学兴趣爱好广泛，关心集体，乐于助人，积极参加集体活动，由于自身的切实体会，他热衷于社会公益事业，回报社会。2015 年入学前，就在家乡和志同道合者共同创建了“正镶白旗小城大爱义工协会”，入学我院后，将公益行动从本班开始延伸发展，带动了许多同学积极参与，使许多同学对关爱他人、“感恩”，弘扬社会正能量，有了更深刻的理解。

（3）徐沛雷同学在 2016 年 4 月，创建了“包头职业技术学院百度百科俱乐部”，这是“百度百科”总部，在包头高校中唯一仍在正常开展活动的社团。自成立以来，开展了“关爱福利院自闭症儿童”“我眼中的最美校园”摄影比赛、“为军训新生提供免费绿豆汤”“感恩父母，写家书”、开展防艾滋病宣传、深入老年公寓做公益、给达茂旗、固阳县、东河区贫困学校捐助“VR 数字博物馆”等多项活动，百度百科总部通过该社团，资助贫困学校 12 台“VR 数字博物馆”（单价 3500 元，总计 42000 元），获得百度百科总部的好评。徐沛雷同学通过这一活动，既锻炼了自己，丰富了校园文化生活，又对外扩展了我院的影响力。如今徐沛雷同学已将百度百科社团移交给低年级同学接手，各种活动仍在继续进行，爱心仍在继续传递。

（4）徐沛雷同学为自身及家庭有各种各样问题、困难的同学树立了榜样。他自强不息，勇于面对并努力克服困难，并将自己的感恩之情，化作学习、生活的动力，回报社会、学院、老师、同学对自己的关爱。

（5）在徐沛雷同学身上，体现了我院对学生的人文关怀，是我们创建和谐校园、提倡社会正能量的具体体现，是学院这个温暖大家庭凝聚力的体现，也让师生感受到了温暖。

四、下一步加强和改进的计划

（1）尽管徐沛雷同学心理素质较好，各方面较优秀，并以此赢得了广大师生的好评与尊重，但自身身体及家庭情况仍使他感受到巨大的压力，并对未来忧心忡忡，对此，我们仍需继续对他施以援手，予以关注与关爱，但关心的方式方法，必须借助心理健康教研室专业老师的指导，关心与关爱绝不是施舍，不能以此大力宣传、作秀，避免产生副作用，伤了受助学生的自尊。

（2）徐沛雷同学仅仅是许多因伤、因残、单亲、孤儿、家庭贫困，需要我们重点关注关爱同学中的个例，许多同学因上述情况背负了沉重的思想及心理负担，产生了一些不同程度的心理问题，有的甚至很严重，为此我们需要借助专业老师的指导，对有问题的学生进行甄别。对能正常学习生活的学生借助学院、家庭及社会的力量，助其走出困境，圆满完成学业，真正成为对社会有用的人才。

（3）从学院、系领导到每一位老师，要重视和关心每一位有各种各样问题和困难的学生，在他们走向成熟的人生路上，帮一把、扶一下，带动更多的人，进行爱心传递，助我们的学生健康快乐地成长！

（4）以学院学工处学生资助管理中心为依托，从社会寻求一些公益团体、慈善机构和组织、企业、个人的帮助，借助社会的力量，帮扶更多的学生。

点评：帮助学生树立正确的人生观、价值观；要有直面各种困难的勇气；要努力做到关爱别人、理解帮助别人，要懂得感恩；要学会借力、善于合作；要有社会责任感和担当意识。努力培养德才兼备、阳光、健康、积极向上，为社会接受并认可、能代表当代青年人精神风貌的合格大学生。

学校是一个综合教育场所，在保障学生学习知识的同时，思想道德教育必不可少，而对贫困学生，关爱、帮扶、资助是其中非常重要的一个环节，这一方面解决了学生的具体困难，有利于疏导学生的心理压力，助其健康成长，更重要的是，通过我们的帮助，使其能感受到党和政府对他们的关注，学校、老师、同学对他们的关爱，有助于其树立正确的人生观、世界观、价值观，懂得感恩、自觉于爱的传递。学生的经济贫困不是最主要的问题，也容易解决，最棘手的是学生的“心理贫困”问题，直接反映在学生对世、对物、对人认知方面的迷茫，在学习、生活、与同学相处方面的不适，甚至出现了诸多如自卑、多疑、焦虑等心理健康问题，直接影响了他们的学习、生活，对其他同学也造成了一定程度的负面影响，如不能有效地介入、修正，甚至会带入到以后的工作和生活中，造成一定程度的社会问题。因此对贫困学生的帮扶，一定要有心理老师的参与，并采用科学的方法与态度对学生关心、关爱、解决问题，以免对学生造成心理伤害，好心办坏事。

汇集点滴爱心　真情播撒希望

兰　英*

一、案例简介

刘某，原为14级的一名同学，后因颅咽管瘤休学一年半，现为16级的一名同学，回到了课堂。在2016年6月刘某同学出现了长时间昏睡、意识模糊等异常表现。我在得知此情况后立刻联系其班主任，后通知其家长告知此情况，让家长带孩子去医院检查身体。后经过北京专家诊断，刘某得的是颅咽管瘤，双侧脑室积水，严重压迫神经，需要马上进行手术，否则得危及生命。后又接受了二次手术及术后修复。长达两年的治疗不光让刘某受尽了苦难，同时也花光了家中全部积蓄并欠下了巨额外债，沉重的家庭负担让刘某心情低落。

二、案例分析与育人方案

（一）案例分析

针对刘某的情况，在多方面了解其家庭情况之后，本着对学生的关怀，帮助她早日战胜病魔，顺利完成学业，学校把她列入为我院重点资助的贫困生之一。

* 兰英，传媒学院团总支负责人，助理研究员。

（二）育人方案

1. 号召师生捐款

自发现病情以来，经学院领导批准，我迅速组织本院师生开展面向全校的捐款活动，传媒学院老师、应往届生及全校的捐款达到了 8 万余元。通过这样的筹集捐款活动，筹得一笔善款，解了燃眉之急，对刘某同学送去了关怀，减轻其家里的负担，使刘某可以没有后顾之忧地回到课堂认真学习。2016 年 8 月刘某同学的父亲，为了表达感激之情，为学院送锦旗致谢。

2. 学生工作领导小组关怀

经会议决定，我院学生工作领导小组全体成员共同到该生及其母亲所租住的出租屋内进行了看望。我院党总支书记贾长友表示，疾病不能避免，但是生活和学习还要继续，该同学的坚强让所有老师和同学们都为之动容。

3. 申请国家助学金

在 2017 年刘某回到课堂后，由专职辅导员、班级评定小组的成员共同评定刘某获得国家助学金，使其不为学杂费犯愁，保证其可以正常上学。

4. 获得校友帮助

我院学生工作领导小组以高工作效率，准确、及时、足额地把各项资助政策落实到位，进一步加强了学生资助工作的机构建设，学院与上级主管部门联系，与校内外其他部门进行横向联动，全力筹措资助经费；同时，我院对资助工作进行协调和配合，有效保障了学校资助工作在国家资助政策体系的框架内高效运行。通过学校的相关部门，联系学校校友基金会，最终确定由我校的优秀校友，通辽永恒饲料有限公司的老总谢某联系帮扶刘某同学。于 2017 年 12 月，我院学工办主任与谢某一同到刘某的租住地看望了该同学，资助和承担该生的伙食费、学费及复查费等。

5. 寒假走访困难生

2018 年 1 月，根据学校资助中心关于寒假走访经济困难生的相关文件要求，我第一时间想到了刘某同学。因此，我与另一名辅导员老师一同前往刘某租住的家中，为该生送去了过年所用的米油等粮食和 500 元慰问金，希望小小的心意能为刘某的心灵带去一丝温暖。上学期间，辅导员等老师为该生提供勤工俭学工作，全方位多层次深领域地为该生缓解家庭经济压力。

（三）育人结果

刘某逐渐与新班级的同学熟悉起来，生活负担减轻以后性格更加开朗，学习刻苦勤奋，未因患病而有丝毫放松，对于专业有着很高的热情和兴趣。在课堂之外，还积极投入多种专业实践之中，切实锻炼自己的能力，精神状态积极向上，面对学业压力能很好地完成各项学习任务。在生活中，刘某同学踏实简朴，严格遵守学生规范和各项纪律要求，与同学、师友的交往充满正能量，对来自学校和社会的帮助心怀感恩。

三、经验与启示

（一）完善制度，规范程序，丰富形式，创造性地做好学生资助工作

（1）完善资助制度。为做好学生资助工作，我院建立健全了资助工作领导小组会议决策制、贫困生建档及动态管理制、学生民主评议制、资助结果公示制、助后跟踪教育制等制度，用完善的制度体系确保有限的经费真正用在贫困学生身上。

（2）规范工作程序。我院合理确定并据实调整家庭经济困难学生的认定标准，和以“本人申请—确实推荐—班级民主评议—学院评审、公示”为主的贫困生认定程序，建立了贫困生档案数据库，严格按照上级下达的奖助指标和额度公平合理地分解到各班，并始终坚持公开、公平、公正、择优、集体决定的原则，认真做好学生申请、民主评议、学院审核公示各环节的工作，严格把关，做到信息准确，档案齐全，标准统一，操作透明，程序规范，评定公开，确保了评定结果的公平与公正。

（3）丰富资助形式。目前，我院紧跟学校安排形成以奖助学金为主体，以助学贷款、勤工助学、御寒补助、伙食补贴、重大疾病补助、特殊补助和学费减免等为辅助，以社会捐助为补充的多元化、全方位、全过程的混合式资助体系。基本上解决了我院家庭经济困难学生的生活费用及部分学费问题。

（4）坚持人文关怀。我院在资助工作中始终坚持以人为本的原则，在不断促进资助工作制度化和规范化的同时，密切关注学生，尤其是特殊困难学生的生活心理问题。刘某原为14级学生，在今年6月的毕业典礼上，看见自己原先的同学们都纷纷毕业离校，而自己还得继续努力，心中不免有些失落。我及时发现了这个问题，对该同学进行了全面的心理疏导和思想教育，缓解了该生的难过心理，让该生得以正常地学习生活。不仅对该生如此，还定期对受资助的学生进行心理谈话，了解学生的近期学习情况、生活情况以及是否需要帮助。对该类学生进行心理疏导和思想教育。

（二）助学为先、励志为重、感恩为导，充分发挥学生资助工作的育人功能

在学生资助工作中，我紧紧围绕“学生成人成才”这一中心，在对学生进行有效的经济资助的同时，更加注重对他们进行精神的资助、心理的辅导、素质的培养和能力的提高，发展其良好的人格与品行。

（1）注意加强励志教育。以资助工作为平台，注意引导学生克难奋进，自强自立。帮助学生提供安全可靠的家教兼职、学生食堂、图书馆等勤工俭学等兼职岗位，让学生可以在得到帮助的同时回报社会。

（2）注意加强感恩教育。资助工作的真正含义是教育学生，让学生在接受资助的同时教育学生、引导学生，这就需要抓住学生资助过程中的每一个环节，对学生开展有针对性的道德人格教育。为此，围绕“爱心助学，回报社会”这一主题，在家庭经济困难学生中广泛开展“天使之翼”志愿服务活动、关爱老人公益活动、感恩父母等社会实践活动、感谢师恩等毕业季活动等，培养同学们的感恩教育，号召他们主动帮助自己周围需要帮助的人，用自己的实际行动回报社会。

（3）注意加强诚信教育。我充分利用学院公众平台、网络、板报等媒体，通过班级组织等形式，及时、全面、深入、准确地宣传国家助学贷款政策，并结合贷款工作，及时开展“贷款助学，诚信做人”等系列教育活动，把学生资助工作与增强大学生诚信意识和社会责任意识有机结合起来，突出活动的教育主导性、现实针对性和社会实践性，在全院上下形成了“人人讲诚信”的良好氛围。通过诚信教育的开展，学生的诚信意识明显增强，毕业学生的还款率不断提高。

在学院的正确领导下，在上级主管部门的具体指导下，我院始终坚持“一切

为了学生的成人成才，为了一切学生的成人成才”的育人理念和“以生为本、帮困育人”的资助工作理念，认真落实家庭经济困难学生资助政策，不仅实现了让广大家庭经济困难学生快乐学习、幸福生活，服务学生成人成才的工作目标，还极大地促进了学院的学风和校风建设，为提高学校人才培养质量做出了应有的贡献。今后，我将继续按照科学发展观的要求，进一步创新工作思路，拓宽资助渠道，进一步加强资助体系建设，提高“造血”能力，树立传媒学院学生资助工作的优秀品牌，开创我院学生资助工作的新局面！

助力学子　走向阳光

庄宝忠*

一、案例简介

小 W，女，22 岁，蒙古族，预科转入学生。该生来自区内一个偏远牧区，家境情况较贫困。日常生活中，小 W 性格较孤僻，因为从小生长在牧区，在蒙授学校读书，该生汉语水平不高，学习生活中很少与其他同学交流，只有少数几个朋友。班级同学也反映该学生性格内向。大一上学期贫困生认定工作开始后，她也申请了贫困生。但小 W 态度消极，班级开会推选贫困生时，她在班会上突然站起来表示放弃争取国家助学金的机会。会后小 W 非常后悔，承认自己因过于冲动而没拿到助学金，大二时小 W 参与了班级的贫困认定并按照标准领取了助学金，毕业之时小 W 性格变得开朗。

二、案例分析处理

（一）案例分析

小 W 自身家庭情况贫困，从经济较不发达的地区来到大学，承受着较大的

* 庄宝忠，内蒙古财经大学财政税务学院团总支书记，助理研究员。

心理压力和经济压力。家庭的经济状况是造成贫困生心理问题的外部因素，家庭的窘迫、家长的无能为力，这些忧虑交织在一起，导致她心理上始终矛盾重重。从其日常的生活学习表现来看，该同学已经遇到了心理问题。有些贫困生在心理上表现比较敏感，自尊心特别强，对于外界的帮助并不是很乐意去接受。小 W 同学的案例中，遇到的问题是在对经济困难同学进行资助时，需要解决被资助学生的心理问题。否则，无论学校的资助力度多大，也无法解决经济困难学生存在的心理问题。

（二）处理方法

（1）通过班级干部获取信息，对特殊学生实行重点关注。大一上学期贫困生认定工作开始后，小 W 申请了贫困生，但态度消极，班级开会推选贫困生时，她在班会上表示放弃争取国家助学金的机会，但就在班会已经确定助学金获得者的当晚，小 W 给班主任连续发了七条短信，表示自己如何困难，想得到助学金。发现小 W 同学出现这个问题后的第一时间，我通过与班级干部及班级部分同学进行交流，了解小 W 同学的实际情况。在对小 W 同学的真实情况有了基本了解后，与小 W 同学进行了一次深刻的谈话，了解到她的家庭实际情况和她产生心理问题的原因，这使她对我产生了信任。大二时小 W 参与了班级的贫困认定并按照标准领取了助学金。

（2）不仅从物质上进行关心，更重要的是从心理上进行疏导。小 W 同学有着典型的经济困难学生的自卑、焦虑和依赖心理。小 W 曾因自身原因而把自己隔离在集体之外，而在接受了学校的多方资助后，她却对学校和老师产生了依赖心理，逐渐有点丧失自我，不够自立。大三评选贫困生时小 W 出现了等、靠、要的不利思想。发现这一问题后，我及时与小 W 同学进行交流，对其进行思想上的引导，并侧重于对她进行激励，鼓励其自立自强，并为她介绍学校为她申请助学金的目的和用途，鼓励她好好学习，回馈社会。

（3）联合、发动班级普通同学、班级干部，关怀她的心灵。由于她的自尊心很强，对于同学和老师物质上的帮助也许比较抵触，对她的精神上的帮助比物质上的帮助要有效得多，让她能够独立自强、健康成长也是长远之计，同时这也是加强班级凝聚力的有效契机。

（4）对弱势群体的就业指导与帮助。小 W 同学的依赖心理一直是学校在资助工作中面临的一个难题。进入毕业季以后，小 W 同学对生活和就业上的压力经常感到无助和恐慌，主动来到办公室与我交流，寻求帮助。我对小 W 进行了心理辅导，关于就业方面又做了详细的介绍。

（三）处理结果

经历过这件事以后，小 W 同学性格逐渐开朗起来，逐渐愿意把自己的情况和困扰与周围同学交流，与学院的老师也建立了信任关系。小 W 同学的生活态度和学习状态有了很大的进步，积极参与班级和学院的活动，成绩稳定，这对她的思想和精神情况也有了很大的促进。我们平时用心真诚地认真地做一件小事，有时会给一个学生的一生带来很大的影响。

三、工作思考与建议

（一）物质资助不应作为助困工作的全部

家庭经济困难学生的经济困难是显而易见的，国家、学校和社会对家庭经济困难学生也给予了极大的关注，形成了覆盖面广，资助力度大的资助体系。家庭经济困难学生所遇到的问题不仅仅是物质层面上的，因生活环境、家庭条件、成长经历等因素带来的经济以外的各类问题更需要我们去关注。环境的反差、素质的反差、贫富的反差、能力的反差、评价标准的反差，以及一些家庭经济困难学生的自我认同偏差，认知不全面等原因，容易使她们产生自卑、焦虑等心理问题。所以，应把家庭经济困难学生的思想教育、心理疏导、素质提高、人格健全作为资助工作的重要内容。离开育人的救助是片面的，背离了资助工作的目的。

（二）要避免走入重给予性扶持、轻主体性激励的误区

目前的资助体系里，各类助学金基本都是无偿的。在解除她们的后顾之忧的同时，有可能会使有些学生和他们的家长在思想上走入误区，以贫困为资本，一味依赖学校和社会的资助，完全把希望寄托在资助上，平时不思进取，不愿通过获得奖学金、更不愿通过勤工助学活动来解困，“等、靠、要”的思想严重。而这种情况的出现还会引起一些学生的心理不平衡，出现不贫装贫的现象。因为一

些学生看到某些贫困学生不努力，学校活动也不积极参加，也没有为学校和班级做出多少贡献，仅凭一纸贫困证明就可以得到资助，其数目比自己通过努力学习和优良表现而得到的奖学金还要多，很可能产生心理的不平衡，不贫装贫现象就会滋长，这会给资助工作带来很大难度。

（三）将经济帮扶与心理引导有机结合

要针对目前高校的教育资助现状，制定相应措施，把此项工作作为学生教育管理的一个重要问题进行专项整改，逐渐完善学生心理援助机制的建设。新生入学后对学生的个人情况逐渐进行了解，重点观察一些有特殊表现的学生，对其给予密切关注，对这些学生心理上的自卑和敏感，可采取个体性心理咨询的方式解决。

（四）开展对少数民族学生的精心服务与科学管理，解决学生的实际困难，促进学生的全面发展

少数民族学生来到大学后，因为离开了赖以生长的环境，离开了具有民族特色的地方和人群，有太多的不适应，容易造成一定的心理问题，如人际交往的不适，学习成绩的落差，自卑情绪等，这些问题都不容忽视。辅导员和少数民族学生家长要加强联系和沟通，用自己的人格魅力和无微不至的关怀使学生产生依赖感和信任，积极进行相应的心理咨询和指导，建立合理有效的监管机制。帮助这部分学生适应学校，走进班级，感受班集体的温暖，使这部分学生能够快乐、健康地成长。

（五）对于贫困生的帮扶是一项有计划性的长期工程

在这个过程中，可能会有反复、会感受到对方的抵触情绪、会因为贫困生帮扶体系的不完善而感到压力重重。但是要在力所能及的范围内，帮助学生减轻经济上的压力，疏导学生的心理压力，在学业上给予关怀和指导，帮助其真正实现自立自强、健康快乐成长。

在工作中，我们要积极加强贫困大学生的自立教育，使贫困大学生意识到，暂时的经济困难并不是人生的全部，要积极通过自己的努力改变现状，实现人生的蜕变。同时，也要加强贫困生的感恩教育，怀着感恩的心接受别人善意的帮助，同时也应该去帮助需要帮助的人。这样才不会造成人格发展的不平衡，形成积极乐观的人生态度。

守望·圆梦

包　全*

一、案例简介

小C，女，20岁，我院大二学生，家在农村，父母务农，家里兄弟姐妹较多，她排老二。小C为人乐观开朗、勤奋好学，学习成绩名列前茅。大二上学期，从10月开始，原本每天都去图书馆的她，开始睡懒觉并且早上起得很晚，经常自言自语。有一天她开始整理衣物，并将所有的书籍整理好，整齐地放在箱子里，舍友问她为什么要将书籍都收起来，她也不回答。第二天晚上小C没有回宿舍，舍友担心她，给她打电话，显示已关机，最后在她床单上发现了纸条，上面写着将所有参考书都给舍友，祝他们学习顺利。经多方查找于第二天联系上了她并得知她已回家。

二、案例分析处理

（一）案例分析

小C家庭经济本来就困难，外加父亲生病，作为二姐的责任心和来自家里的

* 包全，内蒙古财经大学会计学院团总支副书记，助理研究员。

经济压力，使她出现了焦虑、抑郁、不安等情绪。突然开始收拾衣物、书籍，心理与行为出现严重异常表现，故被确定为心理危机干预对象，拟从学校、家庭、社会这三个支持系统来统筹协调解决问题。

（二）处理方法

（1）危机事件发生后，我第一时间赶到学校，通过舍友了解情况，并向学院领导汇报事发经过及最新情况。

（2）通过大一时登记的父母联系方式，联系其家长，了解情况，为下一步工作提供参考信息。我们了解到，小 C 是一名很有责任感的孩子，因为自己父母岁数已大，父亲又病了，今年收成不好，供三个孩子上学，家里已无积蓄，陷入了困境，她作为姐姐，觉得自己应该承担起责任，所以决定开始工作。

（3）事情发生后，我第一时间联系小 C 父母，说明事情缘由，父母也认为如果现在出去工作，这么多年的辛苦和学习就浪费了，也同意做她的工作，支持她回去继续念书。

（4）学院知道了她的苦衷也决定在奖、助、贷方面给予其一定的照顾，帮助她渡过困难期。齐心协力帮她重树信心、渡过难关。

（5）小 C 返校后，多次、定期与小 C 谈心谈话，了解当期她有什么困难，站在她的角度真正地替她考虑，让她知道学院和班级同学是她坚实的后盾，谁都会碰到各种各样的困难，没有人一帆风顺，如果半途放弃，则放弃的可能是美好的未来。应勤工俭学，坚持学业，顺利毕业后找一份好工作，才能更好地报答父母的养育之恩。

（三）处理结果

小 C 的情况逐渐好转，安排她参加学校的勤工俭学，获得奖学金，自信心也有所增强。

三、工作思考与建议

（一）建立困难学生档案，详细了解困难生家庭

多了解这类学生的家庭环境、成长经历、日常言行等，多深入学生之中，多与他们谈心谈话，多关注他们不同寻常的突然变化，全方位、多渠道地去了解情况，不能抱着侥幸心理，不深究、装糊涂、走马观花。

在经济条件许可的条件下，走访苦难生，尤其是特别苦难生。

（二）有针对性地加大勤、奖、助措施力度

有效帮助这些特殊特困家庭的学生，鼓励他们多参加校内外各类活动，走出自己的小世界，融入宿舍、班级、学院、学校这些大家庭，有困难一定要及时与老师沟通，放下心理负担，不硬撑，不自暴自弃，学会一些自我保健和自我调节的方法。

对被认定为困难以上的学生，应加大助学力度，国家助学金及社会、个人的捐助，应该集中起来给那些困难的、有上进心的学生。

（三）充分发挥班委、学生干部等，尤其宿舍长力量

班级里、宿舍里，大家应该互相关心、互相帮助，班级干部、宿舍长应该多留意自己身边这些来自特殊特困家庭的同学，在他们遇到突发事件或因某些事情被长期困扰时，我们的学生干部应该有一定的敏锐性，早发现、早报告，及早杜绝一些不良事件的发生。

老师应该每周定期与班委和宿舍长沟通，了解班级尤其困难生的情况，适时给困难生开导和温暖，给他们鼓劲。

心理教育篇

不忘初心　方得你心

赵文彬*

一、案例介绍

杨某，系我校公共管理学院2015级女生。该生自入学以来，学习成绩优异，但是性格内向，不爱与人交往。该生在新生入学时所做的心理测评结果显示，其心理无异样。但是在2016年4月初，该生出现了一些比较怪异的行为，比如：经常自言自语，独来独往，不与其他同学交流，包括同宿舍学生；作息时间与宿舍人不同，经常半夜弄醒舍友，与舍友发生矛盾；经常做出一些奇怪的行为，不停地抖动塑料袋，不停地扫地，摔门；经常逃课躲在宿舍，认为学校在监视自己；经常怀疑舍友偷她的东西；等等。

我通过与该学生家长及舍友进行深入交流，了解了该生的一些资料：该生小时候由爷爷奶奶抚养长大，不经常接触其他人而形成内向的性格；上初中时由父母接回，但是父母一心忙于工作，造成与孩子之间的交流不足。初中时该生学习很好，对自己期望很高，后来考到了重点高中，但由于行为怪异与同学发生矛盾，还曾被同学冤枉盗窃他人的东西，因此才对小偷之类的词非常敏感。经过与她的舍友进行交流，得知到大学后该生对自己只考取了二本一直耿耿于怀，因此想要刻苦学习，考取研究生。

* 赵文彬，内蒙古财经大学公共管理学院团总支副书记，研究实习员。

二、案例分析

（一）案例分析

根据了解到的情况，结合该生的一系列怪异表现，可以初步判断该生目前正处于心理危机阶段。心理危机是指当人处在紧急状态时，原有的心理平衡状态被打破，继而出现一种无所适从，行为失调等严重失衡状态。常见的危机反应有：认知方面表现为问题解决能力与应对机制暂时受到打击，如否认，注意力不集中，危机情景再现，失去信心，内疚自责，丧失安全感等。危机中的人主要的认知特点是认知狭窄，即局限于问题和困难，看不到其他可能性，资源和希望；情绪方面表现为在暂时性的震惊之后，出现混乱、害怕、恐惧、沮丧、麻木、怀疑、悲伤、绝望、无助、羞愧、易怒、平静不下来等负面情绪。危机中的人的主要情绪特点是极端的负面情绪和情绪失调；行为方面表现为攻击，社交性退缩，逃避，食欲不振，哭泣，酒精和药物使用量增加，坐立不安，过度警戒等。危机中的人主要行为特点是反常和易失控。对照危机反应概念及表现形式，可以发现该生情绪出现混乱，夹杂着害怕、恐惧、羞愧等多种负面情绪；认知狭窄，存在幻听，危机情景再现等现象；行为退缩，具有社交功能严重受损，行为失控等多种危机表现形式。该生童年期的寄养经历，近期应试的紧张学习以及对学业的不满意情绪等导致了短暂精神失常，各种因素的发酵导致该生的心理平衡被打破。鉴于此，该生亟须进行心理危机干预。

（二）案例处理的方法

1. 收集信息，具体分析

深入与该生进行耐心细致的交谈，全面了解其思想及心理状况等，确认其所述情况真伪；对其近期所接触的舍友，同学等相关人员和事情进行了解，尽可能掌握大量第一手资料，为科学判断提供准确的佐证材料。

2. 加强保护，确保安全

成立班级危机干预小组，对该生进行 24 小时监护，确保其人身安全。同时，对危机干预小组进行强化训练，使小组成员在监护中尽量避免触及该生目前比较敏感、情感容易激动的方面，以免产生新的爆发点。

3. 报告上级，商讨方案

第一时间向学院领导和相关职能部门汇报了该生各方面的表现，商讨稳妥的解决方案；同时上报学校心理咨询中心进行备案，请求中心就该生的情况进行危机评估，做出更准确、更专业的诊断，给出相应的解决方法。

4. 联系家长，共同解决

与该生家长联系，报告了该生的相关情况，希望家长来校进行深入沟通，为恢复和进一步促进该生的身心健康共同努力。

5. 全程跟踪，始终关注

该生回家后，老师经常与其父母联系，询问该生状况，在其心理状况未能好转之前，为其办理延缓期末考试手续。回校后，密切关注该生动态，坚持监护方案，从各方面为其提供便利，并联系专业人士定期辅导。

（三）处理结果

由于及时发现了该生的情况，迅速启动了危机干预预案，制定了稳妥的解决方案，执行过程有力到位。该生心理状况趋于正常，可以进行正常学习和生活，但仍需坚持服药，定期复查。

三、工作思考与建议

（一）咨询技巧

只有积极探索大学生心理问题的规律，寻求解决心理问题的科学途径，帮助大学生建立合适的心理防卫机制和心理健康教育体系，构建有效的心理危机干预机制，才能为学生的发展打下良好的基础，避免和减少心理问题带来的各种安全隐患，以确保高校的安全与稳定。在与大学生咨询沟通过程中应注意以下几点技巧：

1. 加强自身修养，提升业务能力

当前，大学生的心理问题越来越多，因之引发的高校突发事件层出不穷，给予从事学生工作的一线辅导员较大的压力。辅导员不仅需要处理各种日常琐碎烦冗的具体事务，还须时刻关注学生的心理，预防危机事件的产生。这一切对于辅导员都提出了更高的要求，需要辅导员不断提高自身修养，加强心理学知识的学习，掌握学生心理健康状况标准的相关鉴定方法，进行各种心理疏导专业技能的培训，努力提升业务能力。

2. 依托学生干部，建立危机处理机制

平时加强与学生的沟通与交流，建立起一支以学生干部为主体的信息网络及危机处理载体，及时了解学生动态，关键时刻协助辅导员，采取强有力的措施，有效控制事态的发展。

3. 争取家长配合，合力解决问题

基于对当事人的尊重，基于全面动用社会资源的考虑，学校须第一时间确保家长对学生情况知情，劝说家长加入到危机干预工作中，发挥其独特的不可替代的作用。

（二）构建完善的大学生心理健康教育体系

健全学生人格，建立大学生心理保健网络，构建完善的大学生心理健康教育体系，形成大学校园心理危机干预机制，才是应对大学校园心理危机的根本途径。

1. 预防和干预相结合机制

加强大学生心理健康教育，普及心理健康常识，营造良好的校园文化氛围，满足大学生精神和心理需求。坚持新生入学的心理普查和季度的心理排查，建立新生心理健康档案，确定危机预警的范围及对象，强化动态跟踪，因时因地因人进行专门关注与专业教育。只有做好相关基础性工作，做好心理危机的预防工作，才能防患于未然，才能为干预提供强有力的保障。

2. 团队合作，形成三级干预机制

定期对学生干部、班级心理委员进行培训，使心理危机能够及时被发现，才能在干预过程中及时树立第一道屏障，预防危机事件的扩散。辅导员、班主任依据心理档案，筛选高危人群，关注跟踪重点人员，及时排解心理问题，预防危机事件，迅速介入危机事件。心理咨询中心日常开展心理咨询与门诊治疗，密切联系辅导员、班主任，对重点人员进行联动保障，建立起信息通道，当危机事件发生时，能够及时上报领导，启动干预预案，进行有效应对和处置。

3. 调动社会资源，建构有效支持机制

社会资源是预防和应对危机的有效支持。实施心理危机干预时，需以最快速度通知学生家长或监护人，在干预过程中，调动学校保卫部门、公安部门及专科医院等相关资源，保护、勘察、处理现场，防止事态扩散，进行专业治疗等。

4. 跟踪追访，填补危机干预的灰白地带

危急状态是一个连续的过程。因心理问题住院治疗或休学者申请复学需提供三级乙等精神专科医院的相关证明，辅导员、班主任应密切关注该生，定期了解其思想、生活等情况，并提请学校心理咨询中心进行配合辅导。对参与危机干预的学生干部、辅导员等进行团体心理辅导，避免更大范围的急性心理危机出现。

和谐人际　自信人生

郭　蒙*

一、案例简介

小张，男，19 岁，大一学生，父亲是企业工人，母亲是下岗工人，身体状况不佳，长期卧床需护理。来访者自述自己因先天性斜视而时常感到自卑，且自己家庭条件不好，认为所有人看他的眼神都是怪怪的，大家也不愿主动与自己交往。为了和同学成为朋友，他付出了很多，通过为舍友打水、打饭、收拾宿舍、做作业等方式，希望自己的付出能够换来友谊，但却发现大家越来越习惯他的付出，反而把他当作“佣人”来使唤。自己不愿意再付出，认为宿舍的同学都是“白眼狼”，经常瞧不起他、欺负他、排挤他。小张自述自尊心强，他人不愿和他做朋友，自己也不愿再搭理他们。每天的生活都是宿舍、教室、食堂三点一线，大部分时间都是独来独往，但又感到很孤独。学习成绩较好，在班级中属于中上水平，平时愿意帮老师干活，不愿意待在宿舍里。现在唯一的希望就是攒钱做手术，小张自述“只要眼睛好了，大家就愿意和我做朋友了”。

根据来访者的描述和咨询师的观察，发现来访者性格比较内向，话不多，自尊心强，心思细腻敏感，自尊感较低，人际关系不理想。由于长期人际交往不利产生不良情绪行为，主要表现为：一到晚上就爱胡思乱想，不易入睡，几乎每晚做梦；病程一个月左右。

来访者内在世界的重要特点：认为自己对别人好，他人也应该同样对自己

---

* 郭蒙，内蒙古机电职业技术学院，辅导员。

好；认为自己的一切问题就是眼睛的问题，只要做了手术，眼睛正常了，大家就都愿意与他做朋友了；没事做时就会有孤独感，容易胡思乱想。

二、案例分析与解决方案

（一）案例分析

来访者的心理问题主要表现在其人际交往障碍上，影响了其正常学习和生活。来访者歪曲的自我认知使他对评价过分关注，因而时刻担心自己的眼睛受到他人的关注，因而出现了人际交往障碍。针对来访者的心理问题，选用理性情绪法（RET）帮助来访者改变以往的错误认知，改善人际交往。

（二）解决方案

1. 咨询目标

整个咨询过程，通过改变不合理信念而帮助来访者学会控制情绪、改变行为，提升来访者的睡眠状况和人际关系，提高自尊感，增强自信心。

2. 过程方法

（1）积极鼓励，提升自信。在咨询的过程中，发现来访者在班中成绩优异、担任班干部并且同时运营着三个公众号，工作能力较强。为了更好地激发来访者的自信心，便与其共同探讨公众号的运营经验，发现当来访者在聊到自己擅长的方面时十分健谈，表达流畅，神采飞扬，一改往日消沉的状态。之后引导来访者回顾自己的两个状态，让他感受自信的状态。来访者表示这也是为什么他愿意让自己这么辛苦的原因，因为在忙中可以感受到自己的力量。这一步的目的是帮助来访者发现自己的闪光点，并与来访者构建良好的咨访关系。

（2）改变错误的认知方式。来访者的心理困扰主要是由于先天斜视而引起的自卑，来访者之所以会有这样的心理除了自身条件以外还与从小的生活经历有关，他认为别人不主动和自己说话是因为瞧不起自己。加之生活中各种事件的发生，使来访者的错误观念进一步加深。致使其在交友方面十分不自信。

导致来访者产生情绪困扰的诱发事件（A）：是因为宿舍同学换房间壁纸而

没有征求他的意见，而且平日里把他的付出当做理所当然，像佣人一样使唤自己；不合理信念（B1）：来访者认为自己的先天斜视让大家不愿意和他做朋友，认为“颜值即正义”；（B2）糟糕至极：家里穷会被瞧不起；（B3）绝对化要求：自己付出那么多，别人也应该同样为他付出；情绪反应（C）：是入睡困难、多梦；人际交往困难。向来访者解释合理情绪疗法、ABC 理论及其治疗过程，让来访者理解并接受这种治疗方法。

来访者一直错误地认为“颜值即正义”，大家都愿意和长得好的人做朋友。在我们交朋友的时候，外貌可能会影响到第一印象，但我们选择朋友更看重的还是人品和性格，所以要让来访者明白“做自己”的人是最有魅力的人。要学会接受自己的缺陷，人无完人，也许你的工作能力还是他人渴望获得的。

在来访者的认识中，“只要付出就会有回报”，“我都为他们做了那么多了，他们也应该对我好，为我付出”，这种绝对化的要求之所以不合理，是因为每一个客体都有其自身发展的规律，不可能依个人意志为转移，不可能我们的每一次付出都会收获回报，他周围的人和事的表现和发展也不会依他的个人意愿来改变，因此一旦周遭的发展与他的绝对化要求相悖时，来访者就会感到难受和不适应，而极易陷入情绪困惑之中。在第二阶段的咨询过程中主要使用苏格拉底产婆式辩论术和合理情绪想象技术，使求助者认识自己错误信念的不合理之处。帮助来访者找到自己产生不合理信念的原因，并逐渐转变自己的不合理信念。

（3）自我探索，提高交友能力。对前两个阶段的咨询效果进行巩固，进一步帮助求助者纠正认知上存在的偏差，建立合理的行为模式。帮助来访者进行深度的自我探索，进行自我认知训练，一个人只有经常地“向内看”，做到认识自己、了解自己、悦纳自己，才能更好地与他人来往。

人际交往是一门科学，也是一门艺术。构建和谐的人际关系不仅需要科学的交往知识，还需要交往的技能。而对于刚跨入校园的大学生来说，他们还不曾花时间和精力在学习人际交往的知识和技能上，他们的人际交往是本能的、经验性的。对于人际交往的艺术和技巧、人际冲突的原因、应对人际危机的策略知之甚少，所以在咨询的过程中对来访者进行人际交往方法的引导，让来访者学习和体会人际交往的艺术，从而提升交友能力。

3. 结果评价

（1）来访者表述。虽然现在依然会在意他人看自己的眼睛，但较以往更有自信了，不会再认为自己没用，愿意主动参加活动。与室友相处时不再那么敏感、紧张，愿意向室友直接表达自己的心声，不会刻意讨好他们，尽量平等相处（虽然有时还是会受到室友情绪的影响，但感觉交朋友比以往要轻松许多），自己近来容易入睡，偶尔做梦。

（2）咨询师观察。来访者说话时不再总是低着头，交谈时语气也欢快了许多，在最后与来访者交谈时，发现他变得“有话聊了”，不像第一次一样“挤牙膏”式回答，并且愿意在自己遇到困难后寻求咨询师的帮助。

三、经验与启示

（一）咨询技巧

在咨询过程中，通过倾听、共情、无条件地积极关注，可以与来访者建立良好的咨询关系，对后期的心理咨询有很大的帮助。因为每个人都有倾诉的需求，尤其像小张这样性格内向的学生，可以倾诉的渠道较少，所以认真倾听、共情和无条件地积极关注，可以更好地建立咨询师和来访者之间的信任感，与来访者建立良好的咨询关系，在咨询过程中也可以得到小张更好的配合。

通过理性情绪疗法，可以帮助来访者改变以往的错误认识，但在使用此类技术时也要考虑到来访者的受教育程度和感悟能力，小张的受教育水平以及悟性也是咨询取得成效的重要基础。在咨询的最后阶段，要充分调动来访者自身的力量，使其在咨询过程中逐渐占据主导地位，最终实现“自助”的目的，这样才能使咨询效果在日常生活中得到体现和延伸。

（二）宿舍人际关系的重要性

宿舍人际关系作为大学生人际交往的核心构成部分，对大学生身心素质的发展和其社会化过程有着极其重要的影响。但对于刚刚跨入大学校门的大一新生来说，宿舍成员间的差异性成为了不良人际关系产生的主要诱因。他们大多来自不同的地域，不同的家庭，有着不同的经历，在生活习惯、个性特征、人生观、价值观、道德观等方面存在着一些差异。再加之大一新生缺少人际交往技巧，往往按照自己的心理需求选择交往对象，容易出现宿舍小集体，以及宿舍孤立现象。

小张从小的成长经历，使其在与宿舍同学交往的初期就选择了错误的交往方式，使他与宿舍同学之间的交往不对等，造成心理上的不平衡，加之与以往好友的交往减少，无法从其他朋友那里寻求感情的寄托，这种脱离群体的交往使他在宿舍里不受其他人欢迎，为此他痛苦不已。

这也印证了良好的宿舍交往可以使大学生获得归宿感、成就感，以及自我价值感，这对大学生的心理健康以及身心发展起着至关重要的作用，甚至可以成为行动的重要推动力。

倾听你的声音

胡　菠*

一、案例介绍

王某，2017 级学生，男。因自身听力存在严重问题，无法和同学进行交流沟通，同时在日常的学习过程中存在着很大的阻碍。因交流不畅导致与同学的正常相处缺失，和老师的沟通缺失，并且严重影响了学习进度。

二、案例分析与解决方案

（一）案例分析

在接收该学生时，我进行了深入的思考，该如何与王某进行沟通，对于班级的其他同学，应该进行怎样的思想教育。

（二）解决方案

1. 深层次了解和沟通情况

我与该生的家长进行了深入沟通，对王某的情况进行了深入了解。通过沟通

* 胡菠，乌兰察布职业学院商务信息技术系辅导员，助理讲师。

了解到，王某自幼听力严重缺失，一直依靠助听器的帮助，但是效果并不明显。2016 年王某进行了一次人工耳蜗的植入手术，听力情况大为改观。长期的听力缺失，造成王某在听力获得了很大程度的恢复后，仍无法很好地理解他人的话语。还存在认为他人语速快、音量小或者大量交谈时无法理解的问题。而且，王某从小并未就读特殊学校，一直在普通学校就读，不可避免地受到了一些同学的歧视，导致王某心里存在自卑感。

2. 消除班级同学的偏见和鼓励自我融入集体，同时借助医疗帮助其恢复沟通能力

首先，我集中班级中的其他同学说明了王某的情况。并且对同学们进行教育，希望同学们不要存在歧视。同学们都表示，能够理解王某的情况，并且愿意帮助王某。其次，我与王某同寝室的同学进行了谈话，详细地说明了王某的情况。在谈话中我发现，同学们都很热心，都愿意帮助王某，并主动与其沟通交流。并且在军训期间，能够和王某友好相处，在生活的各个方面都很照顾王某。再次，我与王某进行了沟通，希望其能够主动和同学进行交流，以加强自己的沟通和交流能力，并且希望王某在遇到问题和困难时，及时与我联系。因其语言能力不佳，我表示可以通过短信、微信的形式进行沟通，该生表示能够理解我的意思。最后，我与王某的家长再次进行了联系，希望家长在平时与孩子沟通的时候能多鼓励孩子与他人交流，在遇到问题时能够及时和学校联系并进行处理。

在学期初，通过和王某家长沟通，我了解到，王某的情况确实大有改观，在和家长的沟通交流中，王某多次说到寝室的同学很热心，经常陪他说话，而且叫他一起参加各种活动。家长也表示能够感觉到王某的心情很好。

在学期中，家长再次与我进行了沟通，表示王某最近并没有前一阶段那种乐观的心态。通过和王某的交流沟通我了解到，同学们确实能够很好地和他相处，并且对他的日常生活也很关心。但是在交流时存在问题，王某表示无法理解同学们说的话，对于同学们的热情，因为无法理解所以选择了不回应。因此王某觉得和同学的交流并不愉快。同时，同寝室的同学也向我反映，虽然很愿意帮助王某，但是在长期的交流中得不到回应，感觉在做无用功，感觉没有坚持下去的动力。而且，任课老师反应，虽然王某在上课时表现非常好，但是对老师布置的任务不能够很好地理解，有的时候完全不能理解，导致王某的学习进度严重落后于其他同学。针对以上情况，我做出了一些相应的处理措施，但是收效甚微。

在学期末，王某的家长带王某去医院对植入的人工耳蜗进行复查，在复查时

了解到，王某因为植入耳蜗时已经成年，错过了学习语言的最好阶段，遇到此类情况，应该在专业的机构进行听力的恢复训练，以提高理解和沟通的能力。在了解了这一情况后，我与家长进行了交流，商讨后决定让王某在不影响其课程进度的情况下，分阶段去医院进行恢复性治疗，通过专业的治疗来改进沟通不善的问题。

通过一段时间的专业性治疗恢复，王某的理解能力有了很大的改观，而且愿意主动和他人进行交流。我曾与王某发微信聊天，询问其在医院的情况。虽然在对我进行回复时王某的语句都很短，而且有很多地方言不达意，但是相较之前完全不愿意和其他人交流沟通的情况来说已经有了很大的改观。并且在医院进行恢复的同时王某没有放松学习进度，进行了独立的学习。王某的家长表示，王某在与其沟通时说，希望能够尽快地好起来，能够尽快地回到同学们当中。

三、经验与启示

在遇到自身有缺陷的同学时不要排斥，不要觉得难，做好以下几个方面就能够很好地处理这些问题。

（一）多与学生的家长进行交流沟通

在遇到有缺陷的学生时，首先要详细地了解学生的情况，最好的渠道就是和家长进行沟通。而且，加强和家长的沟通，能够随时让家长了解学生的情况，相互协商、协调进行好学生的教育工作。

（二）做好其他同学的工作

要强化其他学生的认识，对有特殊情况的同学不要存在歧视，不要开不合适的玩笑。在日常的相处中尽量保持平等的状态，加强交流和沟通。

（三）做好学生本人的思想工作

让学生能够了解到老师及同学的想法，对于别人的帮助，要乐于接受。同时，不要存在自卑心理，保持一个良好的心态是建立和其他人的交流沟通的很好渠道。

见微知著　以诚养心

胡晓燕*

一、案例简介

小 E，女，22 岁，某院大三学生。该生为领养，家中有一个 15 岁的妹妹，为养父母所生。小 E 与养父、妹妹的感情较为亲厚，与养母关系疏远。小 E 家境贫寒，养父在工地打工，养母务农，妹妹在家乡读初中，家庭收入仅够维持姐妹俩的学费及家里最基本的日常开销。大二下学期时，小 E 与高中男友分手，分手后，她辞去班级心理委员的职务，本人个性从开朗活泼，变得比较敏感，不太合群。并且小 E 经常唉声叹气，多次提到“人活着真麻烦，不如一死了之”之类的话语。2012 年 4 月 10 日早晨，小 E 神情恍惚地坐在学生宿舍楼五楼的窗户外面，后因公寓管理人员及时发现，赶到宿舍，好言相劝，将其扶离窗台，搀回宿舍。

二、案例分析处理

（一）案例分析

小 E 遇到情感挫折和经济压力，并出现了焦虑、抑郁、不安等情绪，持续 2

* 胡晓燕，内蒙古农业大学动物科学学院团总支副书记，助理研究员。

周以上。突然辞去心理委员，性情转变，出现“不如一死了之”的话语和想法，并欲实施自杀行为。心理与行为出现严重异常表现，故被确定为严重的心理危机干预对象，拟从学校、家庭、社会这三个支持系统来统筹协调解决问题。

（二）处理方法

（1）危机事件发生后，我第一时间赶到学校，安抚小 E 的情绪，并向学院领导汇报事发经过及最新情况，经批示后向校心理辅导中心作全面汇报。

（2）联系其班主任、班级心理委员、宿舍成员，多方面了解情况，为下一步专业心理老师的评估及咨询工作提供更多参考信息。我们了解到，小 E 对养父有着深深的依赖感，但却因为养母对自己的冷漠而对这个家庭存在着隔阂。无亲生父母、家庭贫困、与男友分手等问题的日积月累，让她自卑、敏感的心灵不堪重负，濒临崩溃。

（3）在咨询室进行心理危机评估。通过与心理老师的咨询谈话，小 E 的情绪逐步稳定，老师的尊重与聆听，使她敞开心扉，倾诉了心中的苦闷。

（4）事发后经校院两级协商，第一时间联系小 E 养父，说明事情的缘由，在养父赶到学校之前，专门安排平时与小 E 关系好的同学陪她聊天、散心，缓解她的压抑情绪，同时防止再发生其他意外。

（5）与家长会谈，告知学生情况，并为家长提供一些与学生有效沟通的方式。让其在养父的陪同下回家乡休息一段时间，并且提醒其养父在这段时间里一定要细心留意小 E 的一举一动，最好劝说其养母也多给小 E 一些关爱，让小 E 不要对家庭有排斥。在小 E 回家的时间里，单独约见其宿舍同学、班级主要学生干部等，提醒大家不要随意传播、议论此次事件，应该在小 E 返校后给予她更多的关心与帮助，让她感受到大家的温暖，齐心协力帮她重树信心、渡过难关。

（6）小 E 返校后，我多次、定期与小 E 谈心谈话，站在她的角度真正地替她考虑，引用自己经历的事例去引导她面对眼前的困难，让她明白人生的坎坷与不如意只是暂时的，有信心、有勇气，才会迎来曙光，还要深深体会养父多年来的不易和对其倾注的心血，不是生父却胜似生父，应该心存感恩，让自己坚强快乐起来，顺利毕业，找一份好工作，去报答养父的养育之恩。

（三）处理结果

小 E 的情况逐渐好转，2012 年 7 月，安排她参加学院组织的企业实习实践队，因表现良好被授予荣誉证书。2013 年 4 月、5 月，小 E 在西安市一家国内知名企业实习，一切正常；2013 年 6 月，小 E 实习返校，状态良好，并与该知名企业签订就业协议；2013 年 7 月，小 E 顺利毕业。

三、工作思考与建议

（一）多留意特殊家庭及家庭困难的学生

日常工作中应多留意特殊家庭以及家庭困难的学生，多了解这类学生的家庭环境、成长经历、日常言行等，多深入到学生之中，多与他们谈心谈话，多关注他们不同寻常的突然变化，全方位、多渠道地去了解情况，不能抱着侥幸心理，不深究、装糊涂、走马观花。

（二）多加大勤、奖、助、免等措施力度

有效帮助这些特殊特困家庭的学生，鼓励他们多参加校内外各类活动，走出自己的小世界，融入宿舍、班级、学院、学校这些大家庭，有困难一定要及时与老师沟通，放下心理负担，不硬撑，不自暴自弃，学会一些自我保健和自我调节的方法。

（三）多发挥班委、学生干部等群众力量

多发挥群众的力量，在班级里、宿舍里，大家应该互相关心、互相帮助，班级干部、宿舍长应该多留意自己身边这些来自特殊特困家庭的同学，在他们遇到突发事件或因某些事情被长期困扰时，我们的学生干部应该有一定的敏锐性，早发现、早报告，及早杜绝一些不良事件的发生。

换位思考解锁叛逆情绪

梁 雯*

一、案例简介

洋洋，18 岁，五年制高职三年级，性格开朗，敢说敢当，在班级里有一定的号召力和影响力。在一次宿舍检查中，班主任发现洋洋所在的宿舍地面上至少有 5 根烟头，本是好几个同学在午休时一起吸烟留下的现场，却被洋洋一个人“扛”了下来，他肆意地向门外扫着烟头，一片横扫之后将扫帚用力往地上一扔，打开一包烟抽出一根当着老师和同学的面大口地吸起来，并且拨通妈妈的电话要求退学，理由就是学校管得太严格，此时，扬起的烟灰夹杂着灰尘弥漫在整个屋内，师生争执激烈，气氛十分紧张。

二、案例分析与解决方案

（一）案例分析

针对当时师生矛盾突出，关系紧张的情形，运用换位思考的方法，班主任先适当回避，待双方冷静后，再对其进行疏导，从理解其逆反情绪入手，将学生与

* 梁雯，包头铁道职业技术学院班主任，讲师。

班主任的对抗转化为成长的力量。

（二）解决方案

（1）理解叛逆，尽情宣泄。班主任首先要理解这个年龄段学生的叛逆情绪，对于他们做出的具有个性的，甚至是过激的行为，应先接受，然后再慢慢进行引导，最后给出正确策略供学生参考、选择。所以，在争执过程中，无论学生做出怎样的顶撞行为，教师都要先理解，可以选择点头与提问的方式，鼓励他尽情地说出自己对于这件事情的看法，进一步引导他说出以前不敢对老师说的“抱怨”，将“负面情绪”尽可能多地一次性全部展示出来。这一步要运用心理与认知技巧，教师可以佯装出对学生表现极不满意，在掌控范围内适当“激化矛盾”，当感觉学生叛逆情绪充分发挥后，教师从刚才扮演角色中跳出来，将矛盾终止。

（2）适时回避，恢复冷静。在这件事情上，教师和学生所处的立场不同，如果一味只就问题进行对话，那矛盾只会愈演愈烈。因此找出问题发生的“基点”，有效解决问题，就显得尤为重要。在洋洋想要联系母亲要求退学时，班主任要懂得制怒，立刻抢下电话，缩小事件的影响范围，并且可适时回避。通过找系里学管老师出面调解，让学生不与班主任直接对话，而是向与事件无关的另一个老师倾诉，有助于班主任冷静思考对策，更有助于学生再一次厘清事件缘由，尽快恢复平静。通过运用教育机制和教育策略，引导、转移学生的叛逆情绪，巧妙地化解师生冲突。

（3）换位思考、达成共识。经过第二步，洋洋的情绪已经趋于平静，班主任能够与其进行深入沟通。接下来就可以从两个方面进行深入引导：一是叛逆情绪方面，二是个人能力方面。班主任要主动表达对学生做出以上过激反应的理解，适当分享自己在叛逆期时的故事，或见到的类似事例，从认知程度上让学生产生“原来老师和我一样”的想法，拉近师生距离。紧接着顺势过渡到认可学生，从生活、学习等方面给予学生一些表扬与肯定，比如在班级、宿舍的影响力非常强等，通过一些积极的暗示技巧，让学生从把自己归为“坏孩子”的潜意识转变为“原来我做的许多好事情，老师也是看得到的”，把叛逆时期不易控制的脾气转化为前进的力量，用学习及责任心来弥补这次违规事件造成的不良后果。

（三）处理结果

班主任做出的决定是：没有给洋洋处分，并且就刚才的态度向洋洋道歉。洋洋吸取了经验教训，开始认真努力学习，积极参加班内各项活动，能够主动帮助班干部管理班级，关心同学，再未出现过违反学校纪律的事情。

三、经验与启示

（一）换位思考

其实很多矛盾最好的解决办法就是换位思考。在双方僵持不下的时候，如果其中一方可以主动按下暂停键，终止矛盾向前推进，那问题总会有更佳的解决方案。在停下来的这短暂的时间中，双方互换位置，以对方的身份来看待、分析整个事件。在这个案例中，班主任想到的是：平时非常懂事也很尊重她的洋洋为何在这件事儿上完全像另一个人？是不是他遇到了什么事情？或许他觉得我当着那么多同学面抓了他个现行，觉得自己很没面子，所以只能硬着来？诸如此类的反问。在洋洋拿起电话要拨打的瞬间，班主任抢过电话，压断，如此反复了四五次，因为这个电话只要拨通，洋洋的家长就会担心，更坏的是万一他就此退学了呢？而且，洋洋家境一般，如果他真的退学了，未来的工作得不到保障，那班主任一定会深感内疚。如果当时班主任的态度不那么坚决，语气也不那么生硬，让他从开始不那么抵触的话，或许这件事根本不会发展至此。事后，洋洋和班主任说，他从来没见过这样的老师，被学生气哭后反而为学生着想。行动证明了这个解决方案是可行的，洋洋所在宿舍从之前的“问题”宿舍转变成为了标准宿舍；班里开主题班会他都亲自去找班长和团支书领任务，从“与我无关”到“大力配合”；再也没有挂科，成绩全部合格等。

将心比心、设身处地是达成理解不可缺少的心理机制。它客观上要求我们将自己的内心世界，如情感体验、思维方式等与对方联系起来，站在对方的立场上体验和思考问题，从而与对方在情感上得到沟通，为增进理解奠定基础。它既是一种理解，也是一种关爱。

（二）教导大学生正确认识叛逆期，学会控制自己的情绪

虽然叛逆心理是一种非健康的心理状态，但却是自我意义萌芽走向独立欲望的一个必然发展阶段，主要表现为，为了表现自己的独特性，就对任何事物都持批判态度，做事情总喜欢和他人对着干，情绪也容易波动。引导学生正确认识叛逆期，陪同他们一起度过，带领他们主动尝试控制情绪，这些直接关系到他们今后的生活质量、人格发展、学业进步和人生幸福。

（1）尊重学生。学生是经常会犯错误，但可以教育好且不断成长的人。只有当教师有了这样观念的时候，才能客观地将学生当作是一个独立有尊严的个体。在日常工作中要注重学生的情感、心态、兴趣、性格和认知上的差异，要重视学生作为人的地位和尊严。

（2）民主管理。教师越是专制强势，学生就越是叛逆反抗。教师应在平时班级管理工作中建立平等民主的师生关系。禁止学生做的，教师首先要做到，多走进学生，去倾听学生的心声，缩短二者之间的距离。

（3）允许犯错。失败乃成功之母，不能容忍学生犯小错，可能有一天学生就会犯大错。不给学生从失败中总结经验的机会，可能学生就失去了独立思考的能力。教师应该有一个包容和理解的态度，允许学生犯错，引导他分析利弊，找出根源，鼓励他解决问题，让学生从中得到经验和智慧，这样错误就成了学生的一项财富。

（4）学会调节情绪。管理情绪并不是压抑消极情绪，而是用方法和策略去调节情绪。鼓励学生锻炼身体，让身体健康起来。引导学生接纳负面情绪，比如不必因想家而感到羞耻，为触怒你的人生气感到不应该等，要容许这些自然情绪的存在，重要的是可以以适当的方式宣泄出来，如读小说、看电影、哭一场，或者找朋友谈心诉说，把注意力转移到其他丰富多彩的生活中。平时要主动寻找"正能量"，为生活注入更多的积极情绪。遇到不如意、不愉快的事情，可以通过转移注意力去做另外一件事情，学会让自己放松，享受快乐的生活。

春风化雨滋润迷惘的青春

康　勇*

一、案例概述

关俊辰，1994 年 11 月 6 日出生，是化学工程系 2015 级煤炭深加工与利用专业的一名男生。2015 年，其父生意失败破产后，经常与其母亲发生争执口角，最终导致离婚。父母离异，家庭破裂，对他的影响特别大，2015 年 9 月入学后，较为孤僻，平时不参加班级的各项活动，经常迟到、旷课，对学习没有兴趣，抱着混日子的态度，沉迷于网络游戏并时有酗酒的表现，对个人未来的发展没有明确的方向和目标，一度要求辍学。

二、案例分析与解决方案

（一）案例分析

该生家庭因父母离异，致使其在情绪、情感上发生了较大的变化，在父母离异的过程中和离异后，表现出孤僻、易怒、极端、不相信人等情绪，这些情绪行为和性格表现直接影响到他与周围的同学、朋友、师长的交往。同时由于离异家

---

* 康勇，内蒙古化工职业学院化学工程系学工办辅导员。

庭这一阴影，致使他丧失了部分生活和学习上的信心，而在行为上表现出较多的叛逆表现，与家长产生了强烈的对抗情绪。该生的表现属于典型的家庭亲情缺失导致的性格情绪失调。

（二）解决方案

针对该生这种情况，应先采用亲情感化疗法，转变其对父母离异的错误认识，再以个人生涯规划的目标确立来规导其选择明确的个人发展规划，摆脱家庭破裂对他的影响，重新建立起对未来和前途的信心。

1. 联系家长，共同干预，积极引导

了解到该生的这些情况后，我首先与其父母分别进行电话沟通和约谈，建议其家长多与孩子沟通，给予该生更多的关注。该生父母离异之后均未再婚，其父由于经济原因无法抚养孩子，该生与母亲一起生活；其母在离异后，生活压力和心理压力都比较大，因此对于该生的关注和教育都有所缺失，很多时候更加迁就孩子，凡事都任由孩子。其结果反而导致该生事事以自我为中心，任性又缺乏同情心和责任感，不懂得尊重他人。

在与该生父母沟通交流的过程中，我建议：以就事论事的坦诚态度，对该生表里一致地进行交流是比较恰当的教育方式。要让他感受到父母离婚是父母双方内部的事情，即使父母离婚了，父母依旧是爱他的，不要让他认为父母离了婚，就欠了他的，并利用父母的愧疚。单纯地打电话问候，或者物质经济的给予，根本不能让他真正感觉到关爱，应当采取更积极的态度让他认识到父母离异的原因，主要是不想影响到他，希望给他一个更好的成长空间。

该生父母最终采纳了我的建议：首先，双方一起与该生进行了深入的谈话，让他理智地认识到父母离异并不是针对他的；其次，多花时间与孩子接触，制定与孩子相处的“作息表”，让他感受父母的关爱是真实的；最后，定期把与孩子接触后的感触和关注的问题跟我进行交流反馈，以便我制定相应的心理疏导方案。经过这一阶段的工作，该生的心理发生了一定的转变，能够正视父母离异的现实，开始对自己的未来发展进行设想。

2. 转移情绪重心，建立群体意识

在该生与家庭、父母关系得到缓和的基础上，顺势而为，进而帮助他树立群体意识的观念，鼓励他回到班级集体中，以积极的生活态度和勇气，面对现实，面对身边的老师、同学和朋友。

在这一阶段，我以临时家长的身份，在经济上给予他帮助：免除班费等班级活动费用、申请助学金、定期为其购买生活日用品、介绍假期勤工俭学途径等；另外，在生活上多方给予他照顾关怀：手把手地教他宿舍的个人内务卫生如何整理，直至达标，以便更好地感受宿舍的集体氛围；利用周末和假期等休息时间带他和其他同学到家中作客，一起包饺子、用餐、聊天，以感受师生共同生活的快乐；在他过生日时，联合班级同学们为其送上蛋糕，共同庆祝，以感受班级集体的温暖；在巡视宿舍、午休、午餐等时间和他谈心聊天，耐心开导，并在班级举办“端午”“中秋”“感恩”等主题班会和团日活动时，安排他参加特定的环节，让他和同学们共同参与，感受集体的重要意义，逐渐接受他人、接受集体，让他自然而然地融入到集体中；在学习上严格要求指导，鼓励他参加英语、计算机的培训，以及“互联网＋”和“挑战杯”等创新创业竞赛，并为他找来各类相关资料，指导帮助他学习。通过一段时间的努力，该生的学习态度也有了较大的转变，2016 学年，该生在班级的综合测评排名中名列第十。

在他和我的主动交流中我发现，该生已经能够正确理解家庭的问题，以及父母离异的现实，并且表示能够坦然面对。利用群体的力量来围绕感化他，注意倾诉的内容重点，从而有针对性地解决问题是此阶段的重要手段，该生在走出家庭影响的阴影后，开始逐渐接纳身边的人和物，将生活的重心投放到对未来的探索和追求中。

3. 借势引导，重叠鼓励，培养自信自立

经过了以上两个阶段，该生对自我的未来发展开始有了更进一步的感性认识，在学习和生活中都有了不同程度的进步。2016 学年，分别通过了英语三级和计算机二级等级考试，并在“互联网＋”和“挑战杯”创新创业竞赛中取得了成绩，自主学习的能力逐渐提高。他的这些点滴进步和提高，我都通过电话或微信及时通报给其家长，该生在收到家长的鼓励和祝贺电话后，了解到了老师对其的重视和良苦用心，也感受到了家庭对自己的及时关注，情感的触动和学习的劲头都与日俱增，各个方面也都迎头赶上。2017 年，在班级综合测评评比中名列第一，并获得了“三好学生”的称号。

这一阶段，该生的变化在于与大家的沟通过程中，感受到了家人、老师和同学们无时无刻的鼓励与及时帮助，更多地体会到成功和自信都取决于自身真正意义上的努力，开朗、乐观、积极的人生态度正是其中的关键，健康、高尚、坚强的人格修养才能适应社会生活的需要。

（三）结果评价

关俊辰的情况已经基本好转，性格开朗，情绪稳定，与父母、师长、同学们的交流自然坦诚，日常表现健康乐观、积极向上。2017 年底，在“专升本”选拔考试中，以优异的成绩被内蒙古工业大学录取，实现了人生的逆袭。曾经因家庭亲情缺失导致的性格情绪失调，现已完全恢复正常。

三、经验与启示

（一）“爱”是帮助学生根本的基石

在教育、管理、帮助和引导学生的过程中，“爱”是最根本的基础，即使在批评的时候，也要让他能感受到“爱”。要和他们站在同一地平线上，平等地相处，坦诚相待，构架起信任理解的桥梁，用真情去打动学生，用实意去感化学生，使学生从我们身上获得爱的温暖，树立起自强进取、战胜困难的信心。这应该是所有学生工作人员应具备的基本素质。

（二）细腻地捕捉学生反映的情况

在进行心理咨询和干预中，要有全面的准备，与学生换位思考，全面细腻地了解缘由，要使学生一方面彻底释放情绪和思想，另一方面又有迫切得到答案的需求，这就需要我们注重沟通和理解的技巧，有效地抓住细节，在学生点滴细微的言谈举止中捕捉微妙的反映变化，以此为中心，进而采取有效的措施。

（三）策略与方法

离异家庭学生的问题是多方面、多层次的，不同的情况变故，对学生的影响和刺激是不同的，而延伸出来的心理障碍，也是各不相同的，但都是影响学生健康成长的根源。因此，离异家庭学生问题的解决，首先要从了解情况入手，根据不同变故，分析孩子出现的心理障碍，根据不同的心理特点，进行不同的疏导，使他们具有健全的心态，正确面对现实。这在短期内是不能奏效的，必然有一定

的过程。

（1）把握时机切入，寻找思想和心理上的共同点。离异家庭学生的重要关节基本是：寻求家庭的温暖，寻求成功和收获，寻求别人的理解同情等。只要适时把握住时机，切入学生的寻求重点，针对学生的心理特点，了解他们的思想状况、成长经历和过去、家庭情况和周围的环境，选择和运用最适合的方法和手段，在最有效、最易发生作用的时间段对学生进行教育，并予以拓展，就能取得良好的教育效果。

（2）发现闪光点，予以肯定并放大。离异家庭的学生也有个人的长处和优点，要发现并予以肯定、鼓励，但也许只是一点点，但也能有效地打消他们的自卑和不安。对离异家庭的学生更应多一点鼓励，少一点批判，多一点温暖，少一点偏见。要善于发现他们的优点，并及时地予以肯定。

（3）共情、倾听、换位思考，以共同点面对问题。兴趣是成功的基础和前提条件，只有充分展示自己的兴趣、特长，才能培养和树立顽强的自信心。离异家庭的学生一般都孤僻、极端、不信任人，不易表现兴趣所在。如果不能及时发现并予以发展，将会失去难得的教育转化机会。因此，要善于倾听、发现并及时引导学生的兴趣，适时地把这一兴趣转移到有利于身心发展的轨道上，产生良好的教育效果。

（4）多种渠道的教育引导，是学生健康成长不可忽视的环节。家庭教育是学生管理的延伸。父母离异使学生的心灵受到了极大的创伤，容易造成学生对家庭的不信任，因此，对这样家庭的学生进行管理教育，不能单纯指望得到家庭的较大帮助，而应该注意定期跟学生家长保持联系，了解学生的家庭表现、生活习惯、作息规律等，更真实地了解学生的客观问题，从多方面分析，找出原因，共同协作进行帮教，爱和管教适当结合，通过家校联系，使孩子在温情中不断发生转变，产生良好的“互补效应”。

走出情绪阴霾　拥抱美好生活

李　靖*

一、案例简介

求助者马某，男，20 岁，未婚，某高职院校三年级学生，身高 1.83 米，帅气健硕，性格外向，为人真诚，在班级有威信，人缘好。在家里排行老小，有两个姐姐，父母是中学教师，家庭关系融洽。

主诉近一周寝食难安，觉得自己拒绝洪某求爱导致其消极颓丧。洪某是比其低一级的同学，因为参加社团活动而结识，关系较好。近期的一次社团外出活动后大家聚会，洪某喝多了，表示暗恋马某很久，希望能建立恋爱关系。马某拒绝了。洪某非常激动、气愤，并痛哭。此后，爱说爱笑的洪某如同变了一个人，逃课，成天待在宿舍以泪洗面，甚至学会了抽烟，学习成绩一路下滑。

马某很矛盾，如果不理洪某，原来是很好的朋友和搭档，双方都很别扭；如果像什么都没发生一样和洪某来往，或许会让洪某误认为马某接受了她的求爱表白。社团的同学也在议论马某，说他玩弄洪某的感情。听到这样的议论马某内心感到非常憋屈，连续几天都睡不好觉。参加组织社团活动的时候，常有心神不宁的感觉，担心遇到洪某，同时也怕同学们继续议论、指责自己，马某内心也感觉对洪某的现状负有不可推卸的责任，觉得是自己导致了她的消沉。

* 李靖，包轻院大学生心理健康教育指导中心心理咨询师，讲师。

二、案例分析与解决方案

（一）案例分析

针对来访者的情况，运用合理情绪疗法，制定具体目标与近期目标：一是帮助求助者面对现实，降低情绪反应，改善睡眠。二是帮助该求助者厘清思路，重新认识拒绝他人的求爱、他人的消极颓丧、自己内疚之间的关系，并能够正确处理；最终目标与长期目标：学会正确的思维方法，构建合理的认知模式，客观看待自己的社会责任，提高社会适应能力，促进其心理健康。

（二）解决方案

1. 理论依据

（1）咨询方法：合理情绪疗法。

（2）咨询原理：合理情绪理论又称为 ABC 理论，由美国临床心理学家艾利斯提出。合理情绪理论认为，在人们情绪的过程中有三个重要的因素，诱发情绪发生的事件、人们对诱发事件所持的相应的信念、态度、解释和由此引发的人们的情绪和行为的结果。因此合理情绪理论又简称 ABC 理论。合理情绪理论认为，对事件正确的认识一般会导致适当的行为和情绪反应，而错误的认知往往是导致一个人产生不良情绪的直接原因。

在本案例中，表面上看起来似乎是由于马某拒绝他人的求爱，使他人消极颓丧，从而引起了马某产生了焦虑、痛苦、紧张、内疚的情绪。事实上，真正的原因是求助者的错误观念。如“我对于她的颓废负有不可推卸的责任”导致了他的自责、内疚与不安。因此，运用合理情绪疗法，可以改变求助者马某对于这件事的不正确思维，从而减少他的焦虑情绪以及对社会功能的影响。

2. 过程方法

咨询过程划分为三个阶段：诊断评估与咨询关系建立阶段、心理咨询阶段、结束与巩固阶段。

具体咨询过程，共 6 次：

第一阶段：诊断评估与咨询关系建立阶段。（第1次）

方法：摄入性会谈法

目的与过程：

（1）建立良好的咨询关系：通过认真、有礼貌的倾听与询问使双方彼此了解，建立信任。向求助者说明心理咨询的性质、确保求助者了解心理咨询的目的、过程与可能取得的效果。说明求助者的权利与义务，与求助者协商确立咨询方式。经协商，最终确定适用合理情绪疗法。

运用摄入性访谈，收集求助者问题的主要信息：该求助者是大学生，了解他的既往史，包括童年成长环境，其个性发展的社会背景，询问近期对其最有影响的事件，以及他对事件的认识及其感受。

（2）确认求助者改变意愿：根据对摄入性谈话的分析，将基本分析反馈给求助者，确认其改变的意愿。该求助者表示自己很焦虑，希望尽快改变现状。

第二阶段：进行心理咨询阶段。（第2～5次）

目的：

（1）帮助患者认识思维活动与情感行为之间的联系。

（2）帮助求助者认识错误的思想，即自己拒绝洪某导致洪某消极颓丧的思维是不正确的。

（3）改变错误的思维或信念。

（4）引导积极的自我对话，目的在于通过行为模式的转变，改变错误的思维模式，建立正确的思维模式。

方法：

（1）合理情绪疗法。

（2）想象、质疑性提问和真实性验证。

（3）提问、自我审查技术、行为技术，用现实的、理性的信念替代错误的信念。

（4）建立积极认知，通过积极的自我暗示，认知重建和行为矫正技术等方法，让求助者每天寻找积极、快乐的情绪体验和自己的优点，记录下来，起到强化作用。

过程：

（1）咨询者对合理情绪疗法做基本介绍，在咨询师的引导下，使用讲解+讨论的方式进行；让求助者马某弄明白其焦虑的情绪是由错误的思维引起。通过

想象的方法，让马某想象洪某可能向其他人求爱，也可能被其他人拒绝。通过咨询师提问的方式，让马某理清自己的思路，引导马某自己分析在近期发生的“拒绝同学的求爱”过程中，哪些是自己的情绪反应，哪些是自己的思维，两者之间的关系。

（2）咨询师提问，引导马某用自我审查的技术分析这一事件中不合理的错误思维，启发他提出相应的积极想法。以此类推，逐条分析。

（3）找出自己的优点，记录下来，并读出来；记录快乐的情绪体验。

成果：

（1）通过分析，马某认识到，自己的情绪反应是担心，自己的思维是认为自己对洪某的消极颓丧负有责任。马某初步认识到是自己的想法导致了自己的情绪反应，而不是洪某的行为或者自己拒绝洪某的行为导致了自己的情绪反应。

（2）通过咨询师提问，马某使用想象和真实性验证技术，认识到自己的思维是毫无根据的。根据认知治疗理论，错位的思维往往来自主观臆断、非此即彼、乱贴标签、过分夸大、过度概括等认知。这种认知常常以自动化思维的方式出现，不易被人意识到。咨询师通过分析与引导，让马某认识到自己的错位思维是源于乱贴标签，将与自己无关的事联系到自己身上。

（3）马某培养了寻找积极想法的意识，并学会了寻找快乐情绪体验和优点的方法。

第三阶段：结束巩固。（第6次）

目的：确认咨询结果，总结整个心理咨询过程。

过程：做全面总结，通过家庭作业分析确认求助者是否学会了对生活事件形成正确的思维、改善不良情绪，完善求助者的个性，并鼓励求助者有意识地用积极方式应对，提高其社会适应能力。

3. 结果评价

（1）求助者的评估：经过几次咨询，“我知道我应该怎么做了，并且我感觉情绪基本平静下来了”。“上课的时候，我能把注意力放在学习上了，不再关注别人对我的态度。”失眠问题基本消除了，又恢复了以前那个开朗的自己。

（2）咨询者评估：根据对求助者马某的回访和跟踪，发现咨询已经基本达到预期目标，求助者情绪稳定，掌握了矫正不合理思维的方法，努力地积极思维，改变了错误认知，建立了合理信念。能够以正常心态投入到学习生活中，和同学相处融洽。咨询的近期目标基本达到，咨询过程完整。

三、经验与启示

（一）在咨询的过程中，我也从中受益匪浅，与学生共同成长

心理咨询能否帮助来访学生摆脱心理困扰，促进其健康成长，是否有良好的咨询效果，心理咨询的理论和技术固然重要，但是我认为更重要的是，心理咨询老师要有爱心、诚心、热心、耐心、细心，走入学生的内心，去帮助每一位需要帮助的同学，促进学生健康成长。

（二）在咨询中领悟到的两点

（1）平等性：建立平等信赖的关系，是咨询取得成效的前提和基础，在学校开展心理咨询时，把握这一点尤为重要，因为学校普遍存在教育者与被教育者的既定关系模式，咨询师实际上可能处在教育者的角色，而来访者则可能是被教育者，从而带有某种不平等的意味，因此在学校的心理咨询过程中，咨询双方都应积极调整心态，以解决好角色转换问题，这里所说的平等，并不是形式上的，而是一种平等相待的态度。

（2）发展性：是指在咨询过程中，咨询师要以发展的观点来看待来访者的问题。不仅要在问题分析和本质把握时，善于用发展的眼光做动态考察，而且在对问题的解决和对咨询结果的预测上，也应如此。学生的问题大多处在发展变化中，咨询双方都不应把问题看死了。

一切都是最好的安排

李　敏*

一、案例概述

一个正值青春年华的大学生，内心本应该充满阳光和希望，但是她的生活却暗淡无光，因为她特殊的童年经历和恋爱经历，使她产生了轻生的想法。

佳佳（化名），21 岁，教育科学学院 × 级 × 专业学生。由于恋爱失败，产生轻生想法，并留下遗书，后被同学及时发现，上报学院，学院及时出面干预，防止了恶性事件的发生。之后该生办理休学手续，回家接受心理治疗。2015 年 9 月，该生心理状态恢复良好，提出复学请求，学院考虑该生的长远发展，决定同意其复学请求。为了该生更好地在学校生活和学习，真正走出心理创伤，学院各级领导启动学院心理危机干预机制，选派心理学教师一对一进行心理帮扶，密切关注该生心理变化情况，发现问题及时解决。

该生在复学期间情绪出现波动。其童年时期与父亲关系不好，自己由于生病导致头发不能正常生长，而母亲也将对父亲的怨恨发泄在孩子身上，说该生不长头发是父亲殴打造成的。该生一直佩戴假发，也非常在意别人对她头发的看法。由于复学后需要进入低年级班级学习，需要重新适应新的班级和同学，加上有个别同学对她自杀的事情指指点点，导致该生出现了复学适应不良和人际关系敏感。

* 李敏，内蒙古民族大学教育科学学院，副教授。

二、案例分析及解决方案

（一）理论依据

该生经历了人生的第一场恋爱，最后以失败告终，童年缺乏安全感可能使该生更加看重这份感情，而正是由于过于看重，才更容易受到感情的伤害。复学后需要重新适应新的环境，缺乏安全感和没有正确的应对方式，极易造成人际关系敏感。在结对帮扶过程中，主要依据心理咨询的基本原理，即尊重、共情、真诚、接纳。

（二）过程方法

2015 年 9 月开学初，我接到学院裴书记的电话，要我到办公室商谈一位因恋爱问题而产生轻生念头的学生的问题。听过书记的详细介绍后，我认识到事情的重要性。由于初次与该生接触，担心与学生见面后，学生对心理咨询师产生阻抗，隐藏问题，所以初次见面时，我们只进行了简单的谈话，对双方有了初步了解，并互相留下联系方式，以便我及时关注该生的思想动态。在接触过程中，作为咨询师要尊重学生的隐私，她不愿意说的，我不强加询问，我更多的是投入地倾听和对学生做积极回应。

在整理、记录该生资料过程中，我发现，该生在遗书中提及了很多帮助过她的人，言语间充满了不舍和愧疚，每一页都写了好多的“对不起”，这说明该生是一个懂得感恩和充满责任感的人。在接下来的干预过程中，我充分利用这一点，让该生感受到同学、老师、学院领导对她的关爱。在后期接触中我曾经问她，你怎么看待你当年轻生的做法，她说“太幼稚了”，自己再不会那么做了。听到这样的话，我悬着的一颗心终于有些放下了，但是由于该生有过心理创伤，并实施过自杀行为，我仍然时刻保持警惕。

2015 年 10 月 8 日，她在微信中问我，“老师，您发现我戴假发了吗?”被她问得一愣，我还真没有看出来，也如实回答了她的问题。她告诉我，由于小时候生病的关系，自己不长头发，小的时候没太在意，随着年龄的增长，女孩子变得敏感起来，开始追问家长为什么自己没有头发。妈妈说是爸爸打的，这个敷衍的谎言让孩子产生了对父亲的仇恨。对于同学们的疑问，她总是显得很回避，有时会很生气。她问我怎么办？我告诉她，当你回避一件事时，说明这件事是你的敏感问题，越是回避，越容易变成自己的情结，我认为最好的办法是暴露，暴露的过程就是面对的过程，就是接纳的过程。当自己接纳自己的不完美，不愉快，才能真正变成一个平淡真实的自己。我建议她，当有同学问起你为何没头发时，你不妨告诉他，对呀，你眼睛挺厉害呢，就是假发，我身体不太好，头发长得也不好，看了好多医生也不管用，你有好的方法吗？这时同学们一般不会再追问，她说她懂了。一星期后，她告诉我，我的办法挺好用，自己不那么在意了，同学都知道了，也就没有人再问了。这个问题就这样解决了。

为了更好地辅导该生，并不对该生造成心理压力，我以本科生指导教师的名义在指导专业规划的同时对她进行心理干预，并及时留意该生微信朋友圈的空间动态。2015 年 11 月 23 日，我询问她的学习情况，她告诉我，自己最近忙着上考研课，针对自己据考的学校，存在一些选择冲突，陕西师范大学和山西师范大学不知道选哪一个，对专硕和学硕也有些犹豫。我了解了她的实际想法后给她的建议是看专业，她想回山西师大当老师，看来对自己有很好的规划。

对于在学习和生活中产生的负面情绪，我建议她以写日记的方式进行宣泄。写日记是一种很好的方式，它能够记录人的欢喜、忧愁，当情绪在文字中宣泄出来时，压力也就随之释放了。我告诉她具体记录的要点：一是发生了什么事，把事情描述清楚；二是自己的感受如何，这个部分最重要，这件不好的事是怎么产生的，是别人的问题还是自己的问题；三是我要怎么做，或者希望别人怎么做，这样更能提升自己，并且良好沟通。

在我看来，能接纳自己的创伤，树立明确的发展目标，并一步一步地坚持做下去，这本身就是一个治愈过程。以上列举了干预过程中的几个典型的事件，在这期间，学院领导对我进行督导，定期关注干预状态，这对我的工作起到了积极的监督和促进作用。

2016 年 1 月 25 日晚，佳佳（化名）给我发来微信，问我："如果还是有同学拿我想自杀的经历讥讽我，怎么办？是她嫉妒我变好了？还是什么心理呢？还是就如她说的那样，我有自杀的经历，所以别人都不愿意再接近我。可是那事情已经过去那么久了，根本没必要再扯啊，我把她删了，眼不见为净，不过忽然明白了，既然走过来了就要勇敢面对一系列问题，而且我有自信处理好这些东西，发现并把问题说出来，基本就有答案了。"

这是一段我们之间的对话，我截取了她说的一部分内容。就像她自己说的，说出来就好了，她在治愈自己的内心，也具备了一定的调整能力。这时我对她的自我调整能力进行积极强化，我说："你做得真的很棒，为你点赞，就像你说的，你经历过磨难，才能更勇敢，而且你没有选择沉默，而是主动表达和沟通，这都说明这件事虽然给你造成了一些负面影响，但对于你自身来讲，却是让你成熟的契机，与其他人相比，你更懂得珍惜身边美好的人和事。这比什么都珍贵，至于那些居心叵测的人，无论嫉妒，仇恨，其实无须在意，拉黑，无视都可以，因为她们没有设身处地为你着想，更有甚者心存恶意。我们自己内心坦然，更显歹人渺小。"

这个学生毕业时，我送给她一段我非常喜欢的文字。失去了铁斧，神明会送上金斧银斧。吃下毒苹果，是为了王子的亲吻。所有的丢失，都是为珍爱之物的来临腾出位置；所有的匍匐，都是高高跃起前的热身；所有的支离破碎，都是为了来之不易的圆满。上天不会无缘无故做出莫名其妙的决定。它让你放弃和等待，是为了给你最好的。一切都是最好的安排。目前该生已经在某"211"院校就读研究生。每每遇到情绪的波动，也会与我联系，沟通解决问题。

（三）结果评价

近两年的跟踪心理援助，使该生达到了矫正心理问题的目标，没有了轻生念头，缓解了人际关系敏感和不适应。同时也完成了发展性目标，以创伤为学习和成长的契机，促进了人格的发展。

三、经验与启示

遇到需要进行心理危机干预的学生，学校、学院各级领导并没有推诿回避，而是为学生考虑，敢于承担风险，积极为学生提供经济、学业、心理等全面的帮助，这为学生摆脱困境，实现成长奠定了坚实基础。在心理援助过程中，我的经验和启示是，不论是何种类型心理问题的学生，尽管症状表现不一，但核心问题都比较相似，就是对自己的不接纳。如何让自己接纳自己的一切，包括优点和缺点，是我们日后在心理健康教育工作中的重要工作，解决了这个问题这样就可以更好地防患于未然。

完善自我　有效沟通

李　玮　张文静　田维焱*

一、案例简介

小敏，大二，19 岁。

（1）来访者自述：现在大二了，我有很多问题，不太开心，感觉有点轻微抑郁了，情绪低落。具体来说，主要是人际交往问题。我不太适合融入他人，做事提不起精神，失落、孤独、迷茫、颓废。不知怎么处理人与人之间的问题。我也积极寻找方法解决，有老师告诉我去运动，我坚持了两三天就做不下去了。我意志力也不行。我很被动，喜欢别人主动来找我。回到家乡就很开心。在这里我也鼓起勇气主动与别人搭话，可两三次之后就没办法再主动下去了，内心还是很不开心。我是个大大咧咧、没心没肺的人，他们都很有心机，所以与他们交往，我很不适应。所以有时我看起来呆呆的，很迟钝，脑子反应不过来。如果有人能听我说，我也很能说，我就是不能主动找话题跟他人进行交流，是内心不够强大。

（2）咨询目标：缓解来访者的失落颓废情绪，引导来访者积极应对自己的目前处境。

---

* 李玮，内蒙古医科大学基础医学院心理学专业课老师；张文静，内蒙古医科大学基础医学院，学生；田维焱，内蒙古医科大学基础医学院，学生。

二、初步诊断

（1）来访者意识清晰，由于与他人交流沟通有障碍而情绪低落，排除器质性病变。

（2）根据区分正常与异常的心理学原则，该求助者产生情绪困扰有明显的原因，情绪性质和强度与现实处境相结合，有良好的自知力，也有求治愿望，心理活动协调，人格没有发生明显变化，心理状态正常，没有出现精神病症状，可以排除精神病问题。

（3）该求助者的内心冲突为渴望与人交流，又不愿意主动与人沟通。这些都来源于客观现实，属于常性冲突，可排除神经症问题。

（4）该求助者的不良情绪未泛化。

（5）该求助者处于失落、孤独、迷茫、颓废等消极情绪及不良的精神状态。社会功能正常，效率下降。

根据以上分析，初步诊断为一般心理问题——由大学生人际沟通障碍而引发的情绪低落问题。

三、案例分析与解决方案

（一）案例分析

采用解释分析技术、ABC 治疗技术、情绪疗法引导访者客观地理解自己目前的状况及原因，并试着付诸生活实践。如坚持做一件事之后带来的感受。

（二）解决方案

1. 描述过去，自我分析

首先采用心理学“倾听技术”让来访者描述自己的现状。这一步要用到心理会谈技巧，与来访者“共情”，通过求助者的言行，深入对方内心去体验他的情感与思维，借助于知识和经验，把握她的自卑和不愿与人沟通的心理，把握她的体验和经历与人格之间的关系，更深刻理解她的心理和具体发生的事情。设身处地地、准确地理解她，把握她的内心世界，使求助者感到自己是被理解和接纳的，从而促进良好咨询关系的建立。通过平等、真诚的交流与来访者建立良好的咨询关系，获得来访者的信任，较全面、真实地了解了来访者的基本情况。进一步引导她认识自己存在的不合理信念，首先让她了解到每一种客观事物都有其自身的发展规律，不可能以个人的意志为转移。对于某个人来说，他不可能在每一件事上都获成功，他周围的人或事物的表现及发展也不会依他的意愿来改变，每个人对她都是友善的，并不存在每个人都很有心机，在算计她的问题。

在咨询过程中，利用倾听、共情等方法与来访者积极沟通。用解释分析技术引导访者客观理解自己目前的状况及原因，并试着付诸生活实践。如感受体验坚持做一件事之后带来的感受。经过第一次咨询确立了良好的咨询关系，确定了心理诊断，制定了咨询目标，为后续的进一步工作打下了良好的基础。

2. 坚定信念，勇于尝试，积极关注

积极关注是指在心理咨询过程中对求助者的言语和行为的积极、光明、正性的方面予以关注，从而使求助者拥有正向价值观，拥有改变自己的内在动力。我们应以积极的态度看待来访者，注意强调他们的长处，有选择地突出来访者及其行为中的积极方面，利用其自身的积极因素，达到治疗目标。对求助者言语和行为的积极、光明、正性的方面予以关注，从而使求助者拥有积极的价值观，拥有改变自己的内在动力，引导她积极寻找解决方法，主动与他人沟通，并且坚持下去。

很早以前，心理学界有研究动机的心理学家提出，人类的个人动机有两种：一种是追求成功，另一种是避免失败。根据动机的不同，人类可分为两种：追求成功的人和避免失败的人。而来访者正是属于避免失败的人，她由于害怕失败，所以不敢去主动追求自己所需要的事物。

我们利用她的遇事产生被动情绪，不敢追求成功的心理，同时采用心理学“内容反映技术”，将求助者陈述的主要内容经过概括、综合和整理，再反馈给求助者，以达到加强理解、促进沟通的目的，并使求助者有机会再次剖析自己的困扰，深入谈话内容。同时在做好前期准备的前提下引导她去与一个陌生人交流，让她体验到主动与人沟通所获得的快乐，让求助者坚信自己和周围的人都是平等的，同时也需要主动去信任别人和主动与人沟通。

3. 善于表达，体验成功

来访者的自我感受：认识到她自己介意的并不是事情本身，而是自己的认知和对周围人的刻意逃避使自己做事提不起精神，失落、孤独、迷茫、颓废。现在自己愿意去与别人沟通，发现自己身上的优点和长处。向别人展示自己的优点，也愿意接受别人对自己缺点的评价，并及时做出了改变。现在情绪稳定了许多，愿意与人沟通，饭量增加了，也愿意多参加社团活动，并有信心积极应对自己目前的处境。

周围人的感受：宿舍同学认为她有较大的变化，变得活泼开朗了，有时候会在宿舍里唱歌，也开始和宿舍同学出去玩。慢慢地会分享自己一天的收获，遇到困难也会请求室友的帮忙，脾气变得好了，变得爱笑了。

（三）咨询效果

小敏的情况逐渐好转，变得活泼开朗，情绪稳定了许多，愿意多参加社团活动与人沟通，向别人展示自己的优点，也愿意接受别人对自己缺点的评价，并及时做出了改变。可以正确看待和处理社交问题。

四、经验与启示

（一）咨询技巧

在心理咨询中，我们应该采用“倾听技术”让来访者描述自己的现状，与来访者交谈过程中采用“共情”，设身处地地、准确地理解她，可以更好地把握她的内心世界。此外，我们应以积极的态度看待来访者，注意强调他们的长处，引导她积极寻找解决方法，主动与他人沟通，并且坚持下去。

（二）与人沟通的益处

生活在人际关系错综复杂的社会中，交际是必不可少的手段，人与人的交际是一个复杂的过程，人际关系属于心理学范畴，是个人与他人在交往中形成的心理情感上的关系，两者相互影响作用。人际关系很重要，在这个社会上人与人的交流很频繁。有良好的人际关系可以让生活丰富多彩。朋友也可以在你的学习、生活、工作中给予很多的帮助。如果伤心时有朋友在身边可以安慰自己的话，就会很欣慰。

（三）坚定信念 + 正确目标 = 成功

1. 自我肯定

人要不断地否定和肯定自己才能进步，而否定的最终目的是向肯定方向发展，自我肯定，保持坚定的信念，往往是事业成功的关键。

2. 抛弃自卑

自卑有三个因素：一是缺乏成功的体验；二是缺乏客观公正的评估；三是自我评估偏颇。要抛弃自卑，首先要战胜自我，为自己树立一个目标，要有适当的动机，坚定的信念，相信自己的能力，同时要对自己有一个科学的评估。

3. 增强自信

（1）关注自己的优点。在纸上列下十个优点，不论是哪方面（细心、眼睛好看等，多多益善），在从事各种活动时，想想这些优点，并告诉自己有什么优点。这样有助于提升从事这些活动时的自信，这叫做自信的蔓延效应，这一效应对提升自信效果很好。

（2）与自信的人多接触。“近朱者赤，近墨者黑”，这一点对增强自信同样有效。

（3）自我心理暗示，不断对自己进行正面心理强化，避免对自己进行负面强化。一旦自己有所进步（不论多小）就对自己说：“我能行，我能做得更好！”等等，这将不断提升自己的信心。

（4）树立自信的外部形象。

4. 敢于尝试的重要性

当面对一个机会时，尝试了才知道自己能不能抓住它，就算没有成功，也可以对自己的程度有更进一步的了解；当面对新事物时，尝试了才知道是怎么回事，具体了解清楚。尝试其实是一个不断接触、体验的过程，很多事情并不是在最初就可以看到、预料到结果的，尝试可以改变甚至创造一个结果，而我们在不断尝试时，也是在不断学习，认识到更多要亲身体会才可以明白、了解的东西。所以，尝试很重要，细想一下，我们就是这样一次又一次尝试着长大和认识这个世界的。

成长　重建你的心理边界

乔红梅*

一、案例概述

曲某（化名），女，21 岁，大三学生。主述几天前失恋了，男友是其他高校大三学生，是相处多年的初中同学，双方家人也知道他们的恋爱关系。由于两人在相处中观念经常相异，摩擦越来越多，男友提出分手，今后以朋友相处，她难以接受，产生失落感、痛苦、焦虑并自责，学习不在状态，不想上课、感觉像在受煎熬、情绪不稳定。经过同学和表妹的劝解，意识到这次分手也许因为自身也存在问题，于是主动预约咨询。

来访者来访时的状况：一是感到自己付出很多，男生居然提出分手，很委屈、不停地哭。二是想通过努力试着挽回这段恋情。初次见到来访者曲某，印象深刻，情绪低落，低着头，提及恋爱对象总是泣不成声。曲某是家中独女，很要强，父母对她的期望值很高，自己很担心父母和亲人知道她失恋会如何评价她。

* 乔红梅，内蒙古农业大学大学生心理辅导与服务中心，心理咨询师。

二、案例分析及解决方案

（一）案例分析

来访者不合理的信念导致了她的情绪困扰。由于缺乏正确的恋爱观，来访者以自我为中心和遇事负面思考的模式给了男友很大的压力，对男友过分依赖，一旦受挫，无法自拔，由失恋带来的情绪还导致了对自我的否定、对所学专业的厌烦以及对家人产生的责备。

（二）解决方案

1. 建立信任、积极共情

建立相互信任的咨访关系，给予来访者积极的理解和共情，使其负性情绪得到宣泄，通过贴近来访者的语言与其沟通，结合与她面谈收集的相关资料对她提出的问题予以梳理、分析、澄清，客观冷静地分析她失恋的原因，从中找到突破点。

2. 先跟后带、走出阴霾

运用合理情绪疗法和 NLP 技巧“先跟后带”使来访者逐步地改变自我认知，较为客观地认知自己。“先跟后带”就是与来访者沟通的时候，先接受对方的观点或态度，让她感觉到被理解和尊重，然后再带领她从另一个角度看问题，跟的目的就是使其在潜意识里接受自己，带就是带她走出原本固化的思维框架。通过对来访者的观察和交谈，在她的释义中找出问题所在，改变其不合理信念，引导其实施自我行为训练，正确对待，缓解消极情绪，走出失恋阴霾，恢复正常的学习和生活。

这个阶段是领悟阶段，帮助来访者领悟合理情绪疗法的原理，使来访者认识到自己的问题与不合理信念的关系。要求来访者按照下列方式，尝试把自己的问题都表示出来。

事件 A：失恋，男友主动提出分手。

行为 C：无法适应，失眠、不想上课、自责、感觉像是煎熬、情绪不稳定。

信念B："为了恋爱放弃了好多，为什么还是以失败告终?"

驳斥D：因为自己付出了很多，所以必须要成功，无论是恋爱还是其他，这种绝对化的要求是不合理的。

新观念E：付出会有回报，但不是绝对的，这是一个过程，感情也一样，人的感情会变化，不可能要求所有的事都会按照自己的期望发展。每一个人都有选择爱的权利，自己也可以重新选择。

3. 成长与修通

修通阶段运用了沙盘游戏，为来访者创造了一个自由且受保护的空间，使其充分体验到安全与抱持，如根据其摆放的某一个局部（沙盘中的父亲和女儿面对面）进行探索，慢慢深入，运用意向沙游来帮助来访者探索自己的无意识。如沙盘中的父亲想要和女儿说什么？女儿怎么回答？同时让来访者轻轻地闭上眼睛去感受那个画面、那个场景……咨询师无条件接纳来访者的创作、共情理解并体验来访者的心理和情感感受，促进其意识与无意识的交流。同时将意象对话与沙盘游戏结合起来，意象弥补了沙具数量的不足，沙盘又能很快地把意象调动出来，对来访者的修通阶段起到了非常好的咨询效果。沙盘游戏帮助来访者看到自身认知方面的偏差，反思出自己固有信念的几个模式并愿意改变自己，希望咨询师能推荐一些方法来记录自己的体察，咨询师推荐其写感恩日记，让来访者用记日记的方式记录自己目前的学习、思想、生活的感受，记录点滴，在学习、生活中发现感恩的、积极、正向的事物，把自己的每一个想法和认知都以文字的形式记录下来，做积极的归因练习，也为下次的咨询作了进一步的参考。

三、经验与启示

（一）咨询技巧

通过十余次的咨询，运用了合理情绪疗法、沙盘游戏、简快生物平衡法及释梦，使来访者逐渐学会精神自励，开始试着学会与他人表达自己的感受。比如，来访者提到一次与父亲通电话时以为自己会哭，但虽有哽咽，还是表达了自己一直以来积压的感受，出乎意料的是父亲很平静地接受了她的想法，而且鼓励她，父亲完全的接受使她突然感到从未有过的踏实，感到以前有过的那种不听父母的话带来的负罪感渐渐没有了。由于自己这个阶段的突破和成长，她非常开心，感到做自己心目中的坏孩子其实是真正地做自己，分享了成长喜悦后的曲某，充满了感恩（第一次来咨询更多的是对外界的抱怨），感谢老师愿意认真地听她讲话，尊重她的想法，支持她、陪伴她找到方向，陪她“走回来”（来访者自己使用的词汇）。咨询师鼓励其学会勇敢地讲出心里想要讲的话，这样至少表明她理解和接纳了自己，将这些点滴进步、点滴感受、点滴成长记录下来，重新发现自己的美。本次案例运用的几个技巧始终坚持价值中立原则，目的是引导来访者自我觉察与分析，学会换位思考与恰当表达，通过耐心交谈和予以分析，辅以入情入理的、引领性的咨询帮助，澄清了来访者的认知偏差，从而领悟到面对爱的挫折和精神打击的时候，应用积极的认识方法来“稳住”自己，把情绪“做积极的宣泄”并转移生活方式，从过往经验中寻找成长的资源，并懂得珍爱生命，不断挖掘自身的发展潜力，得到升华与补偿，将情绪导向更加合理的方向，内心力量也渐渐增强。

（二）咨询感悟

像曲某一样，在大学生中两性情感困惑的案例很普遍，因为心理生理的发展特点，她们对爱情也有期待。本案例中咨询师本着尊重、启发与陪伴的基本咨询技术，结合咨询经验，从两性关系迁移到与父母的关系、与自己的关系、与他人的关系，引导来访者充分认识人际交往的特点与沟通的基本技术，学会积极地面对问题，既珍爱自己，又善待他人。

1. 爱是自我成长

爱是换一种方式爱自己，通过来访者一次对梦的讲述，在描述梦的过程中用了“全新的状态”“惊讶”“她居然还活着”“她好开心”“她这么聪明”“我好喜欢她”等词汇，咨询师及时捕捉到来访者的无意识表达，采用自由联想的方式，通过显梦来解释隐梦的含义。来访者随意进行梦的联想，将梦中失散多年的妹妹比喻为她自己，感到她通过成长逐渐找到了自己，梦中两人的拥抱就是自我的“和解”，拥抱了内在的小孩，来访者给梦起了一个名字“重生”。对于人生而言，个体心理的成熟是先认识自己，学会爱自己。一个自爱的人是自知的，一个心理成熟的人是自然而坦然地表达自我的。自爱是要成为你自己，特别是女性，更要积极关注恋爱中的自我。爱自己要学会珍惜自己的感情，尊重自己的感情。爱自己也包含对自己负责。恋爱不是为了让我们放弃自我，而是学会更加负责地生活。这当然也包括失恋后的自爱。

2. 爱是学会爱他人

在恋爱中，双方是平等的。我们要以宽容、无私的胸襟对待他人。爱情是给予不是得到，真正的爱一个人是希望对方幸福而不是一定要拥有对方。在恋爱中没有绝对的赢家，只有认识对方，了解对方才能尊重对方，爱不是一种消极的冲动，而是积极追求被爱人的发展和幸福。

3. 爱是承担责任

我们只有认识对方，才能尊重对方。爱一个人也是爱一份生活，仅仅因为某种需要产生的爱未必能承担爱的责任。所有的爱情都包含着一份神圣的责任，这种责任不是义务。成熟的爱是男女双向互动和双方都从中获益，如同双人舞。不成熟的爱情是“我爱，因为我被人爱”，成熟的爱情是“我被人爱，因为我爱人”；不成熟的爱是“我爱你，因为我需要你”；成熟的爱是“我需要你，因为我爱你”。

（三）咨询后记

接下来的日子，在曲某陆续发给咨询师的微信里，她分享着一个又一个积极与开心的事情，学会了积极表达，敢于改变，剪了一直想剪的短发，为的只是尝试，由从前的害怕被人评判到现在的敢于面对，用她自己的话说“内在到外形，来个全套的新，珍惜每一天，自己现在更应该做自己想做的，完完全全自己想做的，不勉强、不强求，越感恩越增值!”愿意经由自己的成长幸福去感染家人、朋友和更多的人。（一次次的咨询与微信分享，我真的被这个学生感动了，感受着她的感受，自信满满不惧艰难，坦然接受不断改变。）

因材施教　“五心”合力

——做学生的良师益友

王　允*

一、案例简介

张某，21 岁，临床医学专业定向班大三学生，独生子。该生性格内向，不善与人交流，对父母的话言听计从，是妈妈眼里的“乖乖宝”。入学后，因感觉学医压力大，课程负担重，认为自己不是学医的料，毫无兴趣，提出退学或休学的想法，但因为“定向生”这一特定身份，遭到父母拒绝。大二时，其母亲辞去工作，来到学校陪读，像高中时期一样，“家庭—教室”，两点一线，规律而枯燥，很少参加集体活动，总担心考试挂科。大三第一学期末考试，两门成绩不及格，情绪低落，父母的叮咛，繁重的专业书籍，如果不能按时毕业就涉及违约等思想负担，造成其经常头痛、失眠、焦虑。到医院检查，被诊断为精神虚弱，更加重了其心理负担，出现了旷课、上网吧等逃避行为。

* 王允，内蒙古民族大学医学院学工办主任，助理研究员。

二、案例分析及解决方案

（一）案例分析

这是特定学生群体学业压力的典型案例。张某作为“定向生”这一特殊群体中的一员，父母的期望，免费定向生的一纸协议，像大山压在他背上。当来到学校，发现自己不喜欢所学专业的时候，迫于各种压力，不得不继续学习。先天的内向性格，使他很少向别人吐露心声，压抑着内心的情绪。终于，在学业挂科后，长期压抑的阀门崩溃了，出现了神经虚弱等心理问题。

张某的压力主要来自三个方面：一是对专业兴趣不足问题；二是考试压力问题；三是正确认识“定向生”问题。这三个问题相比之下，消除考试所带来的心理压力是当务之急。

（二）解决方案

针对张某的情况，主要做以下指导：

（1）正确看待神经虚弱。明确告诉张某，从他目前的症状来看是比较轻微的神经虚弱。而神经虚弱是一种心理疾病，主要是心理因素造成的。他的脑子并没有坏，只是由于长期的压抑、烦恼而使大脑疲劳了，只要注意科学用脑、消除心理紧张，加强身体锻炼，再适当服药，就会好转。并就神经虚弱的性质、症状、原因做了知识性介绍和讨论。

（2）考试压力问题。通过对话式讨论提示：你之所以紧张考试，不仅仅是因为自己学得不好，复习不足。最根本的是“定向生”特定身份的压力，总担心挂科，不能按时毕业，影响“定向生”的协议要求，造成单方面违约。这是一种预期焦虑，对还没有来的事情的自我恐惧。因此，越想越糟糕，越来越紧张，进而抑制了正常的智力活动，这样造成学习效率低下，如此恶性循环。而他紧张还有一个因素，就是自信不足，认为自己不是学医的料。因此对专业课兴趣减弱。兴趣不足就影响学习效果，学习效果差又强化了“不是学医的料”的心理，如此又影响了自信心。对这些分析，张某均认同。

因此，这里的关键是克服“考试万一挂科就一切全完了”的消极自我暗示和增强学好专业的自信心。通过质疑式讨论如何对待挫折的交谈，张某这样认识：我再着急、再紧张，也不会有谁代替自己考试，整天去想去焦虑也没有用。不要被“定向生”的身份和父母的期望压得喘不过气来，以平常心对待考试，积极复习，大不了补考嘛，学医需要五年，只要在毕业前把学分修满，就可以正常毕业了，不必纠结于一次的考试结果。笔者又给张某介绍几个已经濒临降级，但后来端正态度，好好学习，最终顺利毕业的案例，使他重拾信心。

接着，我们研究了如何切实提高学习效率的办法，并找到今年拿到国家奖学金的李某和他“结对子”，“一对一”同辈帮扶。一个月后，张某反映，现在学习效果和学习兴趣都显著提升。大三期末考试，张某不但把上学年挂科的两门课补考通过，而且这学年的课程全部取得好成绩。

（3）专业兴趣问题。要解决专业兴趣问题，有必要帮助张某认识所学专业和当前社会需求、今后发展前景以及“医学定向生”的优惠政策等。医学是关系人的生命的科学，是救死扶伤，是“除人类之病痛，助健康之完美”，是最神圣的职业。社会的发展和人类的幸福，离不开医生的贡献和付出，我国现在的医疗体制改革的深入，需要大量的基层医师特别是全科医师队伍的建设。国家也正基于此，于2010年实施了“农村订单定向医学生免费培养项目”，并附大量优惠政策做保障，为基层医疗单位培养“下得去、用得上、留得住、有作为”的具有较高素质的全科型临床医学高级专门人才。可以说，“医学定向生”政策的出台，是顺应当前社会发展和国家需要的，而对于“医学定向生”来说，必将有广阔的施展自己才华的平台和发展空间，这正是张某的机遇。

为了让张某更科学地认识自己，特地为他做了卡特尔16种人格因素测试。测量结果中，反应抽象思维能力的聪慧性分数为7分，创造能力个性因素104分，其余指标均良好。把这一测试结果向张某解释后，他大大增强了学好专业的信心。

（4）积极参加课外活动，发展良好人际关系，培养健康人格。张某性格内向，不善与人交流，这不利于健康人格的培养，更不利于他将来职业的发展需要。我借周末学生会举办素质拓展训练的机会，邀请张某参加，通过各种游戏，增强其团队协作意识，切实感受到集体活动的快乐。之后，学院开展活动，我都会主动联系他，鼓励他积极参加活动，特别是在学校举办的演讲比赛中，他代表学院参加比赛，并取得二等奖的好成绩。经过一学期的锻炼，张某的性格得到非常大的改善，积极参加班级、学院的活动。大四开学，张某的母亲放心地结束陪读生活，张某回到寝室，融洽和睦地融入到集体生活中。

三、经验与启示

（1）辅导员工作要“五心”合力。本案例只是辅导员在日常工作中遇到的一件很普通的事情，但却反映出了一个基本的问题：学生工作无小事，学生工作是良心工作，要做一名合格的高校辅导员，就要在工作中具备“五心”，即爱心、热心、细心、耐心和责任心。“五心”合力，才能做好学生们的良师和益友。

（2）讲道理不如树自信。台湾作家刘墉曾经说过：“伟大的人从小就肯定自己，要想成就自己，必须先肯定自己。”道理人人会讲，甚至学生自己也能说出很多道理。但是这些道理是否能够切实指导学生成长成才，怎样才能让学生欣然接受却是每一个辅导教师需要不断思考的问题。现在的许多大学生都是“实用主义”者，只有当事情能够对他们造成直接利害影响时他们才会全力去做，只有他们亲身经历并有所体验的经验他们才会信服接受。经过引导，张某重拾了自信和专业兴趣，在学业上取得好成绩，并在心理上形成良性循环和自我暗示，这为其以后的发展打下坚实基础。

（3）教育要“因材施教”。“因材施教”是中国传统教育思想的精要之一，在大学教育中更应该倡导因材施教，特别是在普及高等教育的今天。每一个学生都是不同的个体，每个问题学生的产生都可能是由不同的原因导致的。因此在对现在的大学生进行思想教育的过程中，一方面要针对每一个学生的个性特点寻找准确的切入点，采取合适的手段，使对他们的教育达到更好的效果；另一方面在高等教育阶段的成才教育方面，应该根据每一个学生的个性特点分别对待，启发他们发扬自己的优点，强化自身的优势，促使他们在相适应的领域取得过人的成绩，最终成为有用之才。

职业规划与心理疏导

吴志成*

一、案例概述

樊某，男，内蒙古化工职业学院计算机网络专业学生，出生于县城家庭，父亲是大车司机，严厉且教育“倒影化”，母亲无业在家，童年得不到正确的呵护和引导。樊某小学开始即暴露出价值感、成就感、伙伴关系的失衡，寡言寡语、性格孤僻，但此学生内心好强，学习较好。后期，心理问题因得不到疏导而逐渐引发学习障碍。不善管教的父母又将孩子送到外地封闭小学，长期的家庭功能不良、同伴关系差、内动力和生存技能不足导致成绩差、社交障碍。在此过程中，寄宿学校的管理老师也没有进行正确疏导，且经常进行身体惩罚，精神和身体压力进一步加剧。一次挨打后，他情绪爆发，出现自杀行为，虽经抢救无生命危险，但已不适合上学，只能休学。休学后托人情到县城一所初中上学，成绩差，经常被同伴笑话、孤立、冷落，于是沉迷网络，逃学，打架，混迹社会，对抗情绪加剧，被学校开除。

职高毕业后通过“单招”考入我院计算机网络技术专业。入校后，班主任通过与家长通电话和与孩子聊天发现这种情况后，并没有嫌弃他，而是认真地对他进行了心理疏导，多次帮助他进行述情疏导、消除暴力冲动、进行职业规划、重筑归属感，此学生焦虑、抑郁情绪得到了纾解，内心的自我认同感和成就感增强，具备了良好的团队意识。樊某现在学习认真，工作努力，与老师同学沟通顺畅，有良好的职业规划，并且内动力足，在不断精进自己。

---

* 吴志成，内蒙古化工职业学院学生服务中心办公室主任，助理研究员。

二、案例分析

（一）理论依据

樊某的问题，并非个例，这些年大学生心理问题引发严重事件的新闻也层出不穷。引发这些心理问题的原因是长期的原生家庭教养缺失和不当、学业压力和社交障碍。早期学生的自残行为已经暴露出了长期累积的心理问题，受家庭文化程度、教养方式的影响，他的陪伴和理解、探索和社交、自我认同与发展是缺失和断裂的，所以整体心理资本不断降低。跌跌撞撞进入大学后，孩子处于自暴自弃的状态，但作为班主任和辅导老师，首先要正视这类学生，并给予其足够的关注，遵循行为发展规律，从这个阶段和孩子的心理发展方向与目标入手，充分让其得到空间、关注和尊重，这是最重要也是最难的。此外，在对孩子的整个矫正训练过程中，积极地引入职业规划和建立荣誉感极强的班级团队对此学生的心理疏导起到了至关重要的作用。

（二）过程方法

樊某入校后开始陆续暴露出一些不正常和不适当的言行：比如半夜不睡、用音箱大音量放音乐、有多年抽烟习惯、经常向同学说污言秽语和丧气的话。根据多年的班主任工作经验，我分析孩子内心的想法和做法，后跟家长的通电话聊天，了解孩子多年来的习惯和成长经历。在之后的学习生活中，我有意识地通过各种渠道了解孩子近况，也偶尔通过发微信等方式走进孩子内心。同时，安排一些班级通知事项、跑腿事等让孩子去做，并引导孩子正确去为同学服务，这其实也为孩子下一步的改造做好了前期铺垫工作。

入学军训完一个月后，樊某总体表现也让同学们有了一个基本认可，虽然因抽烟、说话等习惯让同学们产生过意见，但总体都在我可控范围之内。入学两个月后，我个人觉得时机到来，班级选举班委（共六名班委），因我经常安排该生跑腿、通知、办事，在团委书记一职竞选该生票数也凸显了出来。当票数公布的一刹那，我静静地背对票数公布板，看了他一分钟，之后让他站起来，当着全班同学们的面，我用一种特殊的语气说："樊某，没想到你的票数还挺高，看来同学们还挺认可你，但是老师我觉得你不行，因为从你目前表现情况看（抽烟、半夜放音乐不睡等），我认为你不适合当班干部，但是我又觉得应该给你个机会。"之后，我突然超级大声地对着樊某喊道："现在让你当团支部书记，你来告诉老师和同学们，你到底行不行?"樊某在一愣神后，对着我说："我行。"我又觉得他声音小，又大声地质问了他一遍，樊某这一次大声地对我说："我行!"

在班委人员确定后，我整班风、肃班纪、制定班委岗位职责，经常与孩子们聊天，因此班级工作在各方面表现优秀。但其中樊某负责的团口工作一直未做出成绩，且还有睡懒觉、早操迟到情况出现。同学们对此非常有意见，尤其是班委其他干部，都认为樊某影响了班级荣誉，给班级抹黑，应该替换团支部书记。我耐心地给班委做工作，告诉孩子们：挽救一个人要比获得荣誉重要得多！后来，我和几个班委谈了很多，告诉他们应该如何去帮助樊某，不要让樊某感觉到孤独，同时我也更加加大频率跟樊某进行接触，跟他一起吃饭，一起谈我的过去，谈成长经历，谈人生，谈他们毕业面临社会的挑战，等等，还通过单独带几个班委去户外活动，形成一个积极团结的氛围，再手把手地告诉他一个优秀团支部书记的能力是什么样的？做出来的成绩应该是什么样的？如何去做。通过各方面的锻炼，樊某的自我约束、组织策划、沟通与协调能力不断提高，我又通过不断提高对班委的工作要求，让他们争取更高成绩的方法来锻炼他们，当然这其中也包括樊某。慢慢地，樊某适应了大学生活，进步明显，与同学关系融洽，得到了老师和同学们的广泛认可。

中间我做的一些工作：在刚开始实施对樊某的改变时，我还联系樊某父母，告诉他们我要对孩子进行一步步改变，要求他们积极配合我的工作，理解我、支持我，不要再对孩子说一句泄气和不好听的话。而在后来樊某负责的团工作出现问题时，我还带着樊某去学生工作办公室，由我给负责学校团委工作的学生干部鞠躬致歉。孩子当时都已经急哭了，跟我说：一定要更加努力，不辜负老师和同学们期望，要树立一个新的自己，为班级争光，要让班级骄傲。

三、结果评价

在孩子自身以及我和全班同学的不断努力下，这个孩子逐渐进入良性循环状态，整体精神面貌干净平和积极，集体荣誉强，学习和工作都非常努力。而我所带的班级也蒸蒸日上，成为了“优秀班”，这些对孩子的发展更是起到了良性的促进作用。还需要说明的是，我利用自己的爱好，同期开展了图像和视频刺激类的心理教育，经常用相机记录这个孩子最拼搏、最放松、最协作的镜头发给他，给他进行心理暗示，增强他的自信和团队意识，收到了非常好的效果。此外，我还注意带领团队参加校内外的各类评比，在此过程中，大家齐心协力，由小我向大我转向，集体荣誉感和积极向上的劲头十足。而作为班干部的樊某在这种组织、策划、实施评比的过程中，也完成了自我疗愈和成长，确实起到了事半功倍的效果。我还想说，对于现阶段的，尤其是高职专业技术类的学生，尊重人力资源管理规则，帮助他们做职业规划非常重要。把自己放在一个恰当的平台上，不高攀比较，也不自我轻视，放下身心，扎实学习技术，会令他们自信和满足，不会有倦怠感，不会出现没就业就失业的情况。

四、经验与启示

所谓的差生，进入社会之后会经历冷暖，才会发现老师曾经的批评，句句是掏心窝的肺腑之言。这时他们会很感激老师的教诲，所以会经常想起老师，会去看望老师。这个理由扎心了，但是这是事实，而且差生更容易感恩老师。而好学生，除了学习外和老师并没有什么交流，指导学生学习本来就是老师分内工作，所以对于这些优生来说，老师反而不是一个特别的存在。

走进坏孩子的内心世界，了解他们变坏的原因，给今后的教育一个正确的方向和方法，相信坏孩子将在你的手中得到改变！父母抱怨孩子有这方面、那方面的不足。在他们的眼中，自己的孩子就是个不听话的、十足的坏孩子。那么，作为父母是否在空闲的时候想过造成这种状况的原因，孩子为何会学坏，学坏了是否全是孩子的错？父母都望子成龙、望女成凤，当孩子犯了一点点错误时，就下结论说“这个孩子太笨，不能成才”之类的话。这时，我们要问一下，作为父母难道就没有丝毫的责任吗？你的教育方法就是完全正确的吗？孩子的想法你有没有问过？孩子与什么样的人交往，你知道吗？当孩子站在人生的十字路口徘徊时，你关心过吗？你是不是只在孩子出现不良状况时责备孩子，而从没有想过造成这种情况的原因。难道这些都是孩子的错吗？当然，也许你会用“我很忙，没有那么多的空闲时间”作为借口，但是孩子既然来到了这个世界上，你就应该好好地教育他，不要抱怨孩子的“种种劣迹”！

其实，孩子就是孩子，纯洁无邪，并无好坏的区别，或许你的孩子先前是个好孩子，之所以变坏，只是因为你的教育方法不对，没有给他（她）一个好的生长环境。因此，改变你对孩子的认识，也许孩子会变得比你想象的更好。

心理陪护　助学生成长

杨世琦*

大学生的心理问题一直是学生管理工作中最为棘手的问题之一，历来都受到各大高校的关注。我从事学生管理工作四年来，处理过许多学生的心理问题，但能称得上刻骨铭心的案例就只有这一个。

一、案例简介

在 2016 年 3 月 9 日那天上午，我所带的 20 × ×级会计学某班的高某同学来到我的办公室找我请假，我问她请假原因，她先是吞吞吐吐，在追问之下她才告诉我她父母要带她去医院检查，因为她最近总是易暴易怒。我给她开了假条，叮嘱她检查后来找我销假，并告诉我检查结果。

3 月 10 日上午，高某同学来到我的办公室找我销假，我随即询问了她的检查结果，她低着头，小声说自己被诊断为患中度抑郁症和焦虑症。听到这个诊断结果，我心里不禁一颤，为了不让她感到紧张和不安，我握住她的手，接着询问她具体情况。通过她的描述，我了解到她从春节期间至今情绪一直不稳定，觉得生活没有意义，而且有过自杀的想法。听到学生的这些倾诉后，我立即为她做了心理疏导，帮助她稳定情绪，并且让她有问题随时联系我。

在高某同学离开办公室后，我马上向领导汇报了高某同学的特殊情况，并征求了领导的意见。

征求领导意见后我立即与高某同学的父母取得联系，从其父母口中得知，高

* 杨世琦，呼伦贝尔学院经济管理学院辅导员，助理研究员。

某从放寒假开始，就情绪异常，经常在自己的房间摔东西，过年期间因为她与父母言语上的冲突，父母还打了她。被打后她一夜未眠，哭泣着喊叫，认为父母不爱她了。当我跟其母亲提及高某说自己被检查出患有中度抑郁症和焦虑症时，她的母亲矢口否认，说孩子的心理没有问题。

随即，我联系了校心理咨询中心的谢春辉主任，谢主任在了解了高某同学的情况后，建议让其父母陪读。

我随即安排了高某同宿舍的同学和学生干部密切关注她的日常行为，让同学们多和她交流学习。我通过高某同班同学了解了她的情况：她平日里大都独来独往，不爱与同学们交流，在宿舍里比较自我，与舍友关系不佳，经过调整宿舍之后，和现宿舍同学仍旧关系紧张。且多次在宿舍大喊大叫，有时自言自语，并和同学说过：活着没有意思。了解到这些情况后，我再次与高某的父母取得联系，建议家长陪读，其母亲坚持认为孩子没有问题，不同意陪读，我又详细询问了高某接受检查的医院和主治医师的姓名，并约请家长于 3 月 14 日到校见面。

我了解到高某在内蒙古×××医院神经内科接受了检查，我联系了高某同学的主治医师韩医生，但韩医生告诉我因医院不具有精神疾病诊断资质，她不能代表医院出具高某患有精神类疾病的诊断证明，建议学生到精神疾病医院接受专业检查，而学生家长和学生对此十分抵触，不予配合。

在这个过程中，我的心情是哀痛的，一直都在为高某同学担心，生怕她出事，整日惴惴不安。

到了 3 月 14 日，高某同学的父母来到学校，态度十分恶劣。她的母亲矢口否认高某患有中度抑郁症和焦虑症，并明确表示孩子没有问题。当院系领导建议其父母陪读时，其母亲更是情绪激动，并严词拒绝陪读，那一刻，我彻底崩溃了。

在那之后，我也出现了失眠、暴饮暴食、时常哭泣、焦虑、易怒等一系列异常表现，我忽然意识到自己也出现了心理问题，于是我来到校心理咨询中心做了心理咨询。之后，我又多次到心理咨询中心就高某同学的心理问题和我自己的问题进行咨询。

起初，我发现自己的焦虑、抑郁情绪在很长时间内都无法缓解，于是我采用了运动、合理饮食、倾诉、阅读等方法来减轻自己的心理压力，一开始效果并不明显，于是我又通过心理暗示、心理咨询、参加文体活动等多种方法和途径，终于逐步摆脱了持续几个月的抑郁和焦虑。

在这个过程中，我每天都会找到高某，在宿舍、教室、办公室与她谈心。并坦诚地告诉她，我也有和她同样的感受。开始她非常抵触，但后来，我与她心贴心地交流，并鼓励她尝试我用来缓解焦虑和抑郁的方法去解决她的心理问题。她终于被打动，并且按照我分享给她的方法去尝试，经过半年的共同努力，效果显著。现在，她已顺利就业，并且时常在微信上和我聊天，说她在工作中遇到了哪些问题，我也会尽我所能地帮助她、鼓励她，并期待着她的佳绩。

回想起这段经历，起初真的如同噩梦一般，那种痛苦的感觉令我终生难忘，但在我与高某同学共同走出抑郁以后，我才真正体会到一种由衷的喜悦和成就感。我觉得支撑我走出抑郁和焦虑的最大动力是我的学生，因为只有我先从中走出来，才能带动和帮助我的学生走出抑郁和焦虑的泥潭。因为我们有过共同的感受，所以我更能和学生产生共鸣，更有效地帮助学生摆脱抑郁和焦虑。

除此之外，我更加深刻地认识到，心理健康对于一个人是多么重要，在这个快速发展的社会，其实每个人都或多或少存在一些心理问题，面对高校大学生——祖国未来的建设者，我们更要加以重视。作为一名高校辅导员，对于学生，我肩负着巨大的责任，唯有让自己身心健康，才能更好地帮助学生成长成才。

二、案例分析与解决方案

（一）案例分析

通过心理陪护对存在心理危机的学生进行有效的干预，帮助学生尽快走出心理问题的泥潭。

从精神状态层面来看：情绪不稳定，回家经常摔东西，口不择言，脾气大。而焦虑，意志力减弱，易怒也是学生出现心理危机时的重要表现。感到生活和生命没有意义，走不出自我阴影的笼罩，产生自杀的想法。社会功能下降，与舍友相处不融洽，人际关系敏感。

心理问题的关键从表层来看是因父母疏于关心自己而产生父母不爱我的认知，实质上是心理失衡，不自信以及对自我的不接纳。最初以偏概全或者是由绝对化的思维造成的心理危机，由此进入自我认定失败感之中。一方面，学生的抗挫能力较弱，心理敏感，加之不善于沟通，缺乏自我认知和与他人交流的能力。

由此可看出，情商不良是诱发心理问题的重要原因，情商低的人不可能使心理健康地发展，同时其他方面也会受到相应影响。另一方面，家庭给予的关心不够多，或者说关心的方面与学生想让父母了解的方面相悖，由此造成矛盾的开始。

（二）解决方案

通过陪学生一同走出“抑郁”的这段经历，我觉得自己和学生都成长了，我从中总结出了一套较为有效的大学生心理危机应对机制：

（1）与学生心贴心交流，及时了解学生的心理状态，对存在心理危机的学生进行有效的心理陪护，对学生的不良心理状况做到快速、有效地干预。

（2）加强与学生家长的联系，共同关注学生心理成长，强化学生社会支持系统。

（3）有效开展朋辈心理辅导，让学生感受朋辈的关怀与支持，营造良好的心理成长氛围。

（4）应时常召开班会，加强与同学的情感交流，传播正能量。此外，还要加强学生情绪管理方面的教育，避免学生因长期存在不良情绪而引发心理问题。

（5）与心理健康中心加强联系，寻求专业老师的帮助，及时反馈，有效沟通，强化处理学生心理问题的专业支持。

（6）在关注学生心理问题的同时，也要重视辅导员自身的心理健康状况，不断提高辅导员的心理健康水平，加强辅导员心理健康教育专业能力的提升，有效开展心理健康指导工作。在面对存在心理问题的学生时，我们要知道，他们的内心非常细腻而敏感，所以我们只有成为他们的知心朋友，帮助他们卸下心理包袱，才能真正帮助到面对心理问题时感到无助的他们。

三、经验与启示

通过心理陪护对存在心理危机的学生进行有效的干预，以帮助学生尽快走出心理问题的泥潭。希望通过我总结出的这套工作方法，为日后高校学生心理问题的处理工作积累宝贵的经验，我也希望能够给各位同仁在处理学生心理问题时提供参考和借鉴，同时也希望这个真实的案例能够为今后的大学生心理健康教育工作带来一些新的启发。

改变自我认知　还你阳光人生

张婷凯*

一、案例简介

求助者薛某，男，20 岁，高职高专大二学生，身高 168cm 左右，汉族，无宗教信仰，家中以务农为生，家庭经济条件一般，有一个姐姐。家族均无精神疾病历史，现在住校，该同学学习成绩中等，性格比较内向。在上大一时，由于不经意间多看了同一排的女生几次，被同学取笑，为了避免同学们说闲话，就尽量让自己不与异性接触，害怕引起同学的议论。薛某认为世上最难打交道的是人，每次遇到必须上台发言的时候，他宁愿装病逃课。基本不与同学来往，很少参加集体活动，与同学之间的感情也越来越淡漠，感觉在学校里没有人可以了解自己、信任自己，帮助自己，孤独感和自卑感时时刻刻笼罩着自己，情绪很不稳定，时而抑郁，时而焦虑，痛苦至极。最近几周都没有去学校上课，准备办理休学。

求助者做了 SAS、SDS、SCL－90 心理测试，结果 SAS56（标准分），SDS55（标准分），SCL－90 测试结果：恐怖、人际关系、焦虑、抑郁指数超过正常范围。

* 张婷凯，内蒙古机电职业技术学院学生科科长，讲师。

二、案例分析与解决方案

（一）案例分析

薛某自小就不会与人打交道，特别是考入大学后，在学校的寄宿生活中不适应，很多事情都自己处理，很少与人交往，害怕社交和公共场合。而缺乏了交往，同学们对他很冷淡，他自己的内心越来越空虚、孤独，情绪时好时坏，学习成绩和效率下降。最近经常失眠，也很爱做梦，注意力经常不集中，做事也提不起神。经常请假，逃课，自知这是一种病态，但又无力摆脱，十分痛苦。

辅导员叙述：该生性格内向，不善与人交流。最近，感觉他好像在害怕什么似的，不敢跟人讲话，同学们也越来越不喜欢他。求助者衣着整齐，言行拘谨，言谈过程中伴随一些紧张性动作，表情不自然，语音较低，不敢与教师、咨询师有目光接触。

（二）解决方案

1. 诊断

从薛某的表现可以看出，他患了青春期社交恐惧症。这种症状多发于青少年时期，男女都可能出现。青少年渴望友谊，希望广交朋友，但有的人一到具体交往，如找人交谈或者别人与自己打交道时，就出现了恐惧反应，表现为不敢见人，神经处于非常紧张的状态。恐惧也是焦虑情绪的一种表现形式，紧张、害怕和焦虑的基础上，来访者对某些场合或者物体表现出回避行为，如不敢外出、害怕在公开场合发言，不敢登高等。青春期社交恐惧症是恐惧症中常见的心理障碍。患社交恐惧症的人，面对不熟悉的人讲话、在众人注视下运动或与异性交往时，往往表现出显著的、持续存在的担忧或恐惧，担心自己将面临窘境或耻辱，且往往会泛化，严重者会拒绝与任何人交往。患者对所恐惧的环境一般采取回避行为，把自己孤立起来，这给日常工作和学习造成了极大困难和障碍。

2. 病因分析

性格因素，薛某的性格比较内向，在社交场合中缺少主动交往行动。现有研究发现，性格内向是很多社交恐惧症的一个重要特征，内向的孩子如果在青春期过程中不注意调整心理状态，今后很多人会更加惧怕与人交往，严重者会发展成社交恐惧症。

青春期的社交经因素，如看到别人或听到别人在某种交往情境中遭受挫折时，自己就会感到痛苦、耻辱，缺少人际沟通。自我评价较低。父母的过度保护与指责，容易使孩子的自我评价降低，从而引发社交恐惧反应。

经双方共同协商，确定如下咨询目标：

（1）近期目标：缓解求助者的抑郁和焦虑等不良的情绪，解答青春期困惑，改善人际交往。

（2）长期目标：协助求助者建立良好的人际沟通模式，学习有效的人际交往技巧，克服不良个性特征的制约，注重自身有关能力的培养和训练，完善自己的个性，促进求助者的心理健康和发展，充分实现人的潜能，达到人格完善。

针对薛某的问题，咨询师确定了三个阶段的干预方案。

第一阶段的干预

在第一阶段的干预中，重点是了解基本信息，确定咨询目标。在与薛某的沟通中，咨询师了解到薛某是家中独子，由于父母工作繁忙，从小由奶奶抚养长大，由于奶奶岁数较大，很少出门，薛某小时候与其他同伴和成人接触较少，形成了内向、害羞的性格。到了中学阶段，回到父母身边，又受到了父母的过度保护，很少带他去一些社交场所。所以，在上大学之后，遇到一些社交问题时，就会不知所措。同时，薛某也产生了自己总受到别人关注的想法。咨询师针对薛某的情况，与他共同制定了咨询目标，使其改变不良认知，克服社交恐惧。

第二阶段的干预

在第二阶段的干预中，咨询师采用合理情绪疗法改变薛某的错误认知。虽然，青春期的大学生都很在意别人对自己的关注，但是每个学生都是自己舞台上的主角。因此，薛某要认识到别人对自己的评价是暂时的、偶然的，不会有人总关注自己是不是多看了别人。在和别人交往时，不要过多地考虑别人的评价。这一阶段的干预共进行了六次，第一、第二次简要向求助者介绍合理的情形疗法，使薛某认识到自己恐惧的情绪来源于自己错误的认知。同时，给求助者留了作业，让其记录随后两周内自己都有过哪些不良情绪，伴随的认知是什么。当薛某带着作业来的时候，与其共同分析，当不良情绪（社交恐惧）出现时，自己的认知中有哪些是不合理和错误的。咨询师教给薛某用质疑和夸张的方式与自己的错误信念进行辩论。比如，当出现怕别人都在看自己的情况时，就和自己辩论，“别人都是在看我吗?”“他们真的没有事情做，都想看我吗?”等等。在经过一系列的辩论之后，薛某的不合理信念有所改变。第三、第四次咨询，让求助者回去之后，继续记录和练习在咨询中学习的自我辩论技术，改变不合理认知。最后两次咨询的主要目的是检验通过自我辩论，是否改变了其错误认知，社交恐惧程度是否有所下降。通过交流，了解到薛某近段时间已经逐渐认识到自己的恐惧情绪来源于自己的错误认知，并能试图去改变自己的错误观念，有继续完成学业的想法，咨询师建议薛某接受进一步的治疗。

第三阶段的干预

由于求助者社交恐惧的形成已经有一段时间，而且已经严重影响了自己的日常学习和生活，因此要想重新回到正常心理状态还需要一个过程。对此，在治疗的中后期咨询师给求助者介绍了行为主义的系统脱敏的方法。系统脱敏法又称交互抑制法，其主要的程序是通过一系列的步骤，按照求助者恐惧对象的强度，由弱到强、由小到大，逐渐训练心理的承受力、忍耐力，增加适应力，从而实现最后对恐惧对象不再产生“过敏”反应，保持身心的正常状态。根据薛某的情况，咨询师将社交中的恐惧对象和场景按照 1 ~5 的等级进行排列，训练薛某主动反复接触最低等级的对象，直到紧张消除，然后再接触第二等级对象，依次类推，直到全部完成。到第三阶段，薛某已经可以回到学校，但不敢与同学老师对视。到了第五阶段，基本可以与同学正常交往，但是在交往过程中主动性较差，还有一些时候感到害羞。不过值得高兴的是，求助者已经可以克服自己的一些错误观念了。

经过三个阶段的干预，求助者的社交恐惧程度有所降低，已经能够回到学校中，参加正常的学习生活。

三、咨询效果评估

（1）求助者自我评价：“见到异性已经不那么紧张了，也可以和同学交流，现在睡眠质量也比较好，心情好多了。与同学的交往也渐渐增多，老师和同学都对我很友善，感觉没有那么自卑了，对自己越来越有信心。”

（2）辅导员反馈：薛某渐渐开始和同学交流，性格也开朗了许多，这周学院组织活动，他也主动参与，感觉他变自信了。

（3）心理测验结果：SAS，标准分 48；SDS，标准分 45；SCL－90，总分 148。经过测查，各项指标已恢复正常。

（4）心理咨询师评估：两个月后进行回访，求助者的状况已基本恢复正常。求助者已基本纠正了不良认知；自卑心理得到了克服；情绪症状（自卑、紧张、焦虑、人际关系敏感）得到了改善；躯体症状（睡眠不良）已消除；能够较坦然地面生活，轻松地和同学们相处。

社交恐惧症的形成有多方面的原因，因此社交恐惧症的治疗也并非到此结束，还可以从以下几个方面进一步提高薛某的社交技能，巩固咨询的效果。

首先，要多学习社交技能，在交往中使用适当的技能，以赢得别人更多的接纳。比如，学会倾听和倾诉，学会对别人的交往信号做出积极的反应，主动交往。

其次，求助者要努力改善自己的性格，多参加体育、文艺等活动，尝试主动与同伴或陌生人交往，在交往的过程中，克服羞怯、恐惧感，使自己成为一个开朗、乐观、豁达的人。

最后，学校和家庭对一个人的成长起着至关重要的作用，为了帮助处在青春期的社交恐惧症患者，在学校中，同学和教师要对他们采取接纳的态度，多交往。家长要营造和谐的家庭氛围，鼓励他们接触各种场合，培养他们对别人产生更多的安全感和信任感。

驱散阴霾　阳光你我

张　莹　王　丹*

一、案例简介

（一）当事人信息

小李，女，19 岁，内蒙古某职业院校二年级学生，专业会计学，父母均为自谋职业者。父亲比较严厉，不苟言笑，母亲待人温和，任劳任怨。家中有一姐姐，也为自谋职业者，平时与小李交流较多。

（二）来访者主诉的问题

小李母亲在去年年初因病去世，这给小李造成了沉痛的打击。小李从小因父母感情不和，父亲对母亲冷漠的态度而对父亲充满了厌恶甚至是憎恨。自从母亲去世后，小李难以从悲痛中自拔，日日失眠，靠药物维持每天也只能睡三个小时，不想和任何人说话，每天足不出户，各科的出勤率都很低，学业压力也很大，觉得自己很无助、很绝望。

* 张莹，内蒙古机电职业技术学院信息与管理工程系党总支副书记，副教授；王丹，内蒙古机电职业技术学院信息与管理工程系，助教。

二、案例分析与解决方案

（一）案例分析

这是一起典型的因个体因素、家庭因素、社会支持系统等因素而导致大学生抑郁的案例。现今高校中，大学生出现抑郁情况的现象十分普遍，有研究显示，大学生中抑郁情绪发生率为32.1%，抑郁症已成为当下大学生心理的隐形杀手。大学生的抑郁情绪受其人格特征、生活事件、应对方式、社会支持等因素影响。

1. 家庭因素

研究结果显示，家庭内支持、朋友支持、其他支持对大学生抑郁状况的影响不一致，大学生感受到的来自家庭内的支持最高，其次是朋友的支持，其他的支持对大学生抑郁情绪的影响较小。因李某母亲的突然去世以及家中纷繁复杂的关系，她很少对父亲表露想法而缺乏有效沟通。有调查发现，在所有家庭因素中，父母的情感表达、家庭冲突、家庭月收入对大学生抑郁情绪有显著的回归效应，家庭凝聚力和母亲情感表达对大学生的疏离感有显著的回归效应。父母的情感表达对大学生抑郁的影响最大，父母表达越低、家庭冲突越多、家庭收入越低，学生患抑郁症的可能性越大。

2. 社会环境因素

由于李某初次到大城市读书，面对新的陌生环境，对大学生活、大城市的适应比较慢，加上沟通交流上面的障碍，久而久之容易产生孤独感。像李某这样有严重孤独感的人群，最需要的就是与人交流，建立良好的人际关系，但他们却往往不肯主动与人交流，尤其是进行情感交流，这也致使他们在遇到困难时缺少足够的社会支持，因而不能及时有效地把他们的负面情绪处理好。在这种缺乏社会支持的孤独感中产生或加重抑郁情绪。

3. 个人因素

李某性格较为内向，不善交流，接触不深的人很难走进其世界，在面对压力或负面事件时，自己会感到无能为力、束手无策，同时又缺乏必要的社会支持，便产生了抑郁情绪。

（二）解决方案

1. 了解情况，多方协调

在向李某寝室室友、班委及之前相处好的同学了解详细情况后，一是安排寝室同学、班委负责陪同李某，防止其独自相处，随时关注其动态；二是及时向上级领导汇报并告知学生家长，向学生家长反映这一情况，同时向学生家长了解关于李某的其他信息，在与李某家长进行深入的谈话了解后，针对李某的情况进行进一步的处理，密切做好家校联系；三是找李某本人进行谈话与引导。

2. 各方关爱，加强社会支持系统

由于李某出现抑郁症状主要与家庭亲密度和适应性、人际关系障碍、缺乏社会支持及个人等因素有关，所以首先建议家长带领其去专业的医疗机构进行诊断，在允许其继续学习的前提下，增进学校与家庭之间的联系。一方面，告诉家长应尽量多和李某进行沟通，能够成为他信赖的倾诉对象，而不是简单地对其进行训斥。另一方面，指导李某姐姐对李某给予更多的关爱，并能够经常到校看望李某，给他更多的心理支持。因李某与姐姐关系较好，建议借助亲情这一纽带让李某增强自己的责任感，增进家庭之间的亲密度。

3. 找准原因，逐个击破

由于李某已有抑郁情绪，因此，一是推荐学校专业的心理咨询导师为其进行心理辅导；二是邀其观看、参加各类心理活动的表演，为其营造积极、活跃的氛围；三是由于李某日日失眠，精神严重衰弱，为了鼓励其正常完成课业，与学生科协调，允许李某早晚自习请假休息以调整状态；四是利用网络媒体增进与李某的交流，如利用QQ空间“特别关心”功能将学生李某设为“特别关心”对象以进行密切关注和跟进、利用微信朋友圈对其朋友圈动态进行评论或点赞，使其能够感受到别人对她的关心和爱护。

（三）结果评价

经过多方干预之后，小李逐步可以不借助药物进入睡眠，也逐步开始上课，接受家长和同学的关心和帮助，与同学之间关系融洽，自己的内心压力和悲痛终于找到了出口，不再迷茫、绝望。

三、案例启示

（一）加强辅导员、学生心理健康知识教育

辅导员除了在从事学生日常管理工作时尽可能做到更细致以外，同时还要求危机的预警机制一定要及时有效，在沟通交流过程中要把握重点人群，使问题解决在萌芽状态。学校要对学生加强心理健康知识教育，帮助学生正视自己存在的心理问题，而积极主动地配合治疗或寻求治疗与帮助；同时也要加强辅导员的心理健康知识教育，从而使辅导员及时察觉和处理问题。

（二）抓住当事人的关键弱点，进行重点解决或利用

要充分发挥关键人物的作用，案例中李某出现了抑郁情绪后才引起了辅导员以及同学的关注，经过询问才得知李某家中的事情。因此需要在以后的过程中，注重加强家校之间的联系沟通。同时，通过与家长的谈话了解到，李某在家中属于懂事、节约、孝顺父母的性格，对李某打感情牌，增强其作为家庭成员的责任感。另外是找到李某在大学关系特别好的同学与其进行谈话，帮助李某渡过难关，争取到她们的理解与帮助。

（三）解决实际问题与解决思想问题并举

考虑到案例中李某的家庭经济因素，在给李某推荐心理导师解决思想、心理问题的同时，为李某申请学校勤工俭学岗位，在一定程度上解决其实际经济问题，减轻其心理和经济上的压力。

沉迷网游学业误　把脉思想引正途

张育英*

一、案例简介

小 L，18 岁，大一学生，性格内向。因某款火爆的网络游戏认识了前男友，很快，在未与网恋对象见面的情况下被分手。失恋后的她课上时常走神，课下更是魂不守舍，很少与周围同学聊天，而是一有空就打开手机游戏，试图通过不停地打游戏来暂时忘记难过的事。没日没夜地玩游戏导致小 L 上课时更无法集中精力，在课上屡次因为状态不佳被老师提醒、批评，不良的状态直接影响到了小 L 的学习成绩和健康。为此，小 L 自己也感到无助。

二、案例分析与解决方案

（一）案例分析

内向的小 L 因失恋钻起了牛角尖，需要身边人主动关心，帮助其转移注意力，先把小 L 内心对于失恋的愁云吹散，再慢慢引导她摆脱对游戏的沉迷，重新找回对学习和生活的兴趣。

* 张育英，乌兰察布职业学院经济管理系辅导员，副教授。

（二）解决方案

1. 主动关心，放下戒心

小 L 的性格较为内向，平时不会主动与身边的同学沟通，尤其是在遭受失恋的打击后，更是选择将负面情绪憋在心里，一个人承受，其结果只会使负面情绪越来越浓。此时非常需要有一个人来承担倾听小 L 倾诉的“树洞”的角色，主动与她聊天，帮助小 L 倾泻内心的苦闷。这一步要运用会谈技巧，与小 L“共情”，先引导小 L 放下戒心，与小 L 建立良好的关系，再结合认知疗法，改变其对网恋和对网络游戏不合理的认知。

2. 挖掘基点，顺势转移

“基点”是主导事情发生变化的着力点，它是问题发生的根源，也是解决问题的关键。通过倾听小 L 的陈述，我发现，小 L 因为没有正确认识网恋，而为失恋陷入无尽的负面情绪中，才会利用游戏规避现实世界。这是此次事件所谓的基点，它是帮助当事人寻找希望、重新生活的支点，找到它是解决问题的重要一步。要利用这一点来引导、转移她的阴郁情绪，转移对游戏的依恋，找回对现实生活的兴趣。

利用她对恋爱的态度顺势引导，主要交流两个方面的问题：一是网络具有一定的不真实性，隔着网络的面纱，即使是再警惕的人也免不了被网络那头不怀好意的陌生人蒙蔽，这不是小 L 的错。而一次在网上的遇人不淑并不代表在现实中也不会有优秀的男孩子存在，只要走出阴霾，不去逃避正常生活，还是会有其他的恋爱机会。二是如果想在现实中遇到更靠谱、更好的人，首先是让自己变得更好、更加积极正面，为减少她对游戏的沉迷，我通过与小 L 散步散心等方法及时地转移了她的注意力；在课上，故意把小 L 的座位调换到了具有爱心、耐心的同学附近，将她的注意力重新拉回到对于学生来说最重要的学习中来。在这一阶段的交流、沟通中，通过一些积极的暗示技巧，把对过去的后悔转化为前进的力量。

3. 成功体验

经过第二步，小 L 的生活、学习都有了很大的改善，慢慢走出了失恋的阴影，也不再沉迷于游戏。在这种情况下，更进一步，通过这一事件让小 L 认识到封闭自己的弊端。在这一步，通过与小 L 共同探讨分析，使其明确三点：一是通过正确认识生活中的一些事情可以发现，如果能跳出束缚看问题，很多事情都不像想象中那样难解决；二是鼓励小L主动与同学们交流，坦然面对负面情绪；三是使用正确的方式来转移注意力，而不是通过网络游戏来逃避。

这一步主要是运用认知疗法以及激励理论，体现小L自己的力量，并通过共同探讨分析，使其乐观地生活。

（三）处理结果

小L的情况逐渐好转，正确认识了网恋的实质以及网恋与恋爱的区别，走出了失恋的阴霾，摆脱了沉迷于网络游戏的困扰，重新拾起了学习兴趣。

三、经验与启示

（一）沟通、交流技巧

为了了解小L真实的心理状态，辅导员灵活使用倾听技巧及参与技巧，与小L共情，做小L的树洞，帮助小L宣泄不良的情绪，这也有助于了解小L负面情绪的前因后果，抓住“基点”解决问题。“基点”可以调动小L自身的力量，并扩展到其他一些生活事件中，成为她生命中的“自助器”。这也较好地体现了心理咨询的核心——助人自助。

（二）教导小L正确认识网络世界

网络交往具有无限性，超越了空间、辈分、职业、地位等，提供了平等交往的自由活动平台，也为我们的学习提供了更多的机会和空间。网络交往有利也有弊，网络为我们学习新知识提供了一个更广阔的平台，但也可能因其虚拟性让一些心怀不轨的人乘虚而入，我们要正确认识网络的两面性，发挥网络的优势，避免网络的危害，发挥网络交往对生活的积极促进作用。另外，偶尔玩网络游戏可以放松身心，但这绝对不是逃避现实世界的长久之计，长时间玩游戏可能会导致沉迷，也会影响身心健康，我们需要正确对待网络游戏：可以玩，但必须有所节制。

（三）教导小 L 正确转移注意力

小 L 身处校园中，很少接触复杂的社会环境，心理年龄与实力及年龄不相匹配，遇事不懂得自我纾解，容易钻牛角尖。需要了解一些转移注意力的方法如：

（1）目标转移法：如果在生活中因为某个人或者某一件事情感到心情烦躁、郁闷，而注意力又无法集中，这时就不要强迫自己，应该换一种方式放松一下烦躁郁闷的心情，最好的方法就是听听音乐，看看电视，上上网，这样做就能分散紧张的注意力，让烦躁郁闷的心情能够及时得到缓解和放松。

（2）心理暗示法：心理暗示是一种现象，有积极和消极暗示两种。当心情不愉快时，如果采取消极的方法暗示自己，就会使心情雪上加霜，会让自己的心情更加烦躁和不愉快。当心情烦躁、不愉快时，应该采用积极的暗示方法，也就是用积极的心态去思考，告诉自己心情烦躁是暂时的，属于正常的心理反应，乌云就会散去，温暖的阳光即将到来。还可以回忆从前所发生在自己身上的美好事情，这样做就会缓解由心理压力造成的烦躁情绪。

（3）思想交流法：在日常生活和工作中，每个人都离不开与人交流和沟通。但有一些人就不喜欢与人沟通，不想让别人对自己了解得太多，更不想让别人知道自己的心事，不管是遇到高兴还是烦恼的事情，都不愿意把自己的心理想法和心理感受告诉别人。这样做的结果就是不仅解决不了自己存在的问题，还会增加自己的烦躁情绪，长期下去就可能会产生与人沟通时的心理障碍。要想减压和解除烦恼，正确的方法就是找一位比较知心的朋友，把自己的不愉快跟朋友倾诉一下，讲讲自己心里的真实感受。这样做就会把不愉快和烦躁的心情释放出去，随之而来是心情舒畅，烦躁和不安的情绪也得到了改善。

作为一名辅导员，对每一位同学尽心尽力是我的职责，更是一种担当。把同学的困难当作自己的困难，认真践行法律法规的宣传和教育，将大学生对法律法规的认识从根本上进行改善和提高。让新时代的大学生在我们的影响下走正确健康的道路，积极推动大学生过活力充沛的校园生活，健康你我，阳光校园，我相信在我们积极的努力与付出下，校园生活一定会朝着更加规范化、健康化、积极化的方向迈进！

做生活的主人　开启快乐的人生

倪志强*

一、案例简介

李某，女，18 岁，某院大一学生。该生为外省籍生源，单亲家庭，父母离异，亲生父亲有三次婚姻，她是父亲第二次婚姻的孩子。由于父亲常年在外做生意，她从小就跟随父亲四处漂泊，居无定所，大部分时间都是自己独住。刚上大学不久，她参加了班级班委团支书一职的竞选，结果只得到一票，还是自己所投，因而感觉羞愧难当。第二次参加学院学生会干部竞选，也以失败而告终，至此开始怀疑周围的人和事，感觉在大学里没有什么未来可言。和同学、舍友关系一般，不愿与人交流，感觉自己与他们格格不入，不太招人喜欢，抱怨周围的人除了学习，不懂交际，感觉自我被孤立，不想过集体生活。一心想着提前毕业，赶紧离开大学。该生性格开朗、自尊心极强、独立、敏感，自我感觉良好、人际关系一般，对任何事情没有兴趣和动力，比较迷茫，迫切想改变这一切现状。

* 倪志强，内蒙古财经大学统计与数学学院教务科副科长，助理研究员。

二、案例分析处理

（一）案例分析

李某，自幼在特殊的家庭环境中成长，对家庭没有概念，缺乏家庭的温暖，成长的经历使其自我防御心理较强，具有极强的自尊心，渴望被其他人认同与理解；人际交往能力欠缺，没有可倾诉的朋友，认定周围的人都不友善并且难以沟通；初上大学，面临生活、学习环境的差异，尤其在经历了几次挫折之后，出现了一定的自我否定，心理与行为出现异常表现，患有轻度焦虑和轻度的神经衰弱，故被确定为心理障碍干预对象。

（二）处理方法

（1）帮助来访者接受心理咨询的帮助。面临心绪不佳、郁闷、痛苦是正常的，帮助当事人接受心理咨询的帮助，在帮助下经历、体验并摆脱痛苦，帮助来访者最终走出困惑。与李某建立信任关系，解除其自我防御的心理，真正找到其焦虑的根源。经了解，李某被成长环境深刻影响，不愿相信别人也不愿意接受别人的帮助，每次谈到家庭时，李某都控制不住自己的情绪，泪流不止。

（2）帮助来访者积极地正视心理障碍。在李某的咨询中，发现其在主观意识中存在很多的错误或者非理性的认知，为了纠正这些认知，运用合理情绪疗法帮助其建立正确的理性信念，通过以改变认知为主的治疗方式，来帮助来访者减少或消除已有的错误的情绪障碍。在李某看来，一个人独处是最好的，他想提前毕业去当老板，两次学生干部竞选的失败是大学生活失败的开始，周围所有的人相处方式都是虚伪、不真诚的，和任何人都谈不来，只喜欢在网络上与人沟通，自我感觉能力较强但是无用武之地，等等。在咨询中这些不合理的认知信念都需要被纠正。

（3）帮助来访者改善目前所处的环境。考虑到李某从小到大特殊的成长环境，初入大学时对生活、学习等不适应的情况，第一时间联系到李某的父亲，将李某近来的状态予以告知，并让家长多抽时间从各个方面来进行关心关爱，同时，联系到李某所在学院的团总支，对该生予以重点关注，并积极动员其参与到学院的各项活动中。随后，与她所在宿舍的其他舍友进行积极沟通，化解其中的误会和矛盾，使其得到宿友更多的关心与帮助，让她感受到大家的温暖，共同帮助其建立良好的人际关系。

（4）帮助来访者提高自身心性的发展。除了以心理咨询帮助其建立合理的信念之外，还应让咨询者自身达到心性自愈的发展效果。根据其心理障碍的特点，给其做了沙盘游戏疗法。沙盘游戏疗法的主要功能和作用包括：心理诊断与综合性心理评估；各种心理压力、紧张和焦虑的辅导与缓解；各种心身疾病的专业性心理分析与治愈；同时，沙盘游戏治疗也可以作为一种综合性的心理教育技术，在心理健康的维护与人格发展，艺术表现与创造力的培养和生活质量的提高中发挥积极的作用，引导来访者获得以自性化为目标的人格发展与心性完善，感受心灵所能达到的境界。经过沙盘游戏疗法，李某自诉感觉到很轻松、愉悦。

（三）处理结果

在经过了几次心理咨询、沙盘游戏后，李某的情绪得到了极大的改善，在生活学习中重新获得了信心，并能够正确认识挫折和失败，人际交往方面不再害怕与陌生人接触，在能力的提高上还有待进一步改善，总体情况良好。

三、工作思考与建议

（一）积极关注特殊家庭的学生

在高校中，像李某这样在特殊的家庭环境下成长的学生不在少数，特别是近些年来，在有心理障碍的个体中，单亲家庭占很大比例。从心理学人格发展的角度来看，家庭环境对个体的成长极其重要，尤其是在童年期影响深远。多关注特殊家庭的学生，了解这类学生的家庭环境、成长经历、日常言行等，多深入学生之中，多与他们沟通，多关注他们不同寻常的突然变化，全方位、多渠道地去了解情况，才是心理健康教育的重点。

（二）加强大学生入学的心理调适教育

从中学时代走来，每一个大学新生所面临的都是一个全新的世界。无论是自然环境还是学习方法，无论是个人目标还是社会期望，都发生了很大变化。由于环境的变化，知音难觅的孤独、中心地位的失落和强烈的自卑心理是导致大学新生适应困难的重要因素。大学新生正确认识角色改变、有效进行自我评价、主动适应全新环境、建立良好人际关系、培养生活自理能力、学会自我心理调适等方面的教育应该加强，积极帮助他们顺利过渡，开始丰富多彩的大学生活。

（三）充分发挥学院、班级和朋辈等方面的力量作用

建立完善的心理健康预警体系，对大学生的学习、生活各个环节中出现的心理健康问题进行及时引导和帮助，可以有效地防止他们出现严重的心理障碍或异常行为，避免恶性事件的发生。把心理健康教育融入到平时的学生管理工作之中，充分发挥学院、班级和朋辈的力量作用，在学生中开展深入细致的谈心活动，帮助大学生解疑释惑，缓解其经济、就业、学习和生活方面的压力，并积极组织、引导大学生参加丰富多彩、形式多样的校园文化和社会实践活动，陶冶大学生的高尚情操，促进其全面发展。

网骗网贷篇

发挥辅导员作用 合力解救陷入传销学生

巴特尔*

一、案例简介

小A，女，20岁，大三学生，来自单亲家庭，和父亲一起生活，但父女关系不很融洽，放假时经常居住在亲戚家，家庭经济状况一般。该生平常表现良好，和同学关系较为融洽，成绩中等。2016年9月开学时，该生未按时报到，我与家长及时联系，得知他们已经知道该生未在学校，而在广西北海从事传销活动。他们和该生取得过联系，该生让家长前往广西北海见面。但当该生得知要接其回家时，拒绝再次接听家长电话。家长报案后，当地派出所因种种原因未立案。家长希望学校给予相应的帮助。据同学反映，该生在假期期间，曾多次向多名同学借钱，共计约3000多元，且不说明用途。

二、案例分析处理

（一）案例分析

对于身陷传销组织的学生，解决问题的关键是掌握相关情况后，在确保其生

* 巴特尔，内蒙古财经大学商务学院团总支书记，助理研究员。

命安全的前提下，家庭、学校、社会多方合力，通过制定科学合理的解救措施，尽快将学生安全解救回来。然后根据学生陷入传销组织的具体原因，做进一步的思想教育和安全教育工作。

（二）处理方法

（1）我第一时间将所掌握的该生相关情况和事件详细情况汇报给学院领导，经批示后向学生处和保卫处以及分管校领导汇报。学院让我在继续和家长保持联系的同时，密切关注该生和其他同学的联系。

（2）我认真做好与家长的沟通联系、安抚工作，并将学校所采取的措施告诉他们。经学校查证，该生 7 月曾购买火车票，8 月用建行卡取过钱，地点均在广西北海。

（3）为了更好地发挥班主任的作用，我几乎每天都给该生打电话，发信息。虽然没有得到回信，但是我想让她感受到老师对她的关注和期盼。

（4）我找到与该生关系要好的几名同学，动员他们每隔几天向该生发信息。内容包括是否能回来参加班级活动、宿舍活动、日常教务教学等常规事情，没有很突兀的“你在哪”“你干什么去了”之类的问题，让该生感受到仍是班级的一分子。该生偶尔也和同学有联系，但未明确所在的地点以及回来的时间。

（5）我尝试借助网络的力量。一是发了一条大学生防诈骗、防传销的朋友圈内容，该生竟然点“赞”，这或许说明该生能够方便地使用手机。二是因为北海当地派出所因种种原因不予立案，该生家长只能凭借个人的力量去寻找。我利用微博，通过@广西北海市公安局@北海发布@北海工商@北海微媒体，寻求帮助。其中北海工商给我留言，让家长直接与北海打传队联系，并留了电话。

（6）家长和学校经过不懈努力，突破传销组织的重重阻力，终于于 2016 年 9 月 18 日，把该生安全带回内蒙古的家中。得知这个消息后，我第一时间汇报给学院领导。据家长反映，该生思想和精神状态不好，学院建议家长带其做个专业的心理辅导和治疗，做进一步的观察。

（7）我在第二天立即召开班会,做了简要的事情通报和说明。班会重点是以此事例加强反传销、防诈骗安全教育，使学生充分认识到传销组织的本质特点及其危害。

（三）处理结果

在休息了一个星期，家长急于让该生返校上课时，我向院领导请示，建议学生做休学一年处理，以作进一步的状态调整和行为自省。对于违反校规校纪的行为，根据其自我检查情况，在复学后对其进行处理。该生和同学借的钱，我一一核实告之家长后，家长已还钱。最终，家长以及学生对休学的结果表示认同，并且对学校以及学院所开展的工作表示感谢。

三、工作思考与建议

1. 安全教育要警钟长鸣

传销作为校园突发性案例，虽然具有不可预测性，但是辅导员可以采取一定的安全教育手段和措施预防其发生，做到警钟长鸣。在预防机制建立方面，最重要的是“提高认识、立足平时”。辅导员在对学生的教育管理工作中，要树立三种观念，即“防不胜防也要防”的观念、“说了不听也要说”的观念、“管了没用也要管”的观念。

2. 关键时刻要勇于向前

一旦有突发性案例发生，及时处理就很重要。辅导员要冷静，在关键的时候不能慌乱、不能畏难，要了解清楚事情的起因和发展过程。在发生了诸如打架斗殴、自杀、精神疾患突发等事件后，要在第一时间到达现场，第一时间确保学生的生命安全，第一时间启动应急预案。辅导员作为学生的人生导师和知心朋友，关键时刻要有“亮剑”精神，成为学生最坚实的后盾。

3. 应急预案要能应得急

所谓“有备”则“无患”，周全合理、行之有效的应急预案是学生工作的必备内容。突发预案机制不完善，会导致临场手忙脚乱，缺乏有效的联动响应，最终导致事件处置的失败。所以，在日常工作中不仅要进一步健全各种类型突发事件的预案，更要加强预案的演练工作，真正做到应急预案能应得急。

4. 处理办法要开拓创新

在一些具体案例的处理过程中，辅导员的处理办法、措施要开拓创新，不要墨守成规。在这个案例中，我通过发微信朋友圈动态，推测学生能够方便使用手机；通过上微博求助，为解救学生赢得了更多的机会和渠道。所以辅导员解决问题的思路要宽、方法要新，要勤于学习和思考，努力做一个胸中有墨、心中有爱、肩上有责的辅导员。

不良网贷　警钟长鸣

——网络不良借贷教育案例

辛　平*

一、案例简介

小 B，男，22 岁，某院大三学生。该生从小生活在单亲家庭中，由母亲抚养长大，家庭收入来自母亲的退休金和打工收入，仅够维持学费及家里最基本的日常开销。小 B 入学后，经常与同学在校外喝酒，喜欢到网吧玩游戏，消费比较高，由于母亲对其比较爱护，对于他的消费要求一般都给予满足。在大二下学期时，其母亲突然被检查出患有癌症，在患病初期，一直瞒着小 B 进行治疗；随着治病需要的治疗费用的增加，小 B 母亲没办法完全满足小 B 生活费需要，只得将实情告诉小 B；自此以后，小 B 虽然将自己的日常消费降低了，但日常开销依旧较高。知道母亲生病便有了替母亲挣钱治病的想法，所以经常通过各种渠道打工赚钱，将母亲给的学费挪用来做生意，想以此多赚钱。通过了解了网络贷款后，最初的想法是以借款缓解生活压力，开始时多次贷款均能及时还款，但随着贷款次数增加，渐渐无力按时还款，欠款达几千元。而且因为个人信息被他人冒用，被别人以其信息在某网络平台借贷 3 万元，被借贷公司通知了学校、老师和家长，事件发生后自己十分害怕并且后悔，但又无力偿还。

* 辛平，内蒙古财经大学学生工作处学生科科长。

二、案例分析处理

（一）案例分析

小 B 从小生长在单亲家庭中，情感容易受到挫折，容易出现寂寞、失落的心理，本人有着强烈的与人交往的观念，但没有合理控制，将经常与朋友喝酒、打游戏当作正常的“社交”，使消费观念发生变化，自己经常请别人吃饭、喝酒、玩游戏等，造成自己日常消费水平超过所能负担的范围，但为了撑面子还是尽量维持这些“社会关系”，所以才会通过各种渠道挣钱。对网络借贷从最初的小贷小还，发展成小贷暂还，到最后只贷不还，折射出其对金融知识和信用观念的了解匮乏，而且不注意保护个人信息，容易被人利用，这也是目前大学生网络借贷中比较常见的现象。

（二）处理方法

（1）事情发生后，马上与小 B 联系，全面了解事情的经过。鉴于小 B 比较害怕此事，我与其进行了必要的安慰和心理疏导；随后向学院领导汇报事件经过，并与其家长取得了联系，通报事件。

（2）将事件性质做了区分，属于小 B 本人在网上借贷的，要求他本人尽快进行偿还，并与其家长进行了沟通。鉴于其家庭的特殊情况，与家长共同商量了解决措施，最终由其亲属凑钱将欠款偿还；而对于小 B 因个人信息泄露，被他人以自己名义贷款 3 万元钱的情况，采取立即报案的措施，配合公安机关进行调查，并随时准备用法律手段维护自己的正当权益。

（3）对小 B 多次进行教育。首先，对于他的消费观念提出批评，要求其控制与朋友交往的范围，不能再喝酒、打游戏或进行其他高消费活动。其次，对他本人信用观念淡薄的情况进行了教育，详细讲解了信用的作用：对于不按时还款可能造成的信用缺失，以及其对本人今后的影响进行了细致的解释。最后，通过对他本人学习、生活状态和就业观念的了解帮助他本人树立了正确的观念，但目前效果并不明显。

（4）专门安排班级干部和宿舍同学了解其日常情况，对其生活状况、学习状态、思想情况进行了特别关注。

（三）处理结果

小 B 的情况有所好转，没有再次借贷，与朋友出去喝酒、娱乐均在正常的范围内进行，通过多次谈话，他能够意识到错误，但学习习惯等改变并不明显，需要进一步观察、引导和教育。

三、工作思考与建议

（一）多留意特殊家庭及家庭困难的学生，特别是突发家庭经济困难的学生

需要多了解经济困难学生的家庭环境、成长经历、日常言行等，多深入学生之中，通过与他们谈心谈话，关注他们不同寻常的突然变化，全方位、多渠道地了解情况，不能抱着侥幸心理，不深究、装糊涂、走马观花。突发家庭经济困难情况的学生，其承受力往往比一般家庭困难的学生要差，发生突发情况以后，显得不知所措，需要更多关注并投入更多精力加以引导。

（二）应加强对学生消费观念的教育

受到成长环境的影响，当代许多独生子女大学生，在父母的关爱包围下成长，往往忽略了理财观念和风险意识。特别是家庭经济困难的学生，不愿向辛劳的父母索要过多的费用，而被身边的环境所影响，产生攀比心理，盲目地追求时尚和品牌，在冲动消费后自己的钱不够用时，便选择以网络借贷的方式来缓解压力，有时无力还款时，便采取拆东墙补西墙的方法，用新的贷款偿还旧的贷款，最后只能是越贷越多。

（三）应加强对学生信用意识的教育

通过此案例并结合日常工作中的其他案例，我发现网络贷款存在门槛低、放

款快、利率高的特点，有时学生可以通过自己的信用在无抵押的情况下贷款几千元至上万元，这么容易“得到”的钱使学生形成一种“错觉”，即没有催我便不用马上还，极端的情况是“我如果不还也拿我没办法”，想法的背后体现的是诚信教育的缺失和信用意识的淡薄。应组织专门的诚信教育，帮助学生树立正确的信用观念。

（四）提高学生个人信息的保护意识

在帮助学生树立正确的金融观和消费观的同时，应提醒其注意：①选择正规的借贷机构，不进行超额或超出还款能力的贷款。②保护自己的个人信息不被泄露，不轻易外借身份证件，如果发现身份证丢失，第一时间挂失并将挂失程序做全。③树立正确的法律意识，注意用法律来保护自己。

深陷网贷难脱身　避之不及敲警钟

郭冬梅*

一、事件过程

2017 年 4 月 9 日下午，某高职院校学生张某某打电话给辅导员，声音带哭腔求诉，主诉自己大约 3 个月前在名为“今借到”的网贷平台借款，打了 4000 元借条，但只得到现金 1600 元，其他都被放贷平台以各种名义扣押了。现在被平台威胁催还贷款，本金与利息加起来已经远远高于之前借条额度近 20 倍。面对催债人的恐吓、骚扰、诽谤等五花八门的收款手段，张某某感觉很害怕，无力还款，不敢跟朋友父母讲。身边的朋友、同学都陆续接到自己借款不还等信息以及一些关于自己的不实谣言。张某某感觉自己心理压力大到快受不了了，询问辅导员该怎么办。后在辅导员开展安抚情绪、谈心谈话、联系家长等一系列应急工作以后，在家人的陪同下一同到公安机关报案。公安机关认定本案可能涉及高利贷、诈骗、敲诈等恶性因素，随即立案并介入调查，目前案件还在进一步审理中。张某某在家人与老师的安抚谈话后压力情绪有所恢复，深刻认识到校园网贷的危害，在回家调理一段时间后回到学校继续读书。

* 郭冬梅，内蒙古电子信息职业技术学院教师，初级。

二、原因分析

（一）本案例中张某某自身与家庭的原因

张某某是家里的独生子，由于从小有先天性疾病，家人在给予更多关爱的同时免不了对其进行娇惯和纵容。虽然家庭条件一般，但家人对于张某某从小在金钱上不加以控制，这让张某某形成了大手大脚的消费观念，不懂金钱来自辛苦的劳动付出，而只把钱当作是简单的数字。经与张某某家长沟通，我得知张某某的生活费已经超过其他同学两倍还多，但其不懂合理安排自己的生活费，月初大手大脚，往往到月中就无钱可花，家中有时不能按时供应，加之面对具有诱惑力的网贷宣传，就打起了贷款的主意。

（二）校方的因素

（1）学生从小学开始直至高等教育结束，在学校中缺乏常态化的金融消费、理财、信贷、个人信用知识教育。

（2）由于网贷为新兴行业，学校没能及时科普网贷相关知识，没在教育环节培养学生对于网贷的分辨鉴别能力。

（3）学生与老师、学校的沟通和信任还不够，否则在第一次催款的时候就会向学校求助，不至于到学生不能承受压力时才想到求助于学校。

（4）学校与周边公安机关联系不够密切，张某某去报案时公安机关表示附近大学前段时间已经有好几起类似案件，如果学校能及时与公安机关联系，就能尽早预防、尽早阻止更多学生陷入网贷泥潭。

（三）网贷平台及社会环境等原因

校园网贷是一种网络金融产品，也是目前争议较多的新兴事物。近年来针对大学生贷款的平台如雨后春笋般冒了出来，校园贷最开始推出是为大学生实现创业梦想提供资金，以及帮助有经济困难的学生顺利完成学业，但大学生贷款和消费分期被某些非法分子视为“肥肉”，利益的引诱化作一只黑手，把本应宁静的校园推向悬崖。时有曝光的大学生因校园贷款引发的极端事件，也让我们不得不关注校园贷发展过程中存在的一些问题。

1. 网贷平台合规性

校园贷大致可分为三类：第一类为学生分期购物平台，满足大学生的购物需求，主要有趣分期、任分期等；第二类是阿里、京东、苏宁等传统电商平台；第三类为单纯的 P2P 贷款平台，用于大学生助学和创业等，包括名校贷等很多平台。

一般第一类和第二类平台比较正规，利息不会超过国家要求的标准，学生只要按时还款就可以。问题就出现在第三类贷款平台上，借款人与放贷人不会见面，基本全程在网上交易。这些平台的借贷门槛都很低，对借款人的资质审核很宽松。在某平台上借 1000 元，只要注册，然后在网上填写自己的身份证、校名、家庭住址、银行卡号、同学以及辅导员的姓名、电话。借款 3000 ~ 5000 元以上则可能要求录一段视频，提供手拿身份证的照片，签一份电子版合同，即可轻松搞定，但这些平台的利息往往也高得离谱，且在操作的同时有很多不合法规的环节存在。

有些网贷平台甚至恶意放贷，编织各类费用陷阱，如“服务费”“逾期费”“催收费”等。通过这些途径谋取暴利，从而加重了学生的偿债负担，使学生陷入网贷的泥潭。也难怪类似张某某这样的普通学生背负了几万元的贷款，最终陷入无法偿还且影响到正常生活的绝境中。

2. 校园网贷泛滥，宣传具有煽动性、夸大其词

学生消费和贷款是具有很大的利益，所以“零首付、零利息”也是这些贷款消费平台的噱头。这些宣传很容易让学生产生一种错觉，“我可以随时购买我想要的东西，分期还款我能承担，不会有什么压力的”。然而，这些被吹嘘的“低利息”却经不起推敲。大学生对贷款平台的分辨能力差，而且在实际操作中，某些审核程序、条款明细等方面存在不少漏洞。据一些业内人士和参与过相关案件调查的人员透露，贷款平台里面猫腻很多，这些平台都会隐瞒或模糊实际资费标准、逾期滞纳金、违约金等，等真正签约借钱或产生了逾期后，借款人才会意识到问题的严重性。本案例中张某某的贷款过程就是典型的范例。

3. 大学生缺乏金融教育、消费观念超前

校园教育中缺少金融、理财、消费方面的教育，大多数人对消费的观念是在

工作后才慢慢建立起来。进入大学阶段的青年群体，虽多数已满 18 岁，但经济尚未独立，通俗地讲就是不知道金钱来之不易，对于收入和负债没有概念，与此同时消费观还往往很超前。在面对网贷的诱人宣传时难以识别网贷陷阱，做好自控。

三、处理结果

接到张某某的求助电话后，辅导员首先在电话中安抚学生情绪，第一时间与学生见面谈话并做心理疏导。后经学生同意联系了其家长，说明了事件情况，告知学生家长不必过于担心，学校已经了解情况，后续会积极帮助学生解决问题。但孩子目前情况比较脆弱，最好有家长 24 小时陪护以防危险发生。谈话过后，辅导员跟张某某宿舍信息员联系，让其随时协助留意张某某的情绪、动向。在学生情绪稳定、咨询律师后，陪同学生与学生家长一起到公安机关报案。

四、反思导行

1. 学校、老师、辅导员、家长在呼吁相关部门加强网贷行业监管的同时也要帮助学生分辨优劣，引导理性、合理消费

（1）学校应开展金融教育课程或讲座，加强校园网贷的安全教育，帮助大学生识别消费陷阱和骗局，杜绝校园网贷悲剧案例重现校园。加强金融知识及相关法律法规的普及教育。可联合各方力量开设金融、消费、理财等课程或讲座，使大学生掌握必要的理财风险知识，了解网络借贷相关法规；向学生普及金融信贷知识以及网络安全知识，教育引导学生增强风险防范意识和自我保护意识，远离不良网贷，利用校园网站、校园广播、微信等现代化媒介平台等普及不良校园贷案例，增强大学生对校园网贷的认知能力和自我保护能力。

（2）大学生不合理的消费观念和盲目的攀比心导致学生不合理申请网贷，

到期无法偿还，陷入还贷窘境。所以要教育引导学生树立科学消费观，努力营造适度消费、理性消费、崇尚节约的校园氛围，引导学生自觉抵制拜金主义、攀比消费、盲目消费等不良风气，立足实际，养成健康的消费习惯。

（3）培养大学生勤俭节约、自立自强，大力营造崇尚勤俭的校园文化，使大学生养成艰苦朴素、勤俭节约的优秀品质。要通过召开主题班会、座谈会、研讨会等方式提倡适度消费、理性消费，纠正超前消费、情绪消费、从众消费，培养大学生的规则意识和契约精神，教育引导学生树立文明、理性和科学的消费观。

（4）保护大学生学习的净土，建立不良“校园贷”监测和处理机制。通过信息渠道密切关注校园贷业务在校园内的拓展情况，定期调研排查学生参与校园贷的情况，及时发现不良校园贷的苗头、倾向以及一些普遍性存在的问题，及时判别评估不良校园贷的潜在风险，要通过面谈、电话、短信、邮件等多种形式向大学生发布预警提示信息，配合保卫处禁止相关单位和个人在校园内宣传推广不良“校园货”业务。

（5）辅导员、班主任、学生骨干队伍要防患于未然，密切关注大学生的异常消费情况，关心学生消费心理；及时发现学生因消费导致的问题，及时纠正学生超前消费、过度消费和从众消费等错误观念，坚持早发现，早制止，早纠正；重点做好已参与校园贷学生的引导帮扶工作，对于侵犯大学生合法权益的不良校园货，应及时向公安部门报警，配合调查。同时，请求金融监管部门严肃处置违法行为。

2. 作为案例受害主体的大学生也应该做到以下几点

（1）防范不良校园网贷，提高自我约束能力，树立正确的消费观。大学生热衷于网贷消费，与个人缺乏自我约束有关。大学生在互联网开通个人网贷业务较为容易，这使他们放纵了自己。大学生的钱，基本上来自父母，即便通过勤工俭学赚钱，也是相当有限的。学生的消费能力要与自己的钱袋子相称，过度用网贷购物，甚至将每月几乎全部的生活费都用来还款是不对的。很多案例中，大多数同学都是因为经不住诱惑而步入了分期贷款的死循环，“拆东墙补西墙”，这种方式很常见，一旦踏入逾期，贷款平台的各种催款方式就会不断出现，给自己和家人带来很大影响和压力，因此提前的消费还需谨慎。

（2）端正学习态度，树立积极的学习观。了解到身为大学生，主要任务应是学习，而不是享受消费。大学期间的正常学习生活所需费用对工薪家庭来说已经不低，家长供其所学无非是想让其早日成才，但学生在校因过多享受网购的快乐而影响学业实不应该。因此，树立积极的学习观对大学生来说至关重要。正确积极的学习观对大学生活乃至一生都有重要的影响。以一种对自己、对他人和社会负责的态度去端正自己的学业态度，从点滴做起，从培养自己的意志力，抵制消费诱惑做起。

防范网络诈骗　从你我做起

王　璐*

一、案例分析

2017 年 4 月，我校机电工程系 2016 级学生李昊（化名）为减轻家庭负担，决定利用业余时间寻求一份兼职工作以贴补个人生活费用，便在赶集网上传了个人简历以及联系方式。简历提交后的第二天，李昊连续收到三条由同一个号码发来的短信，上面明确写出了李昊在网上登记的简历及个人信息，每条短信的后缀上还有赶集网几个字。看到是知名网站提供的信息，李昊便动了心，加了对方的 QQ 号。对方声称可以提供平台做兼职网店刷单员，这是一种省时省力的兼职工作，工作时间灵活，只需使用电脑或手机通过简单操作即可完成工作内容，而且其承诺每刷一笔就会将本金和佣金返还，只要按照要求将照片和好评附在每次购买的产品后边，便可以每天获得至少 100 元的报酬。

之前，李昊经常在网上进行购物，了解到很多网上商城的好评信誉都是通过刷单获得的，依靠的就是雇用线下的刷单员；同时这份兼职工作也是赶集网联系到自己的，因此对这份刷单兼职工作并未产生任何怀疑。随后，对方发来一个链接让李昊点击，打开是一张价值 100 元的充值卡，李昊按照步骤打开链接进行刷单，之后对方很快将佣金和本金打到了李昊的银行账号上。一小时后，对方又发给李昊一个卖紫砂壶的网址，让其刷两单。李昊先刷一单，支付了 3500 元，对方告知其必须完成全部任务方可收到本金和佣金。李昊告诉对方支付宝已超过支

* 王璐，内蒙古机电职业技术学院机电工程系学生科科长，讲师。

付额度，无法完成剩余任务。结果对方说如果不能完成全部任务，系统将自动冻结李昊的交易，并且无法退还本金，坚持要求李昊继续刷单。在与家人和辅导员沟通后，李昊方才意识到自己可能遭遇了网络诈骗，再次与对方联系时，发现对方的手机已经关机，QQ 也被拉黑了。

二、案例分析与解决方案

（一）案例分析

随着移动互联技术的成熟和快速发展，网购逐渐成为新型的购物方式，其独特的购物理念和便捷等特点颇受当代大学生青睐。然而社会上一些不法分子却利用网购这一平台，发布大量的虚假信息欺骗消费者，他们以高额的佣金为诱饵，开出只要能够上网，就可以不受时间和地点的限制，轻松赚钱的条件吸引受害者上当受骗。随后，不法分子会在前几次的操作中让受害者进行小额交易，交易成功后立刻将本金和佣金返还到受害者账户中。几笔小额交易下来，受害者逐渐放松了警惕，不法分子便开始用高额佣金诱惑受害者进行大额物品交易，一旦交易成功，不法分子便会将受害者拉黑，并开始寻找下一个目标。本案中看似偶然的网络上当受骗事件，背后也蕴藏着一些大学生网络受骗案件的共同原因。

首先，随着移动支付的迅速发展，支付宝、微信支付已成为网络交易中的重要工具，它在为网络交易带来便捷的同时，也极易被不法分子利用，不自觉地充当了不法分子的“犯罪工具”，至今仍未有一个有效的机制防范和处置网络诈骗。对不法分子而言，网络诈骗的成本低、隐蔽性高，这给有关部门的监管和案件的侦破带来了极大的困难。

其次，大学生安全防范意识薄弱。大学生作为中国网络大军中的重要组成部分，是一个比较单纯且善良的社会群体，他们对社会、对他人充满着好奇与幻想，却缺乏社会经验和对网络的风险防范意识。大学生更在意的是如何利用网络获取资讯、娱乐、交友、消费、交易等，更多关注的是如何利用网络为生活带来便利，在面对鱼龙混杂的信息时，缺少基本的安全防范知识，对于网络交易中可能存在风险浑然不知。尽管通过学习掌握了一些鉴别本领，但是当面对环环相扣的骗局时，往往会失去判断能力，很容易会陷入网络诈骗的陷阱中。

最后，部分大学生尽管网购经验丰富，却缺乏网购常识。《淘宝规则实施细则》中明确规定了通过网购刷好评属于违规行为，网上宣称的通过刷单获得报酬的交易绝大多数属于网络诈骗，广大消费者特别是一些缺乏警惕的大学生在面对“快速致富”“高额回报”等虚假宣传时，务必要保持冷静，避免头脑发热，防止上当受骗。

（二）解决方案

1. 报警处理

陪同李昊到辖区派出所报案，对网络诈骗事件进行登记立案，积极配合网络警察调查取证，通过正常的司法程序来寻求解决办法。即使最终无法追回被骗的资金，也要通过司法程序帮助其他人，防止其他人陷入同样的骗局。

2. 心理疏导

详细了解李昊因网络刷单被骗的整个过程后，应给予被骗学生必要的安慰和心理疏导，减轻学生因被骗造成经济损失所带来的心理压力和负担。同时，努力提高李昊的积极情绪，引导其在学习和生活方面建立小目标，通过实现小目标来鼓舞自己、提振自信。

3. 安抚教育

尽快与家长进行沟通，将情况如实反映给家长，协助家长调整李昊的心理状态。联系李昊的班长和舍友，请他们在生活、学习中，给予他更多的关心和爱护。

三、启示与建议

（一）案例启示

李昊遭遇的网络刷单诈骗案件并不是个案。据统计，在校大学生中每年都会有上千人成为网络刷单诈骗案件的受害者，被骗金额超过人均一万元。尽管类似案件的发生存在诸如网络监管体制不健全、网络诈骗隐蔽性高、不法分子手段不

断升级等社会客观因素的影响，但究其根源还是在于受骗大学生存在“不劳而获”的想法。而且，一些学生在受骗后，出于顾及脸面抑或是“破财消灾”等消极想法，不愿意将受骗事件公布出来，缺乏正确看待受骗事件的态度，缺少对网络诈骗的分析，也未能警示其他同学。类似沉默的行为不仅不能帮到身边其他同学，而且还提高了不法分子通过网络诈骗获得“成功”的概率。另一部分原因为受骗的大学生对学校的警示教育向来都熟视无睹，对骗局缺乏足够了解，总是以局外人的身份来看待网络诈骗，从不认为此类事件会发生在自己身上，缺乏重视，当骗局发生时却毫无防备。因此，大学生应该主动关注社会、学校的安全警示教育，增强自我防范意识、鉴别意识和法律意识。

（二）提高大学生网络防骗意识和能力方面的措施建议

1. 从学校角度，加强网络安全教育

学校应定期组织开展网络安全教育和防诈骗知识讲座，在校内做好各类安全教育宣传工作，开展防范技能的专门教育，引起大学生对网络安全方面的重视。学校安全教育的形式可以摒弃传统的教育方式，更多结合新媒体开展。教育内容应尽量避免长篇文章，减少出现大段文字，多使用实际案例让学生尽量多了解网络诈骗的常见形式，最好可以运用简笔画或是漫画的方式，引起学生的兴趣，在轻松的氛围中提高大学生辨别是非的能力和自我保护能力，使安全知识深入人心。

2. 从学生角度，提升自我防骗意识与法律意识

面对社会环境的千变万化，大学生要尽快适应环境，学会自我保护。平时应多关注有关新闻和书籍，积累网购经验，提高自我保护意识和鉴别能力。不轻易点击陌生网站或风险网站，不随意在网上透露个人信息。当遭遇网络诈骗时，应立即冻结淘宝、支付宝和银行卡等账户，防止发生二次被盗。遇事及时同父母、老师、同学沟通，防止出现判断失误。要大胆揭发网络诈骗行为，运用法律武器来维护个人合法权益，使犯罪分子受到应有的法律制裁。

3. 家长角度，加强与子女的沟通

家长应积极关注子女的成长，做到理解和尊重孩子，有效拉近家长与子女之间的心理距离。改善和孩子沟通的方式方法，学会聆听，了解孩子的生理和心理状况。多向子女讲述自己的社会经验和失败教训，以提高他们的防骗意识和鉴别能力。当子女不幸被骗时，不过多责备孩子，尽量配合学校及时沟通，给予孩子

指导和积极乐观的鼓励。

面对信息时代的飞速发展，作为学生工作者的我们需要更加努力地学习和总结，充分利用身边资源，采取灵活、高效、简单的教育措施，让大学生了解网络诈骗的形式和种类，不断提高和完善大学生的网络防骗意识，为大学生的健康成长营造良好的环境。

揭开网络刷单的神秘面纱

张春岩*

一、案例概述

2017 年 12 月 20 日，大一学生李某（化名）的手机上曾接到陌生人发来的短信，上面写着学生想要干兼职刷单可以加的 QQ 号码。李某当时生活费不多了，就想通过网络刷单赚点生活费。李某称以前在高中的时候也帮人家刷过单，也赚到过钱，所以没多想就加了对方的 QQ 号。QQ 客服就发来了一个链接让李某点进去，李某按照对方给的步骤打开了链接，刷单的商品是京东上的虚拟游戏币，刷单 60 元返利 20 元。李某接着尝试着买了一单，半个小时之后对方很快将佣金和本金打到了李某的支付宝账户内。这一单成功后，李某心里窃喜，原来赚钱这么容易，盘算着做上 20 单，自己接下来的生活费就有了着落。又过了一会儿对方叫李某做刷单 300 元返利 70 元的单子，李某也买了，买完第一个之后对方说这个任务是三个，必须全部做完才能返利。第二个任务是 300 元的商品买 5 组，每组返利 70 元，李某按照对方说的买了 5 组。接下来是第三个任务，还是刚才 300 元的商品要求买 10 组，这时候李某支付宝里的钱不够支付 10 组的费用了，就和对方商量看能不能只买 5 组，对方同意了，然后李某就又买了 5 组。在这个过程中李某总共花费了 3300 元。李某等待着对方的本金和返利，但是对方说由于系统原因无法返钱，要求李某把剩下没有做完的 5 组继续做完，然后才能返钱。这时李某才开始警觉到自己上当受骗了。

---

* 张春岩，包头钢铁职业技术学院计算机信息管理系辅导员，讲师。

第二天一早上我接到了李某家长的电话，家长跟我说了李某在网上刷单被骗的大致经过，且说孩子被骗了 3000 多元钱，且一部分钱是从宿舍的同学那里借来的。学生已经把情况和父母基本说清了，父母决定帮孩子还受骗的钱，并要求老师找学生好好谈谈，增强孩子的法律意识和安全意识。

二、案例分析及解决方案

（一）案例分析

随着互联网的发展和网络购物的普及，越来越多的人选择在网上购买商品，人们的网上购物通常是依据消费者对商品的评价、商品的销售量和信誉进行的。这也导致了在网购过程中出现了一些欺诈手段，常见的网络诈骗形式有利用盗号和网络游戏交易进行诈骗、网络购物诈骗、网上中奖诈骗、网络钓鱼诈骗、网络冒充熟人诈骗、冒充特服号码诈骗、网络交易平台刷信誉等。

网络刷单诈骗案件的特点是：犯罪分子先是发布虚假信息，在此类骗局中，犯罪分子先是发布虚假兼职信息，声称高额返现，以高回报为诱饵诱人入局，再兑现小部分佣金消除被骗人的疑虑。受害人进行“网购”的网站被伪装成正规的购物平台，付款二维码将购物款直接打进骗子口袋。随着购买商品金额的不断增加，骗子会以刷单慢、系统故障、操作不当等借口让被害人继续“刷单”，深陷骗局。李某的这种情况就是典型的刷单诈骗案例。

（二）解决方案

在了解了整个事件的全过程之后，我第一时间向领导汇报了情况，并帮助李某摆脱困境。

（1）劝李某报警。在确认李某被骗后，劝导其先报警处理。我考虑怎样在第一时间保护好证据，尽快报警。电话报警后，第二天学生到派出所做了详细的笔录，我主动与派出所民警联系，民警表示地方公安局没有技术设备支持，难以收集证据，需将笔录一层一层上报，并且表示对于学生的经济损失，追回的可能性比较小。

（2）安抚和心理疏导。了解整个事情后，我给予了李某安慰和积极的影响，减轻其因被骗造成经济损失所产生的心理压力和负担。首先告知学生事情已经发生了，要勇敢面对，就当成是人生中的一次经历，吃一堑长一智。然后在和学生的沟通过程中发现，学生也很后悔，并且情绪很低落。我多次找学生谈话，开导学生，化解其心中的疙瘩，鼓励他多参加集体活动，同时安排学生干部密切关注该生动态，避免学生出现过激言行。最后就是告诫李某今后在找兼职工作的过程中，要注意辨别兼职信息，在做决定的时候最好多问问家人或者老师，避免再掉入诈骗的陷阱中。慢慢地，学生感受到老师、同学的温情与关怀，敢于面对现实，从自身查找原因，积极走出此事件的阴影。

（3）受学生家长委托，协助李某将从同学处借来的钱全部归还。李某主动跟家长说清自己被骗的经过，家长听说之后很是着急，联系辅导员，并委托辅导员督促学生把从同宿舍同学处借来的钱如数归还。我又在本班召开班会，在征求得李某同意的情况下，给大家讲述了他在网上刷单过程中是如何被骗的，并且通过自己现身说法警告大家加强防范意识，不要贪图便宜，导致上当受骗，这样不但会造成经济损失，还会对身心造成打击。同时还对全班同学就网络诈骗进行再教育引导，避免类似事件发生。

三、经验和启示

（一）经验

李某的遭遇不是个案，据媒体和网络报道，类似的案例每年都会发生上千起，受骗者多为在校大学生和家庭妇女。这类案件层出不穷的原因有网络监管体系不健全，作案手段多样、作案工具智能隐蔽等客观条件，但就受骗的大学生来说，也存在一些问题：一是大学生安全意识偏低。大学生虽然在生理上逐渐成熟，但是没有真正处于社会中，处世经验欠缺，容易轻信他人，对诈骗行为的警惕和防范不足。二是学生有“不劳而获，贪图小利”的心理。本案例中，学生看到的网络上的兼职信息不少，偏偏这个几乎不用付出额外的劳动和智力，只需要机械性地点个按钮，便能赚到钱，投入产出比比较大。而且第一笔成功了，没用两分钟就挣了 20 元，照这个速度，刷上一个小时网页可比发一个小时传单，比干其他任何的兼职工作赚得都多得多。三是学生存在“赌徒”心理。骗子深谙学生心理，抓住了被骗者的心理，先让你赚点钱，再诱你投入更多的钱，学生花了钱没有得到预期的收入时，不是没有一丝怀疑，只是既然已经有了前期投入，在骗子的威逼利诱下，总盼着能按对方说的完成任务后再拿到更多的薪酬，即使有一点疑虑也不敢回头，甚至是强迫自己不能回头，因为投入太多，潜意识里不愿承认自己已上当受骗，强作镇定地安慰着自己，用一种“反正已经这样了，我再试一下就行了”的心理让自己一步步深陷进去。

（二）启示

首先，就学生而言，大学生有了更多可以支配的时间和钱财，经常利用网络购物和娱乐，对网络有一定的依赖性，更加倾向于方便快捷的网络购物。相对较低的安全防范意识加上如此多的上网机会使犯罪分子有了可乘之机。所以大学生要提高自身的防骗意识。网络诈骗手段多样，但最终都需要被骗者掏钱，只要不贪图小便宜，就不会上当受骗。在网上购买商品时要仔细查看，仔细甄别，不嫌麻烦，看看卖家的信用值，看看购买者的评论，再看商品的品质，货比三家，最后一定要用比较安全的支付方式，更不要轻易相信卖家所说的使用银行转账等方式直接支付的方法。不要轻信来自网络的兼职和就业信息，通过正规渠道获取就业信息会可靠些，如果没有把握就多向家长和老师寻求帮助。

其次，作为学校，网络防诈骗方面的宣传要常抓不懈。作为辅导员，应通过主题班会、展板、广播和微信等媒体，提高大学生的网络安全意识和自我防范意识。在新生报到期间做宣传，开班会，做讲座，并且还要经常在平时的班会，班级群里宣传。防诈骗教育工作是一项长期的工作，不能只是停留在一个时期，一个时间段，而应该贯穿于整个大学期间。辅导员要时刻关注新的网络诈骗类型，因为网络诈骗较传统诈骗而言，具有作案手段不断翻新，作案手法多种多样等特征，辅导员经常关注和研究网络诈骗案件，定期研判网络诈骗案件的诈骗方式，针对特定人群，提炼某一阶段网络诈骗案件的主要特点。每当有新的诈骗方法和案例出现时，辅导员应及时通过微博、QQ 群、微信和易班等网络工具将最新的诈骗案例发布出去，让广大的学生知道，防止上当受骗。

最后，社会、国家应该注重提升网络技术，完善网络监管，预防网络诈骗。相关部门应加强联合防范，对网络诈骗案例进行搜集整理，为执法部门破案提供帮助。国家应该建立健全法制法规，严厉打击网络诈骗犯罪行为。

育心陶德

——大学生网贷

张　丹*

近年来，随着经济快速发展，消费水平的不断提高、互联网的普及，大学生已成为提前消费观念的主流群体。这样的背景加大了校园网络贷款的发生频率。如何及时有效地引导大学生树立正确、合理的消费观、价值观，是一线学生工作的重要课题，应当引起辅导员们的重视。

一、校园网贷案例简介

王明（化名），19 岁，大二学生，独生子。从小家中富裕不愁吃穿，父母十分宠爱他。该生性格开朗，乐于助人。在 2016 年入校后担任系学生会工作。经过自身一年的努力，现在已担任系学生会重要职务。老师对他的评价也很好，同学们对他也很信任。就是这样一个受老师喜欢、同学信任的学生，在 2017 年出现受网络贷款频繁追债的现象。从小父母的溺爱，导致他花钱如流水，没有节制。家长为了让他学会个人理财消费，在大一的第二学期将他原本每月 2000 元的生活费降为 1000 元。因为从小花钱没有节制，在同学中大手大脚惯了，生活费的突然减少并没有让他产生约束自身理财的想法，反而经过朋友的推荐于 2017 年 4 月在网上进行了小额度网络贷款。刚开始借款 3000 元，在 1 个月利息滚动后暴涨到 30000 元整。刚开始王明并没有太在意网贷还款的短信提示，可是在接下来的一个月中，凡是他手机上的存储过的电话号码都接到了网贷还款的催债电

* 张丹，乌海职业技术学院管理与旅游系辅导员。

话。这时他才开始着急慌了神，事态的发展远远超出了他的想象。网贷催债的电话每天炮轰似的拨打、发送短信，让他和他身边的亲戚朋友不堪其扰。事态的扩大让他无法承受网贷给他的打击，事发两个月以来他长时间萎靡不振，几乎荒废了学业，这年的期末考试几乎全部挂科！

二、案例分析与解决方案

（一）案例分析

近年来大学生消费逐年递增，呈现了互相攀比的特征。这样的特征直接导致大学生的消费理念出现了一些问题。在本次案例中，王明（化名）同学从小生活在物质富裕的家庭中，习惯了享受，在父母减少其生活费后仍然没有改变自己的消费观念，甚至出现了攀比的现象。为了在同学中继续得到大家的羡慕和青睐，逐渐接触了网络贷款。事发时过于轻信网络上夸大其词的网络宣传，甚至认为借款后的还款不会有人上门追债。由于没有过多的社会经验，该同学相关的思想意志、消费观念还不成熟，对自身的行为没有足够的控制力，因而出现了严重的不良消费理念，导致了还款电话和短信持续骚扰其家人、老师、同学和朋友。父母了给为孩子创造优质物质生活，可谓用心良苦，但应该如何帮助大学生树立正确的消费观念，这是学校、家庭和社会多方面要思考的问题。作为辅导员，要把这项工作纳入重点范围。

（二）解决方案

1. 描述事发经过、减轻思想负担

事发初期该同学时常萎靡不振、无精打采，为鼓励他勇敢面对现实，积极面对一切，同时为了防止发生不可逆转的“悲剧”，我抽出一上午的时间将该名同学叫到办公室，为他进行了思想上的疏导。在交谈中，他向我透露，自己身为系学生会中的一员，对出现网络贷款的事情感到非常羞愧。自己本身天天在系里值班，帮助老师们完成一些学生工作，逐渐感受到自己在老师们的面前很受欢迎，慢慢地，他开始出现自我膨胀和狂妄自大。像这种网络贷款的危害性、破坏力他天天都可以在老师们的交谈中听到，而自己认为这都是老师们讲述得太过夸张，以吓唬学生；再加上生活费突然减少让他在金钱上出现拮据，这才在网上进行了网络贷款，在经过一次简单方便的手续借到钱后，他认为这样贷款太方便了，可是对这其中的危害并没有放在心上。随着时间的推移，他发现最初自己应还的金额像滚雪球一样越来越大了。逐渐开始接到催促还款的电话，他从开始不理睬直到催债的电话开始轰炸他手机内所有的联系人，这才向老师说出实情，因为他无法再承受家长和同学对他的猜测。在和他的交谈中我明显感觉到，他出现了严重的焦虑现象。为了帮他走出阴霾，我主要在这次谈话中鼓励他勇敢面对现实，事情既然已经发生就要大胆地承认它、面对它，改变他内心中“要逃避网络贷款造成不良影响”的想法（以防出现不可挽回的悲剧），这是教会他遇事不要躲，要勇敢面对一切。同时要鼓励他大胆地讲述事情的全部经过，宣泄这次事件对他和亲戚朋友带来的伤害。这是在从思想上教会他，与人分享会减轻这次事件对他造成的精神压力。

2. 逐渐引导正确消费观念

通过这次事情我认为，为大学生营造正确的舆论氛围，从本质上制止非理性消费观念是重中之重。我们要应该积极宣扬并大力推举勤俭节约的中华美德与量力而行的消费行为，古往今来，我国一直推行节约为荣、浪费为耻的观念，孔子也曾经提过：“礼，与其奢也，宁俭”。对国家而言，节约是长期的主题，对个人而言，则是一种应必备的美德。辅导员利用自身的影响力及号召力，用正确的舆论导向，指引在校大学生理性消费。

3. 家长应加强正确消费引导教育

家长要重视家庭教育对大学生的积极作用，加大教育力度，不应该过分溺爱，要学会适当放手，让大学生学会独立、学会面对困难、解决困难，强化他们的心理素质，加强抗压性、增强承受力，建立正确的价值观。家长要使学生发愤图强，首先，自身要为学生做好榜样，起到积极的规范引导作用，对自身的工作，以身作则，用自身的实际行动去影响、感染和带动学生，潜移默化地将刻苦奋斗、发愤图强的精神融入到学生的思想中。其次，要在家庭中加强勤俭节约教育，家长可以综合考察当前社会的消费水平以及其他同学每月生活费等情况，为他制订合理的生活费用计划，让他对金钱有基本的规划，对金钱产生正确的认识，提高他的理财能力。最后，家长应与大学生进行一次透彻的交谈，以朋友的身份，讲述自己的工作经历，让学生理解挣钱不容易。

三、网贷的危害与防范措施

经过之前的疏导、指引、思想教育的引导，在接下来几个月的生活中，他逐步使自身的消费观念步入正轨。

（一）网贷的危害

经调查，网贷给当代的在校大学生造成的伤害不容小觑，通常出现以下五点：

（1）网贷会给大学生带来极大的心理压力，让其生活陷入泥潭中无法自拔。

（2）网贷促使学生进行不良消费而导致循环贷款，这样容易使大学生的消费理念及价值观产生偏激。

（3）若大学生不能及时还款，网络贷款就会使用电话、短信轮番骚扰贷款人和贷款人身边的亲戚朋友，有的甚至会上门讨债。

（4）网贷会导致原本幸福的家庭陷入网贷泥潭，给父母在经济上和心理上带来严重的负担。

（5）网贷的大学生会在同学以及朋友间信誉受损，严重影响了其在校的人际交往。

（二）网络贷款的防范

（1）使在校大学生对网络贷款造成的危害性提高认识，要提高警惕，以防上当受骗。

（2）利用每年 9 月新生入校的时期，在学校大力推广拒绝网贷的宣传活动。可以利用宣传图片和视频，让大学新生切实明白网络贷款带来的危害。远离网络贷款，树立正确的消费观、价值观。

（3）严密保管个人信息及证件，不要将个人信息透露给他人，不要做贷款担保人。

（4）积极利用国家正规资源，为学生提供正确的受助资金渠道。

（5）班主任应积极与学生家长沟通，密切关注学生的思想行为活动，加强信息流通，建立预防预警机制，对学生出现的异常行为及时处理，以防止学生因轻信网贷发生“悲剧”。

近年来，不法分子将目光逐渐转移到涉世未深的学生身上，导致屡屡发生大学生因无法偿还巨额贷款而自杀的事件。这不由得让我深思，为大学生创造一个健康安全的消费理念是整个社会所面临的问题，同时家庭的教育与学校的指引是无法分开的。建议国家相关部门建立健全全网监管机制，明确网络贷款平台的相关责任和“警戒线”，做到整个网络贷款过程公开、透明、阳光、合理，还大学一个清洁的网络贷款环境。

创业就业篇

开启创业之门

段月霞*

一、案例简介

于景雨，男，数控技术系816333班机电一体化专业学生，有着丰富的勤工俭学经历，曾先后做过校园手机卡销售，小商品市场拓展和校园零工中介等业务。在做了一系列的兼职后，刚进入大二他就想创业，准备投资20000元和别人合伙在内科大附近开设一家洗鞋店，面对大学生群体开展洗鞋业务。

二、案例分析与解决方案

（一）案例分析

创业是每个人的梦想，梦想是美丽的，但实现梦想的过程却布满荆棘。创业，不仅仅是凭着一腔热情，更重要的是详细的市场调查和周密的计划安排。

* 段月霞，包头职业技术学院数控技术系辅导员，讲师。

（二）解决方案

1. 用知识武装自己

想要创业成功，首先要在知识上武装自己。参加一些必要的创业培训，使自己对创业有一个整体的概念，对创业中可能遇到的问题有一个理性的分析。同时还要具备足够的心理承受能力，遇到挫折不畏惧，能够从失败中吸取经验教训，扛得住市场风雨的磨炼。

2. 调查研究，了解市场环境

在于景雨看来，创业是一种富于浪漫主义和英雄主义的行为，是将自己推向社会、用自己的智慧和双手来取得“第一桶金”的机会。这桶金需要他投入更多的前期准备。在了解了他的想法后，我第一时间提醒他先别贸然行事，应该先做调研，经过一段时间的调研他发现：

（1）内科大附近房源紧张，没有合适的门脸店铺。因此，选择合适的店面成了第一个问题。

解决办法：洗鞋业务不必非得门脸房，而在内科大附近有部分居民区，可以租用民宅进行项目经营。另外这里的房租一般每月 800～1200 元，比靠街面的店铺租金低很多。

（2）不同材质和不同颜色的鞋子，需要收多少清洗费用？每双鞋的清洗价格是第二个问题。

解决办法：先初步计算成本价，洗鞋机器设备共需 15000 多元，机器定期清洗保养 300 元/次，洗涤剂每桶 100 元，每月水电费用另计，准备雇用两名员工，每人每月支付 1000～1200 元基本工资，再根据清洗数量进行提成。初步定价每双深色薄球鞋收费 2 元，白色薄球鞋收费 4 元，其他材质 3～8 元收费不等。

（3）本次经营主要是面对在校大学生。因此，市场推广是第三个问题。

解决办法：针对在校大学生的特点，进行市场推广，可以采用发放宣传单和同学、朋友间口口相传的方式；最主要是充分利用互联网技术做好定位和宣传，要根据产品所对应的人群的要求，利用微信、QQ 等人际交互平台做好推广活动。

3. 扩大交际圈，挖掘市场潜力

在经营的过程中，要留心客户的喜好，尽量避免竞争激烈的项目，多选择一些朝阳项目，避免盲目跟风。要学会在市场上做到理性分析，拓宽销售渠道，挖掘潜力市场。除了面向在校学生开展洗鞋业务，还要面向附近居民进行业务拓展，针对不同层次、不同年龄的人群，制定不同的清洗业务。

4. 运营结果

经过大半年的运营，洗鞋店效益良好，不仅能维持日常用度，还稍有盈余——机器设备的费用已经基本赚回，于景雨准备扩大经营（扩大店铺或者再另开一家店面）。

三、启示

大学生创业，需要创新精神、创新的观念、创新的勇气和创新的智慧，而这些的根结所在是创业教育和创业指导。若没有正确的引导和指导，大学生创业只能是“纸上谈兵”或者是以“失败告终”。通过于景雨的洗鞋店，我对在校大学生创业有了一些新的认识：

（一）在校大学生创业的特点

1. 创业基础薄弱

创业的大学生心中都有富于“传奇色彩”的创业者，但他们更清楚，很多小企业都是通过合作起步的。对于经济实力薄弱、学习任务繁重的在校大学生来讲，“团队合作”是创业的必由之路。对于景雨而言，采用合伙经营的方式，通过合伙经营来筹集资金和人力以开启创业之路，是最有效也是最明智的选择。但是这种合伙关系只是建立在同学、朋友的友谊之上，没有法律做依托，存在一定的散伙隐患。

2. 低年级学生更爱创业

在校大学生对创业的认识是极其客观的，但对是否要创业，又存在畏难情绪。低年级学生仍然处于青春期，大多还处在“理想主义”的超自我状态，不能够较为客观和准确地判断与认识自己。因此，处于这种状态下的他们看到的只是创业成功后的喜悦，忽略了创业的难度和风险。因此，他们带着无所畏惧的心理，激情四射地投入到创业中去。而对于高年级学生来说，他们面临着就业的压力、升本（或者考研）的压力，缺少足够的时间和精力去创业。最主要的原因是高年级的学生对自我进行了重新的定位，拉近了“理想自我”和“现实自我”的距离，缺少了创业的激情。

（二）创业心理特征

1. 锻炼为主，盈利为辅

在校大学生的创业，一般来说并不能给他们带来丰厚的利润，在不考虑自身精力的投入应被计算为成本的情况下，能够维持现状并略有盈利就已经被看作成功。在校大学生创业，看重的是创业的过程，注重的是经验的积累和技能的提高，而并非是将创业作为“事业”来追求。因此，他们对于企业以后的发展和个人资金的回馈也就不做重点考虑了。如果企业的发展真正能达到预期的效果，也许会成为学生们毕业后的事业。

2. 勇于创新，不惧挑战

创业，意味着创造，需要创业者具有开拓创新的精神，需要面对以前从来没有面对过的工作，解决以前从来没有碰到过的问题；创业，就意味着风险，需要创业者关注行业的发展和竞争对手的情况，但即使这样努力付出也不一定能获得成功。于景雨的洗鞋店，正是看准了学生这个群体对于洗鞋业务的大量需求。同时，作为学生，他们比社会商家更有亲和力，更易于交流与服务。这些都是富有创造精神、敢于投身创造的一种表现。

3. 充满自信，坚持不懈

大学生创业者充满自信——对自身能力和企业生存的自信。即使创业失败，他们也会认为这是一次难得的创业体会和经验积累，而大大增强了对以后创业或者择业的自信心。与此同时，在企业经营的过程中，年轻的创业者表现出了与众不同的坚忍和决心，只要能够维持生计，就一定会坚持经营到毕业。

四、经验总结

创业成功不能单凭着一腔热情，首先必须要有创业意识，其次要有创业指导，最后加上创业勇气和激情才能实现创业成功。

（一）创业意识

意识决定着行为，没有创业意识，人生的脚步就不够积极主动。创业有许多门道，要想在险恶多变的市场中立于不败之地，就必须精通这些门道。创业，不仅仅需要学校、老师的支持，更需要家长、家庭的支持。如果家长没有创业意识，不支持，不资助，大学生的创业是很难起步的。新时代的中国都在号召“万众创业，大众创新”。那作为青年一代我们更应该响应国家号召，努力创新，争取创业。

（二）创业指导

由于现在学校开设的创业课程还远远不能适应社会的飞速发展，不能解决学生们的需求，这就需要先对我们老师进行对应的创业培训。只有通过系统的学习，老师们才能首先掌握创业知识、创业技能和创业素养。这样才可以教导学生，让他们改变观念，学会做人；让他们发现创业经商要比想象中容易得多；使他们明白，创业并非高不可攀，并不需要很多的资金和技术……

总之，只有先拥有创业意识，才会有创新的灵感，才会求变求新求发展。只有老师们拥有了创业指导的能力，才能更好地、更全面地指导学生创业。

（三）于景雨创业“成功”的秘诀

1. 经验

创业灵感：学生鞋子清洗不及时，宿舍空间狭小，气味儿难闻，特别是阴冷的冬季，男生宿舍更是“毒气室”。

创业过程：先了解机器设备价格和使用，再了解市场需求，然后根据实际考察结果确定经营范围和地址。但是由于是在校期间创业，自己的学业压力还很大，空余时间没有那么多，再者我们校区离内科大比较远，照顾生意比较困难，大多时间只能依靠朋友在店里面打理，真正的盈余只有朋友知道。

创业结果：小有“成就”。在校创业，虽然没有挣到几万元、几十万元，但自己的日常用度已经不需要父母提供，这就是成功的第一步。能迈出人生的第一步，再迈出第二步、第三步……就不会觉得那么困难。

2. 总结

创业需要全身心的投入，在校创业很难做到这一点。如果依靠合伙来创业，除非是非常信任的人，否则难以一起创业。对于创业的项目，在有所盈利后不能只依靠原本的经营模式和方式，还要有所更新和创新，经营的项目在现有基础上要拓展（比如于景雨的洗鞋店，不仅仅要面对学生，还要面对社会群体，毕竟人人都需要清洗鞋子），但是是否应该扩大规模再投入还需调研。在原本的经营中取得了一定的经验后，就在自己现有的情况下扩大规模或者再开新店，显得有点草率，毕竟现在他自己缺少管理时间和可靠的人，无法保证经营的可靠性。

教育助成长　创业铸梦想

梁淑娟　田俊峰*

一、案例简介

李莹（化名），女，兴安盟人，2015 届职业学院工程造价专业毕业生。大一时，热情开朗，学习认真，成绩优秀。大二时，学生会换届选举，由于没能竞选成功外联部部长，并且新当选的部长抢过她联系的赞助，于是，李莹退出了学生会，情绪也低落了很多。加之综合排名和奖学金也没有达到自己的预期，所以开始对大学生活失去兴趣。对于专业学习和就业前景，也感觉到女生没有男生有优势，李莹产生了焦虑情绪。班主任与李莹及时沟通，了解情况，并请专业辅导老师对其进行心理疏导，缓解了李莹的压力。大三时，班主任建议李莹参加创业培训，并帮助其分析选择创业项目，联系入驻“众创空间”。现在的李莹是禾润五谷有机食品直营店自主经营者，既有微店又有实体店，运行着“线上 + 线下”的经营模式，利润丰厚，成为了一个“互联网 + 有机农业产品销售”的创业者。

* 梁淑娟，内蒙古财经大学职业学院，讲师；田俊峰，内蒙古财经大学职业学院，教师。

二、案例分析与处理

（一）案例分析

李莹是一个综合素质较好的学生。大一时，对大学生活充满希望，学习生活积极主动。但是，大二时由于遇到一些学习、工作中的欠合理情况，没有达到自己的预期，所以，心理上有些不平衡。另外，对专业学习失去动力，对就业前景担忧，产生焦虑情绪，甚至短期迷失人生方向。

（二）处理方法

（1）及时发现现象，掌握情况。班主任观察到李莹的表现发生了明显变化，及时找本人和宿舍成员谈话。了解到李莹出现表现差异的主要原因，经历的事件和产生的主观影响。

（2）安排心理辅导，缓解压力。报告系学生管理教师，共同联系心理辅导咨询相关教师。对李莹共同做出心理疏导，减轻其焦虑情绪，缓解压力。

（3）引导自主创业，解决问题。经过几次心理辅导，班主任再次与李莹深入沟通。深入了解其内心顾虑，通过交流得知，李莹最主要担心大学白上，花家里钱，将来找不到工作。班主任建议其参加创业培训，考虑自主创业，并帮助李莹选择创业项目。因为她来自兴安盟，所以建议可以将兴安盟的有机大米通过电商平台进行销售。李莹对班主任的建议很感兴趣，又重拾了信心和学习生活的动力。她像是发现了新大陆一样，为她的创业梦想忙碌着，学习各种创业知识，参阅创业案例，积极主动地与老师沟通，找思路、想办法、做方案，这些成了李莹的主要生活内容。她的生活充实美好，负面情绪全无，完全为了梦想而努力着、幸福着。

（三）处理结果

李莹积极参加了创业培训，选定创业项目“二龙屯有机五谷杂粮微店”。学院推荐其到自治区第一批众创空间试点单位“内蒙古自治区清研电子商务众创基地”学习，帮助李莹实现创业梦想。2015 年 11 月，李莹的“禾润五谷有机食品直营店”正式开业。

三、案例思考与工作建议

（一）关注学生日常表现

作为学生管理工作者，平时与学生接触的机会较多，比专业课教师更能发现学生的情绪变化。所以，应当多关注学生的日常表现变化，当发现与往常情绪产生差异时，应及时沟通，了解情况，做思想工作，心理疏导，将问题解决在萌芽状态。

（二）关心学生的内心需求

关心学生的真实内在需求，作为班主任应掌握学生的内心动态。比如，有些学生想学习成绩好，有些学生想多参加社团活动，有些学生想兼职挣钱。了解学生需求，给予对应的指导帮助。例如我们学院现在的情况，有些学生一心想专升本，班主任就应当多提供专升本的相关信息和成功方法。有些学生想兼职挣钱，班主任也应基本了解兼职类型和报酬水平，对学生做出正确指导。

（三）关照学生就业创业

学生求学的最终目标是实现良好就业。在学生就业创业过程中要尽量关照学生，多为其提供就业信息，帮助其联系就业单位。

在“大众创业、万众创新”的时代背景下，大学生作为当代中国具有高素质文化的群体，是推动经济发展的重要力量。学校通过各类“众创空间”开展创业教育，可以发挥集体智慧，对创业活动进行归因，全面分析和梳理创业案例，总结出成功的经验和失败的教训，有效引导大学生创业者避免陷入创业误区，增强大学生的创业兴趣。

对学生在众创平台和创业教育中取得的成果和进步，要给予及时的肯定和鼓励，开设相应的奖学金、优秀学生荣誉等激励机制。加强众创典型的宣传活动，将众创教育融入到日常的思想政治教育、专业学习和校园文体活动之中，让更多的学生认识到人人都可以参与到“众创空间”中来。鼓励学生参加“互联网 +”创业大赛。另外，可以加强与社区的合作，参与到各类社区众创平台、民间众创平台的建设之中，社区居民在生活和工作中有着更多贴近实际需求的想法和创意，还有大量的经验丰富的技术专家，这些资源的开发利用对于提升大学生创业教育的质量和实效有重要意义。

四、总结

通过李莹的案例可以得出，为学生找出“新的经济增长点”可以更好地帮助其规划职业生涯和人生方向。创业引导教育可以被视为一个“新的经济增长点”。掌握更多的“众创空间”信息，助力学生放飞创业梦想，也将成为我们进一步创新学生管理工作的主要内容和工作方向。

“职言不讳”之规划与创业指导案例

邹爱婕*

一、案例概述

随着我国高等教育的发展，高校毕业生数量逐年增加，大学生就业难的问题已成为社会发展的一大难点和公众热议的话题之一。就业是民生之本，创业是民生之源，以创业带动就业是引导大学生走出就业“死胡同”，减轻社会负担的重要渠道。针对当下大学生的创业问题，我院近两年内举办了四次“职言不讳”论坛，论坛的主题为“青年·创客说”，针对大学生的个人前程规划，给出切合实际的创业启示。

随着互联网的快速发展，网络正不断地改变着人们的观念，也拉近了人们的距离，使人们有了更宽广的视野。通过互联网，人们可以获取信息、学习交流、办公等。论坛内容也以互联网发展为主，凭借大数据、云计算、移动互联等技术优势，利用信息通信技术，让互联网与传统行业进行深度融合，创造新的发展生态。我院近两年内共举办了四次职言不讳论坛，共有近两千人次参加。论坛就大学生创业由浅入深地给予了适当的引导，具体涉及教育、金融、大数据处理等多个领域，也给了大学生不同的方向和多种选择。对于有想法的同学，论坛的影响是落到实处的，通过论坛的交流，大家不仅在理论知识上有了更深层次的理解，更重要的是能把个人的想法创新应用到实际中去，我们在论坛结束后会给学生提供一定的平台，让他们的想法得以实现，能力得以提升，这是职言不讳论坛最大的成绩。

---

* 邹爱婕，内蒙古农业大学理学院，党委副书记。

二、案例分析

（1）2017 年 3 月“职言不讳”生涯论坛于新区食堂三楼创业学院多功能厅举办。本次活动由理学院主办，邀请了内蒙古个人公益网站商标注册第一人——郭彩荣女士以及两位自主创业成功的大学生担任嘉宾，吸引了校内许多同学及老师线上线下地观看。

通过和郭彩荣女士的交流，她分享的人生经历，以及观看的视频，同学们了解到她的创业原因是对知识的渴望，动力是人生中的种种挫折，经过低谷期后如何坚持走向成功，每个人对此都深有感触。接下来，自主创业成功的两位大学生和大家一起分享了他们的创业经历，鼓励大家可以尝试着去创业，分享了许多自身成功的经验，在互动环节，几位嘉宾对学生的困惑给出了详细的解答，并邀请了一位非常有想法的同学加入到他们的企业中去，这对学生们是一种认可和鼓励。大学生最缺乏的就是社会经验，而且很多学生在家庭的宠爱及学校安逸环境的影响下，在职场上难免会露出胆怯之态，我们更多的是想通过“职言不讳”论坛让大家慢慢适应社会的氛围，也为大学生走向创业奠定基础和提供一定的实践平台。

此次论坛开办后，同学们纷纷表示受益匪浅，收获多多。希望同学们能够对于在论坛上所学到的知识进行揣摩，深入体会，真正运用到社会实践中，达到学以致用的目的。

（2）为了给广大学生提供多元化的资源和机会，让他们可以吸收到更多的养分，我们邀请了万门大学创始人及 CEO 童哲、胜利教育集团党支部书记、综合副校长阿崙、凯文教育校长 Kiven 共同参与了我们的论坛。此次论坛的目的也是为了同学们能更好地适应社会的发展和要求，看到外面的世界，去创造自己更好的未来。现在线上教育已经非常普遍了，线上课堂的引入与本土化构建，丰富了在线教育资源。线上平台构筑的网络课堂，其突出特性主要表现在以下三个方面：一是开放性，体现在课程设置的开放性、学习门槛的开放性和教学师资的开放性；二是即时性，包括内容更新的即时性、学习活动的即时性、学习效果反馈的即时性以及交流互动的即时性；三是个性化，海量的课程资源以及零门槛让学习者可以根据需要选择课程，学习者可以根据自己的学习计划或者兴趣偏好决定学习的快慢、深度。

线上课程的出现大大降低了教育的门槛，也能让学生去选择更优质的教育资源，网络课堂内容的开放性非校园课堂所能匹敌，其内容传播的广泛性和快速性也大大超过了课堂教育。教育功能的实现不仅需要内容、传播和载体的支撑，更需要教学的互动互促，即师生在智慧、情感、价值观上的成长。从"教"这一端来说，网课充分利用视频制作的跨时空、组合性、灵活性和便捷性等特点，教学形式包括出镜讲解、幕后讲解、实景授课、专题短片和访谈式教学等，其丰富程度是课堂难以达到的。但是，从"学"这一端来说，网课教学形式的多样性难掩其学习过程的单一性。现在网课所有教学都是以单一媒介——视频来呈现，对于学习者来说，学习过程主要是被动型"观看"占主导，缺乏情境刺激，容易产生注意疲劳和注意涣散。不管是电脑固定观看还是手机移动观看，学习者和屏幕之间的学习场较弱，干扰因素较多。教学双方通过网络进行的主要是信息传递，而缺乏体验与情感的沟通，这是网络课堂的"硬伤"，基于电子载体的网络互动（人—电子媒介—人）永远无法代替面对面的直接交流。而课堂教学创设的场域有较强的凝聚力，教师可以随时采取多种措施应对注意涣散问题。更为重要的是，课堂教学不仅传授"显性知识"，还传达"隐性知识"，因而能够承载更为宽泛的教育功能，实现教学相长。另外，网络课堂的开放性使学习者获得了选学自由，同时也在相当程度上助长了学习的随意性。目前对网课最尖锐的批评，恐怕就是说它是最易实施的教育形式，因为它缺少教育原则。而此次三位嘉宾通过共同讨论，指出当前国内就业市场对知识型加技能型的人才需求大，展现出我国当前毕业生在教育行业的就业前景，并就当前教育行业的发展特点和线下教育普遍存在的问题进行了深入浅出的讨论，以在教学中给予学生真正的帮助和提高，并以学生为出发点，关注教师的教学反思能力，通过行动导向教学，思想指导教学，线上线下结合办学，才能取得最佳的效果。嘉宾还以自身为例，用自己的经验去纠正学生错误的"创业观"。创业的本质是依托资源，创造更多的价值，更加注重社会协作和配合。创业需要理性、能力及丰富的资源三个部分。

嘉宾做了主题为"基于互联网的课外阅读模式创新"的演讲，从"阅读问题""阅读方案""阅读效果"三个方面分别作了总结，演讲指出互联网技术把整本书阅读课程化变成了可能，利用信息技术进行分级选书、问题设计、方法讲授，可以让学生在平台上实现作品互评、互动讨论，真正解决了学生读书少、写作难的问题，让阅读成为生活中愉快的一部分；针对课程与信息化结合的实例，嘉宾与同学们分析了传统实验的四种传统方法，即画实验、讲实验、课堂做实验、实验室做实验，研制出了一种虚拟实验软件，运用 H5 技术，让学生可以在各种电子设备上借助虚拟实验工具完成实验操作。不仅扩展了学生的使用场景，还让学生对实验有了更加直观和直接的感受；从技术层面进行分析，关于“智能云服务平台的创新应用”，有嘉宾认为在中高考改革的大背景下，学生选课走班将成为基础教育的新常态，排出个性化的课表就成为学校的刚需。运用“一人一课表”的选课排课系统可以完美地解决这一问题，完备的策略、先进的算法和便捷的操作是这一系统的基本特征。更重要的是，在集成学生、教师、家长、课程、教室等核心数据后，可以对数据进行分析利用，从考勤、过程性评价、综合素质评价、成绩管理、导师管理、绩效考核、安全管理、后勤管理等多个维度设计动态管理平台，将过去的数字校园升级为基于移动互联网、物联网和走班状态下的新一代智慧校园，为深化中小学课程改革提供强有力的技术支持。这些观点都给在场的学生留下了很深刻的印象，不仅让他们对当下教育行业的进步有了更深层次的理解，也启发大家将思维向着多元化的方向发展。创业形式、高度都是多种多样的，只有走稳，方向选对，才能够实现自己的目标。

在论坛结束时，嘉宾也针对部分同学现阶段的情况，给出了具有实际意义的建议，使学生不再一味盲目做事，而有了明确的发展目标，这也是此次论坛的成果之处。

（3）今年三四月我院针对金融行业以及前期受论坛影响进行创业的一些学生再次开办了“职言不讳”论坛，旨在用前人带动后人，减少弯路，争取让大家都能站在“巨人”的肩膀上。

三月我院特邀职钱学院董事长李泽鹏、新泰天逸金服信息科技商业保理有限公司供应链金融事业部业务总监赵茂生、兴业银行呼和浩特恩和家园支行行长包晶、高新投资发展有限公司副总经理陈俊、南瓜征信管理有限公司总经理高全亮、国融证券呼和浩特分公司总经理周承旭、格林大华期货呼和浩特营业部总经理亢冬艳等人为嘉宾参与了本次论坛。并在此次论坛过程中加入了时下比较流行的元素，即现场亮灯求职环节，使论坛的效果更好。几位嘉宾结合独具匠心的 PPT，声情并茂地向大家讲解了金融概念、金融资产、金融岗位、银行业务及其就业要求等内容，同时也和同学们分享了个人的工作经验以及在金融界求职时需要规避和注意的一些细节问题，可以说同学们在此次论坛中受益良多。尤其是本次论坛除了现场讲解外，还设置了金融知识在线问答、互动游戏趣味环节，场上场下积极互动，这些新的举措，也是"职言不讳"论坛的一个突破，不拘泥于我讲你听的形式，而是结合时代发展特征，灵活应用当代大学生更容易接受的方式去和他们一起进步，在线问答不仅能加深同学们对本次论坛的印象，更能加固对知识的记忆，对嘉宾和学生们都有好处，经过几轮的放松，再去进行最后一轮的求职，能让大家的思维更加活跃，同时减少紧张感，通过嘉宾对同学们进行现场提问，评委进行亮灯投票的方式，选取出较优秀的学生，而这名学生也会得到一家企业的实习岗位，这样的模式不仅使我们的论坛从纸上落到了地上，对企业和学生也是一种双赢局面。

四月邀请了创客汇联合创始人杨林、内蒙古富恒集团总裁郗虎庆、人网信息科技有限公司乌海分公司总经理李东洋与内蒙古伊腾云计算资源股份有限公司CEO王钢作为本期论坛的创业导师，并邀请了以往在富恒商学院实习实践的六个优秀学生代表作为嘉宾，就之前的实习经历与学弟学妹们进行反馈交流。各位导师分别从个人成长和创业轨迹的角度和大家分享了他们的故事。告诫在场的学生们，年轻时候一定要抓紧时间学习各方面的东西，大学生们现在暂时看不到知识的价值，将来有一天那些知识会内化为一个人的能力。这个话题也让同学们明白了投机的事情可遇而不可求，简单事物的价值看不到不等于不存在，大学生要把握一切可把握的机会学习。有同学就"成功与家庭背景是否有关系?"提出疑问，对此，导师们都强调了同一个观点：成功主要取决于个人的努力，家庭环境的影响并没有人们想象中的那么重要。在导师们讲述的生涯故事中，都戏剧性地提到了28岁这个年龄，对于这个年龄，拥有梦想非常重要，有了一个高远的梦想，就能有一个高远的视野。

在本次论坛中，六位学长学姐们也以己为例，以己为鉴，用寓言故事结合自身实际来启发同学，一定要有积极上进的思想，做事之前一定要有自己的规划，做到喜欢的专业往精学，需要的专业往宽学，明确自己的方向，了解自己想要做的事，强调了个人学习能力的重要性，因为要想在职场中脱颖而出，学习能力便是最直接的表现方式。也向同学们介绍了一些职业所需要的人才，以及知识如何运用到职业中，在读书学习的时候一定要注重职业实践。也让同学们明白如果想成为一个职业"老腊肉"一定要自己先有料。在这次思想碰撞的论坛中，同学们的反应和态度非常积极踊跃，这对我们论坛的后续开展是一种莫大的鼓励。

当今大学生的就业形势虽然严峻，但只要自己坚定信念，努力前行就一定能获得成功。我们就“教育模式”“实习就业”等热点与同学们进行了交流与探讨。大家一起讨论大学生活期间的实践活动情况，实践活动多种多样，但是如果所做的准备背离了日后工作方向，例如学生们一直不间断地做家教，自身的发展无疑是受限的。此次论坛不仅使在场同学对当前教育形势与社会现状有了一定的了解，也使同学们对自己有了更加准确的定位，为他们以后的发展道路指明了方向。在人生路上，我们必有勇气、毅力与自己的主见才能获得成功。

三、经验与启示

现在很多大学生对就业形式和政策及就业过程并不了解，也有很多在校学生没有意识到就业人数的递增速度已经远远超过工作岗位的增加速度，忽略了解就业形势及就业过程的重要性，只顾埋头苦读、热衷于考证和各类社团活动而忽略了个人技能的提升，这是非常脱离现实的。而有一些同学则是有创业的想法，却找不到正确的途径，最后一再碰壁，只能放弃。这些也正是我们举办“职言不讳”论坛的初衷，提高大学生自主创业的热情，丰富大学生对自主创业知识的了解，营造出良好的创业知识的学习氛围，以增进大学生对自主创业形势的认知，增加大学生自主创业的经验，增强大学生自主创业的自信心，促进大学生之间的创业交流与合作，以提高大学生自主创业的成功率，帮助大学生在创新创业和学习之路上走得更远。

励志创业自立　专业思维创新

徐　军*

一、案例简介

王某，女，20 岁，大一学生。就读于 2016 级民族预科班，入学时了解到学生家境贫困，父母常年在外打工，家中有一个弟弟就读于老家的初中（寄宿）。步入大学后王某经常利用假期和双休日等时间打工补贴家用，是一个有孝心又积极向上的学生。在创业学院就读预科班时，学习努力认真，在学院开展的各项竞赛中获得五项证书，她也是创业学院的学生会干部，对学院分配的工作与任务认真负责，工作能力强，是一位思想积极、学习认真、工作谨慎、勤奋刻苦的大学生。

二、案例分析与解决方案

（一）案例分析

在民族预科班就读时，该学生就有了创业的想法，班主任就对该学生进行了创意思维训练，引导该生参加各类创业活动、创业大讲堂、创业读书会、创业项

* 徐军，内蒙古财经大学创业学院常务副院长，副教授，班主任。

目路演等。鼓励学生将创业项目落地，组建学生团队，参加创业项目竞赛，做到自身真正体验。并通过学习各类课程进行讲演活动，巩固所学的知识体系，后期还将为其他创业团队开展项目规划实践活动，以身示范，带动更多的创业团队加入创新创业活动，为学生打好创业基础的同时为创业团队的未来发展做出完善的规划。

（二）解决方案

1. 整体规划，完美布局大学生活

（1）创业学院为学生提供勤工助学岗位，负责创业学院网站的运营及维护，边学习边工作，既提高了计算机水平，又提高了自身的管理经验，为后期的创业打下扎实的基础，也解决了自己的生活吃饭问题。

（2）创业导师鼓励学生参加学生会工作，提高组织领导能力。让学生亲力亲为负责各项活动，让学生知道，正式创业之前要对自己的能力有清醒的认识，要对执行的项目行业有详细的调查、分析，做好创业的基础工作。引导学生创业时不能盲目，在管理上有一定的分析能力，能够为事情的起因、经过、结果进行详细的规划，使学生有了一定的社会工作经验。

（3）让学生担任助教工作，为民族预科班辅导《计算机文化基础》及《Photoshop 平面设计》两门课程。在课余时间或晚自习跟着创业学院老师上课，帮助老师辅导学生，在提高学生学习效率的同时还能够提高学生的自身能力，让学生在组织管理上更具有感染性和带动性。纠正学生在创业道路上好高骛远的思想，教会学生往“小而细”的方面去努力创业。接受了高等教育的大学生，要把创业与专业知识相结合，这有利于知识提升也有利于创业方向的明确。

2. 放弃打工，全心投入创业工作中

（1）在王某具备一定基础后，导师鼓励她放弃打工，全身心投入到创业工作中，创建一家教育科技公司，以蒙古文信息技术为基础，为少数民族语言信息化技术输出复合型人才。在公司运营过程中，为学生提供创业指导，提供专业可行性创业项目、创业策划，帮助创业者培养其所需的团队人才，为有创业意向的在校学生提供帮助。

（2）引导学生参加创业培训及课程训练，丰富学生的认知，让学生在亲身体验及观察中认识到自身的不足，在短时间内填补知识的空缺。不断增加大学生创业方面的知识培训，了解有关部门扶持大学生创业的相关政策，提高学生的企业战略规划及组织训练能力。在创业的学习上用更准确的认识和更积极的心态去面对，帮助学生丰富创业知识。

3. 参加创业大赛，不断完善创业项目

（1）鼓励学生积极参加各类创业竞赛，让学生自己体会创业项目的规划实施。让学生去学习别人的创业项目是如何进行规划的，而自己的项目要如何实施，从中学习到如何去完善自己的创业规划。

（2）2017 年王某参加了第二届全国财经类院校举办的“创智青羊杯”大学生创新创业大赛并荣获全国二等奖。今年参加了第四届全国“互联网 +”大学生创新创业比赛青年红色筑梦之旅赛道，于 2018 年 7 月 8 ~ 19 日组建“蒙知青”乡村智力教育团队，对国家级贫困旗通辽市科左后旗的浩坦中心校和伊胡塔初级中学进行点对点帮扶。对两所乡村学校的教师进行多媒体课件制作及思维导图等课程培训。在比赛中提升学生的创业思维及个人素质的培养，通过乡村振兴活动的锻炼，提高学生的社会责任感及个人素养，真正落实到乡村的经济生活中，让学生自己执行，为农牧民带去更多的帮助。要学生认识到身为一个大学生应担起的社会义务，培养学生形成正确的价值观社会观，做一个有奉献精神的新时代好青年。

三、经验与启示

（一）通过创业意识的培养，提升创业能力

让学生明白作为一个已经独立的大学生个体，在创业的道路上，“三百六十行，行行出状元”，但问题是，这个“状元”必须要从转变观念做起，哪怕是从不起眼的小事做起，在传统的行业里开拓出新的创意，只有这样，才能一点点开拓出创业新领域。大学时代是广泛学习各种基本技能、培养健康稳定的文化心态的黄金时期，可以利用课余时间参加实践、体验社会，但还是应以学业为重，建立“专业 + 创业”的思想。在引导学生的过程中，首先应提升他们的专业技能，大学生专业知识的培养是提升专业技术应用价值的有效机制，也是引领大学教育教学层次提高的有效路径。因此，有创业意向的大学生，特别是从事科技行业创

业的大学生更应该注重专业知识的学习，将专业技能应用到社会经济建设中。其次锻炼他们的实践能力，创业者所需的各项能力的培养和提高都是在实践基础上实现的，创业者应在大学期间利用课余时间、寒暑假积极参与各种形式的实践活动，锻炼实践能力和社会适应能力。让学生在各种活动中自己带团队、分配工作、完成任务，让学生亲身去体验如何成为管理者。学生心中虽然有些崇拜于富于“传奇色彩”的创业者，但要更清楚认识到团队协作的重要性。对于经济实力薄弱、学习任务繁重的在校大学生来讲，团队合作是重要的组成部分，良好的合作关系是新企业生存的基础。虽然在校大学生的创业可能不会给学生带来丰厚的利润，但能维持现状并略有盈利，解决贫困大学生自己完成学业所需花费就已经是一个不平凡的创业者。让学生在创业过程中注重经验的积累和技能的提高，在各个创业失败的案例中扬长避短，去学习体会并积累经验，在今后的创业项目中增强危机意识。

（二）学生兼职与创业相结合，引导学生自主创业

通过这则成功案例，可复制引导学校的贫困大学生自主创业。在导师的指导下，充分验证项目的可行性，对于可落地的创业项目，鼓励大学生落地实施，让学生以企业法人的身份开展自己的项目。例如学生在创业初期对自己的知识产权没有保护意识，学院导师就为学生提点指导；学生在设计规划书时各方面知识体系及思维模式不成熟，这时就要帮助学生进行多方面思考，为学生打造商业模式，帮助学生成长，带领学生学习，直到学生能够独立创建自己的企业。在指导学生参加竞赛完善自己的创业项目时，让学生自己去招聘公司员工、寻找合伙人，锻炼学生的实践能力。

（三）积极正确引导，树立新时代青年好思想

从知识到技能，从认知到实践，从规划到落实，学生在各个层面上都有了一定的提高。创业学院也将党的十九大精神与创业实践相结合，将习近平在北京大学（2018 年）的讲话精神与创业者的人生观、价值观相结合，鼓励青年成为有理想、有责任、有担当的社会主义新时代青年。履行好引领青年、组织青年、服务青年的三项职责使命，加强对青年政治引领，强化广大青年听党话、跟党走的思想自觉和行为自觉；引导广大青年积极投身脱贫攻坚主战场、科技攻关最前沿、创新创业第一线，为内蒙古经济建设贡献智慧和力量。

探索职业世界　成就美好未来

张婷婷*

一、案例概述

甲同学，大一新生，刚入学不久就觉得自己的大学生活没有意思，是灰色的。该同学没有什么兴趣爱好，每天就知道学习，但是不知道为什么上课时注意力总是集中不了，上自习的时候总会发呆，后来觉得学习没有意思，一点动力都没有。想想三年后的生活，有些迷茫和焦虑，但是他又不想思考以后的生活，认为现在想有点早。

乙同学，刚上大二，大学的新鲜感逐渐淡去，每天都在忙碌，上课、社团活动、听讲座、参加活动等，但是细细想起来又不知道每天在干些什么，有时候觉得特别累，但是想到学好了以后好找工作，就觉得现在多学点、多忙点都是有价值的。但是有的时候会觉得很茫然，甚至有一点沮丧，因为忙的时候感觉毫无头绪，又没有什么具体的目标，不知道将来的生活和工作会怎么样。

这两位同学存在的共同问题是对自己的认知以及对目标的认知出现了问题，不知道目前的学习和生活的意义，将来的生活、学习、工作的发展方向是模糊的。

---

* 张婷婷，锡林郭勒职业学院医学院心理辅导教师，实验实习科招生就业干事及教工党支部书记，助教。

二、案例分析及解决方案

（一）自我认知阶段

首先让两名同学在白纸上书写自己的生命线，通过这个环节了解到生涯规划是一个什么概念，对自身的重要性以及作用，并愿意拿出时间来规划自己的生涯。但同时也是在提醒自己，生涯规划是一个过程，也是一种面对生涯发展的态度，使他们意识到其实每个人的生涯发展未必能立竿见影见到效果，能很快给自己带来理想的工作，这就需要我们对生涯规划有合理的预期。

在认知了生涯规划后，就要正确地认知自己，让同学们写出 20 个“我”和人生当中经历的积极事件与消极事件以及自己的理解，通过分析 20 个“我”中的主观、客观、积极、消极等方面，让学生们重新认知自我的特点。之后让学生们在多个“妙不可言”卡牌中选择 5 张图片，分别是 2 张代表“现在的我”，1 张代表“十年后的职业”，1 张代表“十年后的家庭”，1 张代表“十年后的生活”，通过这个环节进一步唤醒学生的生涯意识，学生们有可能会随意表述，但从这种随意的表述中会发现自己的特点，以及自己的想法。

（二）自我兴趣的探索阶段

兴趣是影响人们对工作的满意度、职业的稳定性以及职业之成就感的重要因素，同时我们还可以通过兴趣对职业进行分类，因此兴趣是生涯规划中进行自我探索的重要方面。

首先是“兴趣岛”环节，让学生们从 6 个岛屿中选择自己感兴趣并想要生存的岛屿，选择完后并思考该岛上生存的人都是什么类型的，有什么共同的特征，通过岛屿的选择，可以大概预测自己将来的职业趋向类型。

在分析兴趣的同时，我们告知学生，并不是所有的兴趣，都能够在自己的职业中得到满足。我们的兴趣也可以通过社会兼职、志愿服务活动、参加社团活动、个人的业余爱好等多种方式来实现。关键是工作和生活之间的协调与平衡，我们要把握工作与个人爱好的适度统一。这个时候学生们认识到了，在选择自己

职业的时候，可以把兴趣作为一个重要因素考虑进去，在现实各方面条件的基础上进行“择业”，这有时候是成功“就业”的前提和基础。

接下来根据霍兰德的职业兴趣理论，应用“霍兰德代码”进行分析。霍兰德把职业兴趣分为六类，即实用型、研究型、艺术型、社会型、企业型和事务型。个人的职业兴趣往往是多方面的，只是偏好程度不同，因此为了更全面地描绘一个人的职业兴趣，我们通常选择最强的三种兴趣的字母代码来代表一个人的兴趣，这个代码就是我们所说的“霍兰德代码”。而这三个字母的顺序，则表示了一个人兴趣的强弱程度的不同。

（三）性格的探索阶段

性格是人格的一部分，是一个人在生活中，对人、事、环境等习惯化的行为方式，表现出一致性的适应方式。每个人在自己的成长经历中，可能会受到多种因素的影响，如遗传、家庭教养、文化、学习经验等，这些因素的交互作用，可以塑造形成每个人的独特个性，在不同的情境中表现出特定的状态。

因此给两位学生分别实测了《中国大五人格问卷》简版，让学生了解自己的性格类型及偏好。受性格影响，我们在做事情的时候，会有擅长和不擅长的，正如我们的左右手，它们没有好坏对错之分。如果能够找到一个适合的场所或环境，使我们能在其中发挥自己的长处和优势，那么我们会感到自信，并且往往激励与促进我们取得佳绩。如果我们知晓自己性格上的“左右手”，并了解到什么样的环境和什么的职业能让我们展现得最好，这就能帮助我们根据自己的情况，做出合乎自己情况的职业选择。

（四）技能的探索阶段

技能是人们通过后天的学习和练习而获得的能力，它通常表现为某种动作系统和动作方式。技能一般分为专业知识技能、可迁移技能和自我管理技能。为了能让学生更快地发现自己的技能，我们设置了“成就故事”环节。让两个学生分别写出三件自己的成就故事，包括当时的形势、面临的任务和目标、采取的行动、态度和取得的结果，在这个过程中分析其中所反映的个人技能。

通过分析，并展示近几年职场最看重的技能及比例，让学生们意识到目前职场的技能需求以及自己的技能存在哪些优缺点。

（五）价值观的探索阶段

价值观是我们在生活和工作中所看重的一项重要原则、标准或品质，它指向我们一生中认为最重要的东西，是每个人行为背后的深层动机，对每个人职业的选择和发展起到了重要的激励和影响作用。但是，有的时候我们往往对自己的价值观取向并不了解，因此在进行职业生涯规划和职业选择时，我们应该明确自己的价值观，重视对其自身价值观的澄清，培养健康合理的价值观，追求更有意义的人生。

该环节我们把价值分为两类，分别为终极性价值和工具性价值，各 15 个，工具性价值是实现终极性价值的途径和技能。我们把它们做成 30 张卡片，让两位学生首先从中选出自己重视的 3 种终极性价值卡和 6 种工具性价值卡，之后思考两种卡片间有什么关联性，以及它们背后的职业价值观是否有关联性。通过这个环节可以让学生们重新审视自己的价值观，并思考价值观对将来职业的影响。

（六）工作世界探索阶段

该环节让学生们从内部世界转到了外部世界，在了解自己的基础上，了解一下我们将来工作的世界是什么样子，我们所向往的工作需要什么。于是让学生利用“职业信息网络”来查询自己对将来职业的具体要求。通过这步能让学生们看清外界，与自己对比。

（七）就业创业指导

通过以上六个环节后，教授两个学生一些就业技巧及心理调节的技巧，并指导学生制作个人简历，并设置面试问题。对于创业方面让两个学生分别从创业想法出发，制作创业计划书，通过这个环节让学生体验将来就业和创业的一些必备环节。

（八）结果及评价

通过以上七个环节，学生首先正确地理解了职业生涯规划的重要作用，对自我有了全新的认识，能够正确客观地评价自己；其次明确了自己的兴趣方向，以此来对职业进行考察以及评估其与个人职业兴趣的适配度；再次明确了自己的性格类型、技能及价值观方向，以此来指导职业方向；最后通过对职业环境的考

量，以及相关就业创业技巧的知晓，使学生明确了自己接下来的学习和生活方向，两位同学都表示要明确方向，多学习，多参加课外活动来锻炼自己的能力，以此来应对今后的就业创业挑战。

三、经验与启示

在经济、科技飞速发展的当代社会，竞争异常激烈，我们所面对的社会压力日益加大，大学生在即将毕业的时候，会面对激烈的竞争。要想在这样的社会中争得一席之地并长期发展下去，就要我们在大学期间，从各方面做好充分的准备，做好我们的职业生涯计划。

职业生涯规划是指一个人对其一生中所承担职务的预期和计划。人的职业生涯规划并不是一个单纯的概念，它受到多种因素的影响，和个体所处的家庭环境、部门组织以及社会环境存在密切的关系。随着个人价值观以及家庭、工作和社会环境的变化，每个人对其自身的职业期望都会出现或大或小的变化，因此我们的规划又是一个动态变化的过程。因此一个人职业生涯规划的好坏，在很大程度上会影响整个生命的历程。

所以我们在对大学生进行教育的时候，要建议他们做好职业生涯规划。首先，就是要明确自己的能力、兴趣、爱好和性格等方面的个人特质。职业生涯是一个人一生所计划从事的事业，我们要为此承担责任。大学生应该通过多种方式全面了解自己，找到自己感兴趣的、适合自己各方面条件的、能够长期坚持下来的职业。兴趣是推动一个人做事的动力，当我们对一件事感兴趣时，我们才想要去探究它，并能够一直保持高度的兴奋性，这样才能坚持到最后。而当我们对一个事物失去兴趣的时候，我们的内心就没有动力，会逐渐变得懒惰。其次，就是要摸索我们的性格和气质类型，这方面有时候决定了我们是否和工作相适应，而这往往在我们进入大学时选择专业的时候就已经发挥作用了，这就保证了我们有针对性地学习我们的专业知识和专业技能。在大学期间要培养我们的专业能力，这往往是我们在职业生涯中的成功之匙。

做好职业生涯规划对每一个大学生来说，都有着不同的意义，只有提前做好职业生涯规划，我们才能做到心中有数，我们要打有准备之仗，不能盲目前行。

可是在现实生活中，很多大学毕业生还没有充分认识到职业生涯规划自身的意义与重要性，有些大学生总是自以为是地认为找到理想工作需要的是学识、耐心、关心、口才等，认为职业生涯规划是无用功，纯属纸上谈兵，但这其实是一种错误的理念，实际上，我们应该在做任何事情之前都做到未雨绸缪，因此我们就要先做好职业生涯规划，对我们的未来有个清晰的认识，明确我们内心的目标，然后再把求职活动付诸实践，避免一些盲目冲动的行为，这样效果会更好。

作为一名大学生，特别是高职院校的学生，毕业后就面临着就业，就要面对竞争如此激烈的就业市场，在这样的环境下，尽早地设计好适合自己的职业生涯规划，对自身有一个合理的定位，明确自己的职业取向和目标，尽可能早地接触和学习相关的职场规则，同时加上对自身性格、气质、专业、素养等多方面的提升，才能把握住成功就业的机会。可想而知，大学生的职业生涯规划的设计与设施，对大学生的人生方向、人生道路的选择具有现实的战略意义。

从以上方面看，我们要开设职业生涯规划及就业创业指导等相关课程，从大一开始，通过全面而系统的讲授与指导，让学生尽早掌握一些相关知识，知道何为职业生涯，何为就业指导方案，然后再结合自己的实际状况，明白如何规划自身的职业生涯，如何通过努力去开辟拓展自己的就业方向和领域，通过这些课程，让学生更快地了解社会、适应社会，提升他们的适应力，在适应的过程中能锻炼他们的就业选择能力以及职业生涯规划能力，这有助于他们提升职业素养，锻炼人际沟通、组织、团队协作等多方面的能力，从而更好地适应未来的工作和生活。

学生在校期间，我们应该采取和实施全方位、全过程、多元化的就业指导。高职院校的大学生将来的就业实践性很强，他们的职业生涯规划及就业指导是个系统和体系化的任务，不是短时间内可以完成的，需要进行全方位、全过程的设计，我们要以此为基础规划我们的教学任务，在学生在校的每个学期、不同阶段进行指导和教育，针对不同时期、不同阶段、不同专业领域、不同个人情况以及不同的就业方向，制订详尽、系统的教学计划，给学生们提供适合他们的完备的教学设计方案，通过这种全方位、全过程、多元化的教育，让学生最终完成自我认知、行业认知、岗位认知、职业认知以及社会认知，以良好的职业素养、平和的就业心态、良好的沟通能力来面对社会、适应社会，适应将来要从事一生的工作岗位，把要做的事情当作“事业”，而不单单是一份“工作”。